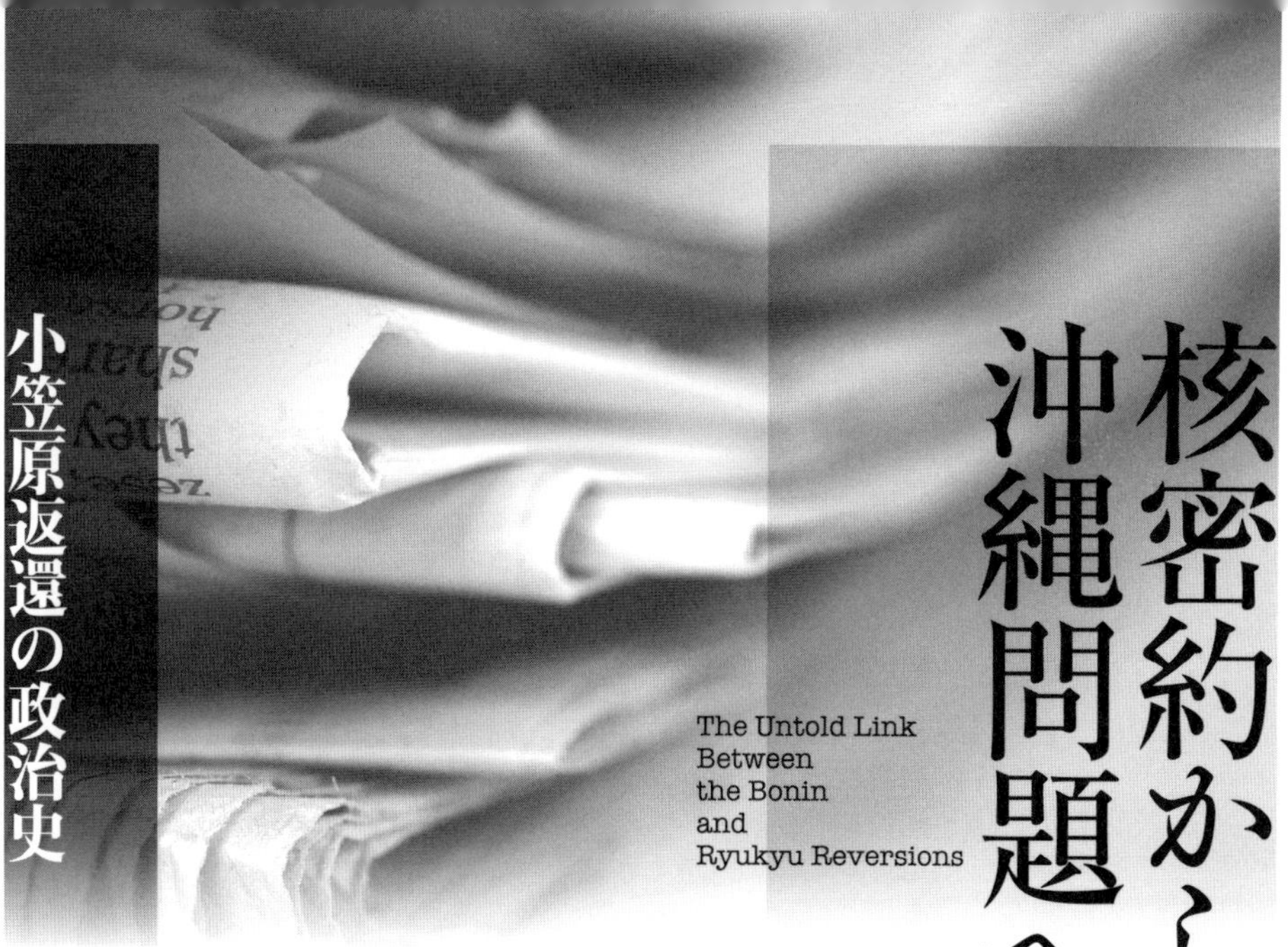

核密約から沖縄問題へ

小笠原返還の政治史

The Untold Link Between the Bonin and Ryukyu Reversions

真崎 翔【著】

名古屋大学出版会

本書は，一般財団法人名古屋大学出版会
学術図書刊行助成により出版された。

核密約から沖縄問題へ　目次

ソビエト連邦
択捉島
ウルップ島
国後島
色丹島
中華人民共和国
朝鮮民主主義
人民共和国
大韓民国
日本海
日本
東京
太平洋
八丈島
伊豆諸島
種子島
屋久島
東シナ海
大島(奄美大島)
南西諸島
沖縄島
台湾
小笠原群島
父島
西之島
聟島
母島
北大東島
南大東島
沖大東島
小笠原諸島
北硫黄島
硫黄島
南硫黄島
火山列島
南鳥島
沖ノ鳥島
マリアナ諸島
パガン島
アナタハン島
サイパン島
グアム島
フィリピン共和国
40°
30°
20°
130°
140°
150°

地図　小笠原諸島の位置

序章　なぜ小笠原返還交渉を取り上げるのか

1　小笠原諸島の概史――一八三〇～一九四五年

小笠原諸島は、東京からおよそ一〇〇〇キロメートル南に位置し、観光地として栄える父島や母島を含む小笠原群島や、そこからさらに約三〇〇キロメートル南の今なお一般人の上陸が原則として禁止されている硫黄島を含む火山列島などからなる島嶼群の総称である。したがって、小笠原諸島という言葉は、小笠原群島、西之島、火山列島、南鳥島、および沖ノ鳥島を含む。なお、小笠原群島は the Bonin Islands と、また火山列島は the Volcano Islands と英語で表記される。しかしながら、小笠原群島と火山列島などの総称である小笠原諸島もまた the Bonin Islands と英語で表記される。そのため、一次史料に記載される the Bonin Islands が小笠原群島を指すのか、あるいは小笠原諸島全体を指すのかについては、文脈等から慎重に判断する必要がある。本書では一般的な定義に倣い、父島と硫黄島を区別する必要のない場合は、それらの総称として小笠原という言葉を用いる。

本書の目的や課題を明らかにし、小笠原について論及する前に、小笠原諸島の歴史において特に本書との関連で重要であると思われる事項について概説する必要があろう。なぜならば、小笠原返還交渉において、その過去の経緯が問題になっていたからである。

小笠原諸島は、古くから太平洋を航海する船乗りの間でその存在を知られていた。したがって、海難事故や薪水の補給等による一時的な上陸は行われていた。ただし、定住する者はおらず、長い間無人島であった。しかも、最初の入植者は日本人ではなかった。主に小笠原について研究している社会学者の石原俊によると、シチリア出身とされるマテオ・マッツァーロとイングランド出身のリチャード・ミリンチャンプが駐ホノルル英国領事であるリチャード・チャールトンの支援を得て組織した二五名の移民団が、小笠原への最初の入植者であった(1)。二五名のうち、マッツァーロとミリンチャンプのほかに、欧米人は米国マサチューセッツ州出身のナサニエル・セーヴォリーおよびオルディン・チャピンならびにデンマーク人とされるチャールズ・ジョンソンの合計五名であった。その他は、オアフ島から「召使い」や「妻」として勧誘された現地のハワイ人男性七名および女性一三名であった(2)。移民団は米国人の商人が所有する捕鯨船で一八三〇年六月二六日に父島に入植した(3)。その後、小笠原諸島は捕鯨船の重要な寄港地として無政府状態ながら発展していくこととなる(4)。

一八五三年七月の黒船来航で日本人に知られるマシュー・ペリー提督は、浦賀への来航に先立つ一八五三年六月に小笠原諸島の父島に到着した(5)。米国艦隊による小笠原寄港の背景には、一八五〇年にハワイ王国ホノルルに貯炭所を確保したのに引き続き、太平洋航路において新たな貯炭所を求めたからとされる(6)。ペリー率いる米国艦隊が父島に上陸した時、一八三〇年に上陸した欧米系入植者のうちで生き残っていた者は、米国人のセーヴォリーただ一人であった(7)。ペリーは米国海軍が使用するための貯炭所や事務所を建設するために、セーヴォリーの土地を五〇ドル分買い上げるとともに、セーヴォリーを小笠原諸島におけるペリー指揮下の合衆国艦隊隊員に任命した(8)。さらに、ペリーは小笠原を獲得するために越権的な行為に打って出る。一八五三年一〇月に部下であるプリマス号艦長のジョン・ケリー中佐に小笠原諸島の領有を宣言させ、父島に「入植者機構」を設立し、さらにセーヴォリーを

「行政長官」に任命して父島にかたちだけの行政機関を組織し、米国による実効的支配を確立しようと努めたのである。[9] 小笠原諸島を最初に実効的支配したのは米国であったと言える。

日本が小笠原の領有権獲得のために入植を開始したのは遅く、一八六二年からであった。日本からの最初の入植者は三八名で、その内訳は八丈島からの農民の男女三〇名と大工などの職人八名であった。[10] そして、一八七六年一二月、明治新政府は小笠原諸島の領有を主張し、[11] 米国と英国は日本による領有宣言に異論を唱えなかった。[12] なぜ米国および英国が後進国である日本に小笠原の領有を認めたかについては、まだ研究の余地があると言える。小笠原諸島が日本領へ編入されると、かねてから小笠原に居住していた欧米系および太平洋諸島各地からの先住民ら全員は日本に帰化した。[13] 小笠原諸島民が多様な人種的あるいは民族的な背景をもつ人々から構成されたことは、後に日米間で生じる島民問題を複雑にした。

写真1　父島の欧米系島民

第一次世界大戦後、日本は小笠原を徐々に軍事要塞化した。さらに、第二次世界大戦が始まると、大多数の小笠原諸島民が日本本土に疎開した。太平洋戦争末期の硫黄島における激戦は、いまだに多くの人々に記憶される。一九四五年二月一九日から三月二六日にかけて繰り広げられた「硫黄島の戦い」における日本の死傷者数が約一万八三〇〇名であったのに対し、米国の死傷者数はそれを上回る二万六〇三八名であった。[14]

「硫黄島の戦い」が終結して七〇年以上が経過した。しかし、日本側戦没者の遺骨の半数以上が、いまだに硫黄島に眠っている。そのうえ、かつて硫黄島に居住していた島民に帰島の自由はない。「硫黄島の戦い」における日本側の正確な死傷者数を知ることは、ほとんど不可能である。なぜならば、二月一九日の米軍上陸前に実施された大規模な空爆や艦砲射撃などで死亡した人もいれば、硫黄島全域に張り巡らされた地下壕内部で死亡した人も決して少なくないからである。[15]「硫黄島の戦い」という呼称は、米国からの視点に立つものである。米国では一般的に、「硫黄島の戦い」を一九四五年二月一九日のDデイ、つまり上陸日に始まり同年三月二六日に終結した硫黄島における日本との戦闘と定義している。そのため、硫黄島で亡くなった戦没者数と「硫黄島の戦い」で亡くなった戦没者数には齟齬がある。本書では硫黄島における戦没者を「硫黄島の戦い」における戦没者と限定しないため、「硫黄島の戦い」を鉤括弧付きで表記している。「硫黄島の戦い」の前後に硫黄島で死亡した日本人を含むと日本側の戦没者数は約二万一九〇〇名にのぼり、二〇一六年二月末日現在、その遺骨の半数以上であるおよそ一万一五二二柱がいまだに硫黄島に取り残されている。[16]硫黄島における戦没者遺骨収集事業は、完了する兆しすら見えていない。戦没者遺骨収集事業の変遷については後述する。

太平洋戦争における硫黄島の激戦に米国が勝利したことで小笠原諸島は陥落した。そして、一九五二年の日本国との平和条約（以下、講和条約）[17]が発効した後も、小笠原諸島は米国による支配を受け続けることとなった。米国は、一度は失った小笠原諸島を「取り戻した」のである。講和条約発効前に、小笠原の状況はすでに大きく変わっていた。日本が降伏すると、父島における日本人将校による米国人捕虜虐待、いわゆる父島人肉食事件の調査に協力した一部の欧米系島民を除いて、全ての小笠原諸島の日本人居住者を米国は日本本土へ移送した。[18]しかしながら、オーストラリア人日本研究者であるデイヴィッド・チャップマンがいみじくも指摘するように、欧米系島民ら多数の島民は、「送還」される日本本土へ行ったことがなかったばかりか、小笠原を出たことすらなかったのである。[19]欧米系島民にとって、「送還」先の日本本土における生活が苦難に満ちたものであったということは、想像に難くない。そこで、欧米系島民の一団の嘆願を受け入れ、連合国軍最高司令官総司令部（GHQ）は、一九四六年一〇月に、一二六名もの欧米系の姓をもつ者やその配偶者らを父島に帰島させたのである。[20]その間、帰島を許されなかった島民は、粘り強い返還運動あるいは帰島運動を続けていくこととなる。なお本書では小笠原研究の慣例に倣い、帰島を許された欧米系島民およびその家族を「帰島民」と、そして帰島を許されなかった島民を「旧島民」と呼称する。

日本国内における世論の圧力を受け、佐藤栄作首相およびリンドン・ジョンソン米大統領らは、小笠原の返還交渉に取り組んだ。そして、一九六七年一一月一五日に、小笠原諸島の返還について日米両国が合意に至ったということが日米首脳会談の成果として発表されたのである。その後、一九六八年四月五日に小笠原返還協定が調印され、小笠原諸島は正式に日本に復帰した。このように、小笠原は日本の領土ではあるものの、小笠原と米国とのつながりはとても長く、そして深いのである。小笠原は、まさに日本と米国の交差地点であったと言えよう。

2　先行研究

戦後日米関係史のなかでも、特に佐藤政権期に関する研究の蓄積は厚い。とりわけ、在沖縄米軍基地ならびに琉球諸島返還の経緯については、日米の研究者らを中心に広範に論究されてきた。その地政学的重要性および政治的重要性から、多くの日米関係研究者が、琉球諸島返還の歴史的価値を認めている。他方で、小笠原返還が沖縄返還ほど日米関係史家の関心を集めることは稀であった。例えば、日米関係論の権威でもあるマイケル・シャラーやウォルター・ラフィーバーは、その通史のなかで、沖縄問題や繊維問題が佐藤政権期の日米関係を揺るがした大きな問題であったとしている。(21) その一方で、小笠原返還に関してはあまり触れていない。在小笠原米軍基地が米国の極東安全保障戦略において「致命的」に重要であるとされてきたとシャラーは述べる。(22) しかしながら、いかなる点において在小笠原米軍基地が「致命的」に重要であるとされたか、またかくも「致命的」重要性をもつ基地を日本へ返還するにあたり、日米間あるいは米国内でいかなる議論がなされたかについて、具体的な説明をするに至っていない。シャラーは小笠原について十分に検討することなく沖縄と比較し、「小さな小笠原諸島は……主に象徴的重要性があったが、琉球諸島は軍事的および政治的価値の両方があった」と論じている。(23) シャラーが評価するように、小笠原には象徴的な重要性しかなかったのであろうか。

ラフィーバーもまた、日米関係における小笠原諸島の重要性について、シャラーと同様の見解をもつ。ラフィーバーは、佐藤政権期の日米関係における沖縄返還と貿易摩擦の重要性を強調する一方で、小笠原についてジョンソン「大統領は、日本に小笠原諸島を返還するという一九六八年の行政命令に調印することによって善処しようと努めた」と、わずか一行で述べるに過ぎない。(24) さらに別の論文においても、「一九六七年後半の佐藤・ジョンソン首脳会談中に、小笠原諸島は日本の施政管理に戻され（合衆国は二つの基地を保持し）た」と一行で述べるにとどまる。(25)

では、その他の研究者の小笠原に対する態度はどうであったか。ティモシー・マガやロジャー・バックリーは、シャラーやラフィーバーよりも小笠原返還に関する記述が厚い。マガは、ジョンソンが小笠原返還を決定したのは「沖縄に関連する問題から日本人の注目と圧力を逸らすため」であったと小笠原返還に対して一定の歴史的意義を見出した。(26) 他方でバックリーは、日米の領土をめぐる戦後処理問題について上述の研究者らよりも多角的に論及した。そのうえで、ジョンソン政権は、ベトナム戦争やアジア開発銀行をはじめとする東アジアの諸問題に対する日本からの軍事的協力、政治的協力および財政的協力を得るために、領土をめぐる問題を前進させたと主張する。[27] しかしながら、領土問題を一般化しており、小笠原諸島に沖縄とは異なる個別の意義を見出すには至っていない。

ニコラス・サランタケスは、小笠原返還交渉と沖縄返還交渉を連続的に捉えた例外的な研究者である。サランタケスはこれまでの研究者らと同様、戦後日米関係において沖縄が「要石」であったと考える一方で、小笠原返還交渉におけるいくつかの重要な点にも照射している。マガの主張とは異なり、小笠原返還が沖縄返還を求める日本人の圧力をむしろ高めてしまうということを危惧し、ジョンソンが小笠原返還を躊躇していたとサランタケスは主張する。[28] サランタケスはまた、ジョンソンが一九六七年一一月の日米首脳会談において、日本からいかなる譲歩を引き出そうとしていたかについても言及している。サランタケスによると、「小笠原諸島返還の対価」は「インドシナへの経済援助の増額および南ベトナムのための日本製の教育テレビ・システム」の普及であったという。[29] ただし、サランタケスは、佐藤がジョンソンに対して約束した事柄をどの程度履行したかについて検討していない。つまり、「小笠原諸島返還の対価」を米国が受け取ることができたのかどうかについて論じていないのである。しかしながら、沖縄返還交渉の一部として論じられることの多い一九六七年一一月の日米首脳会談を、小笠原返還交渉の一部として論考したことは画期的であった。

なお、サランタケスは別の論文のなかで、ジョンソン大統領にとって「小笠原諸島と琉球諸島を返還する長い過程は、外交的勝利であった」と主張する。[30] それは以下の理由からである。

敗者がいなかった。両国が利益を得た。日本は失った領土を回復し、合衆国は太平洋地域における国際的構造を維持した。先見の明のある政治的手腕が破滅的危機を回避し、重要なパートナーシップを維持したのである。[31]

小笠原諸島と琉球諸島の返還が日米安全保障体制を維持するうえで重要な要因であったというサランタケスの主張を否定する者は少なかろう。サランタケスは、ジョンソン政権における「外交的勝利」たる小笠原返還交渉の歴史的背景について、その著書において十分に検討するには至らなかった。ただし、小笠原と沖縄の返還交渉を「長い過程」と捉えており、その連続性について最も早く着目した人物の一人であると言えよう。

河野康子は日米関係史の文脈における沖縄研究者として名高く、二〇一〇年に民主党政権下で組織された「いわゆる『密約』問題に関する有識者委員会」の一員でもある。(32) 河野は、一九九四年に出版した『沖縄返還をめぐる政治と外交——日米関係史の文脈』において、小笠原に関してほとんど触れていない。(33) また、二〇一三年に発表した論文において、外務省が小笠原返還を米国に対して働きかけていたということに河野は言及しているものの、沖縄返還との連関についてはほとんど論及していない。(34)「沖縄返還」に関する研究であるため、小笠原について言及しないことは当然であるという意見もあるかもしれない。しかし、同じく沖縄問題の専門家であるサランタケスが、沖縄問題の文脈における小笠原の重要性に着目し、小笠原および沖縄返還に一定の連続性を見出している点とは対照的である。

公開されたばかりの米国側の外交史料に基づき沖縄返還交渉の内実に迫った我部政明は、小笠原返還時に「密約」があったと言及した最初の研究者の一人である。(35) しかし、著書において「密約」の存在を指摘するに終始し、その背景について深く考察するには至らなかった。また、沖縄返還交渉史の専門家でもある中島琢磨は、米国の史料だけでなく、近年公開された外務省の外交史料を用いて、佐藤政権期における沖縄返還へ至る道のりについて論及した。(36) 中島は、日米の安全保障関係において、一九六〇年の安保改定と一九七二年の沖縄返還を転換期として位置づけている。(37) しかし、我部と同じく、米国によって安全保障上重要視されていた小笠原の返還交渉に関する言及はほとんどない。沖縄返還交渉史を語るうえで、小笠原返還交渉について検討する必要はないのであろうか。

先行研究者がこのような態度をとる最も大きな要因の一つは、日米間の領土返還交渉に直接的に関与していた人物による小笠原返還交渉に対する評価にあるのではなかろうか。外務省アメリカ局安全保障課長として安保改定交渉で実務を担当し、沖縄返還交渉においてはアメリカ局長として交渉に従事した東郷文彦はその一例である。東郷は自身の回想録『日米外交三十年』において、「アメリカ側としては、小笠原返還が沖縄問題にどのように波及するかと云うことが心配の様子であったが、小笠原自体の問題は理由を挙げて強く反論するようなことはな」く、小笠原返還に向けて「順調に進ん」だと回顧する。[38]しかしながら、東郷の回想録には摺鉢山の山頂にワシントンDCにあるアーリントン国立墓地の合衆国海兵隊記念碑と同様のものがあるなどという不正確な記述があり、記載内容を全面的に信用することは難しい。[39]

さらに、沖縄返還交渉において佐藤首相の「密使」として活躍し、沖縄核「密約」作成に直接的に関与した若泉敬元京都産業大学教授は回想録のなかで、小笠原返還「交渉は事務レベルで順調に進み」、「比較的容易であったのは、いうまでもなく、沖縄にみられるような軍事戦略上の価値と安全保障上の利害を同諸島はもっていなかったからである」と言い切る。[40]本書で詳しく後述するが、若泉は、小笠原返還交渉には直接的に深く関与しておらず、さらに小笠原核「密約」について知る由もなかった。また、小笠原諸島において秘密裡に行われていた核貯蔵の経緯についても知らなかった。そのため、若泉の小笠原返還交渉に対する見解は、伝聞か根拠の乏しい印象に過ぎない可能性が高く、額面通りに受け取るべきではなかろう。

駐日米国大使および国務次官として小笠原と沖縄の返還交渉における直接の当事者であったU・アレクシス・ジョンソンもまた、小笠原返還交渉が「比較的順調であった」と回想する。[41]東郷やジョンソンの述懐とは異なり、小笠原返還をめぐり日米間および米国内において激しい議論が戦わされていたことは、すでに米国の公開史料により明らかである。本書では、小笠原返還交渉を複雑かつ困難にした核「密約」を日本に対して積極的に働きかけた

写真 2　ワシントン DC アーリントン国立墓地の合衆国海兵隊記念碑

出所）2013 年 6 月筆者撮影。

写真 3　硫黄島摺鉢山山頂にある米国の記念碑

出所）2014 年 2 月筆者撮影。

張本人がジョンソンであり、また東郷はその「密約」の存在を知っていた可能性が高いということにも論及していく。そうであるにもかかわらず、多くの日米の研究者は交渉当事者らの証言を鵜呑みにしたのであろうか、あるいは「順調」であるとされた小笠原返還交渉には問題がなかったと理解したのであろうか、これまで日米関係史における小笠原返還交渉の歴史的重要性にほとんど注意を払うことはなく、またその意義を見出すこともしてこなかったのである。

日米関係を専門とする研究者の多くが小笠原返還交渉の内実に立ち入ることをしなかった。そのなかでも例外的な研究者がロバート・ノリスをはじめとする天然資源防衛委員会（The Natural Resources Defense Council：NRDC）の研究者、日米関係史家でもある宮里政玄、日米関係史の文脈における小笠原研究の先駆者的存在であるロバート・D・エルドリッヂおよびジャーナリストであり「密約」に関する研究で名高い太田昌克である。ノリスらは、米国に占領されていた時代の小笠原に核兵器が配備されていたということを最初に明らかにした[42]。また、宮里は二〇〇〇年に発表した沖縄に関する著書のなかで、

もし米国が日本政府の意志に反しても核の再導入を強行するというのであれば、そもそも「事前協議」の適用を認めることはなかっただろう。それは、たとえば小笠原のように、国民に目立たない場所であれば、別かもしれないが[43]。

と、極めて示唆に富む記述を残している。小笠原では、事前協議の対象とすることなく、米国が核の再導入を強行するかもしれないということである。ただし、意味深長な言及に終始し、それを立証するには至らなかった。ただし、その後小笠原をめぐる「密約」問題が取り沙汰され始めたことに鑑みると、後の研究者にある種のヒントを与えたと評価することができる。

エルドリッヂは、日米関係の文脈で沖縄について研究する学者であった[44]。しかしながら、沖縄研究を通じて小笠原の特異性にいち早く気づき、小笠原の地図上の発見から返還に至るまでの通史を著した[45]。小笠原がいかに沖縄とは異なる歴史を歩んできたかについて明らかにすることで、日米関係史において沖縄返還交渉の研究から小笠原を分離することに成功したのである。近年、核「密約」問題の文脈で小笠原返還交渉にも焦点が当たるようになって

きた。しかし、「密約」の立証に焦点が当てられるばかりである。小笠原返還交渉史について、共産主義者に利用されがちな人種差別の問題にまで多角的に論及している学者は、エルドリッヂの他にはいないと言ってよかろう。

小笠原核「密約」については、沖縄核「密約」と比べてほとんど研究者の関心を集めていないと言えよう。「密約」に関する最新の研究においてさえ、小笠原核「密約」に関して一切言及されないということがしばしばある。[46]しかしながら、長年にわたり日米間における「密約」について調査してきた太田は、小笠原返還交渉時に核「密約」が存在したと、すでに結論づけている。[47]太田は、沖縄返還交渉時に小笠原核「密約」に類似した「密約」が存在したとして、この一連の流れを「密約の連鎖」と呼称する。[48]他にも、豊田祐基子や島川雅史らを日米間の「密約」問題に関する代表的な研究者として挙げることができる。ただし、いずれの研究者も「密約」を立証することに力点を置いているように思われる。そもそも、小笠原と沖縄の「密約」は類似しているのであろうか。それとも重要な点で異なっているのであろうか。その二つの「密約」を比較し、それらの文面に差異があるのであれば、なぜそのような差異が生じたのかという点について深く追究する必要があろう。

先行研究の蓄積により、小笠原を沖縄と一体化して論じることが適切ではないということが明らかにされた。ただし、エルドリッヂは『硫黄島と小笠原をめぐる日米関係』という著書において、小笠原返還を以って小笠原の通史を終えた。そのため、小笠原返還交渉の内実を明らかにし、小笠原の歴史的重要性を論じることに成功したものの、小笠原返還がその後の日米関係、とりわけ沖縄返還をめぐる日米交渉に及ぼした影響を評価するには至っていない。したがって、小笠原返還交渉の歴史的意義を十分に説明できていないのである。他方で太田らは、小笠原と沖縄の類似性を、「密約」に局限しているきらいがある。戦後日米関係史において、沖縄が主流として研究者の関心を引く一方で、小笠原は外縁に置かれてきた。サランタケスら一部の学者を除き、多くの日米関係論、小笠原および沖縄の研究者らは、小笠原返還交渉と沖縄返還交渉を比較したり、あるいはその連関や連続性について考察することがなかったのである。

3　戦後日米関係論と小笠原研究

日米関係論において、これまで小笠原返還は日米友好を象徴する事例として位置づけられてきた。例えば、エルドリッヂは、小笠原返還記念式典におけるジョンソン大使の挨拶を以下のように引用する。

小笠原諸島が日本の施政権下に返ったことを祝う本日の祝典で、皆様とご一緒できることを嬉しく思う。混迷する今日の世界において、領土の施政権が平和的に移行されるというのは、誠に稀有で異例の出来事だ。今日、私たちがお祝いする小笠原諸島の復帰には、軍隊の行進も、銃声も、恫喝も、威嚇行動もなかった。(49)

それだけではない。二〇一五年四月二九日（米国東部時間）、安倍晋三内閣総理大臣が、日本人として初めて米国連邦議会上下両院合同会議において演説する機会を得た。演説の題目は、「希望の同盟へ」である。安倍首相はその演説の「かつての敵、今の友」と題された箇所において「硫黄島の戦い」に言及した。安倍首相は「硫黄島の戦い」に関し、次のように述べた。

みなさま、いまギャラリーに、ローレンス・スノーデン海兵隊中将がお座りです。七〇年前の二月、二三歳の海兵隊大尉として中隊を率い、硫黄島に上陸した方です。近年、中将は、硫黄島で開く日米合同の慰霊祭にしばしば参加してこられました。こう、仰っています。「硫黄島には、勝利を祝うため行ったのではない、行っているのでもない。その厳かなる目的は、双方の戦死者を追悼し、栄誉を称えることだ」。もうおひとかた、中将の隣にいるのは、新藤義孝国会議員。かつて私の内閣で閣僚を務めた方ですが、この方のお祖父さんこそ、勇猛がいまに伝わる栗林忠道大将・硫黄島守備隊司令官でした。これを歴史の奇跡と呼ばずして、何をそう呼ぶべきでしょう。熾烈に戦い合った敵は、心の紐帯が結ぶ友になりました。スノーデン中将、和解の努力を尊く思います。ほんとうに、ありがとうございました。(50)

エルドリッヂは、当時の米国の「政策決定者たち」は、小笠原返還によって「日米両国の友好と協力関係を維持すること」を目指したと考えている。(51) そして、太平洋戦争の結果として「勝ち取った領土」であるにもかかわらず、「小笠原諸島等に対して日本の『潜在主権』を認め」て「平和的に」返還した米国は「寛大」であったという立場に立つ。(52) またエルドリッヂは、小笠原問題の解決にあたって、「安全保障上の要請や、本土復帰の要望や小笠原をめぐる両国の国民感情との間のバランス」がとられていなければならなかったと主張する。(53) 小笠原の占領と返還をめぐるエルドリッヂのこうした見解は、当時の日米関係をやや単純化し過ぎているように思われる。なぜならば、米国が自国の国家利益を度外視してまで「寛大」な措置をとったとは思えないからである。また、日本が米国に何の見返りも与えることなく小笠原の返還を勝ち取ったとも思えないからである。日米関係を、善意だけでは説明できないはずである。

本書の目的は以下の三つである。一つ目の目的は、米国の「安全保障上の要請」がいかなるものであったかについて明らかにすることである。先行研究により、冷戦期の一時期、父島と硫黄島が核配備基地として米国に利用されていたということがすでに明らかになっている。核兵器が配備されていたということは、米国が小笠原に何らかの軍事的価値を見出していたということである。米国の核戦略において小笠原がどう位置づけられていたかについて明らかにすることなくして、小笠原返還をめぐる日米間交渉について正確に論及することはできないはずである。小笠原諸島に対する米国の軍事政策を考察することで、米国の極東安全保障政策における在父島米軍基地および在硫黄島米軍基地の重要性を立証する。

二つ目の目的は、小笠原返還をめぐる日米間交渉を考察し、一九六七年一一月の日米首脳会談および一九六八年四月の小笠原返還協定へ向けて日米がいかなる折衝を重ねたか、また小笠原核「密約」が日米の政策立案者にとってなぜ必要であったかについて明らかにすることである。これらのことを明らかにすることによって、「国民感情との間のバランス」がいかにしてとられたかについて検討する。

そして三つ目の目的が、小笠原返還交渉と沖縄返還交渉の連関について明らかにすることである。これは同時に、戦後日米関係史において小笠原返還がエルドリッヂの言うような「寛大」な帰結であったか否かについて検討することでもある。小笠原返還交渉は沖縄返還交渉の前段階として位置づけられていた。現在の日米関係において長年にわたる懸案事項の一つである在沖縄米軍基地問題の起源を沖縄返還交渉期に求めることができるが、その前段階であった小笠原返還交渉についても考察しなくては、不十分な議論になることを免れない。小笠原返還交渉の帰結が小笠原と沖縄における軍事基地の固定化をまねき、小笠原と沖縄における今日的問題の一因であるならば、「寛大」であったという評価を再検討する必要があろう。

戦後日米関係史における小笠原返還の意義を再定義し、小笠原返還が戦後の両国の外交関係、とりわけ沖縄返還交渉を理解するうえで欠かすことのできない要素であるということを証明することが本書の意図である。これは、単に小笠原の歴史を明らかにするというのみならず、日米関係論における貢献をも期待できる。なぜならば、当時の米国の日米安全保障関係における中長期的な構想を背景として小笠原と沖縄の返還交渉の連関について明らかにすることで、米国の対日外交交渉戦術の傾向ならびに在沖縄米軍基地および在小笠原米軍基地の機能の変容についても、副産物的に浮き彫りになるからである。戦後の日本外交の基軸である日米安全保障体制が在沖縄米軍基地問題で揺れる今日において、本書が基地問題に関する議論の一助となれば幸いである。

なお、本研究では歴史学的手法が用いられる。本書の特色は、小笠原研究者の視点から沖縄返還交渉について考察する点にある。これまで、沖縄返還交渉関連の一次史料を用いた沖縄研究は、当然のことながら行われてきた。他方で、小笠原返還交渉に関連する史料群のなかに沖縄返還との連関を示唆する史料が多く含まれているにもかかわらず、小笠原関連史料を用いた沖縄研究はほとんどなされていない。同様に、近年、外務省が保管していた沖縄関連史料の公開が進んでおり、新たに公開された沖縄関連の史料のなかに小笠原返還交渉をめぐる日本国内の議論や日米間交渉について理解するための情報が散見する。小笠原関連史料を網羅的に検討したうえで、小笠原返還交渉のみならず沖縄返還交渉についても論じる点が、本書の特徴である。

第1章　小笠原占領の決定

1　小笠原の軍事的重要性

（1）対日占領政策の変容

①初期の占領政策

一九四一年一二月初旬の日本による真珠湾攻撃が、日米開戦の口火を切った。太平洋戦争は、日本のみならず、米国に対しても甚大な犠牲を強いた。極東におけるこの長きにわたった戦争を通じて米国が得た教訓は、再び日本が米国の脅威とならない仕組みを創出すべきであるということであった。それをいかにしてなすべきか。米国がこの至上命題に着手したのは、真珠湾攻撃の直後であった。つまり、日本が国の命運をかけた総力戦を戦わんとしていたまさにその頃、対日戦争に余力を残して勝利することを前提とし、米国は対日占領政策を練り上げていたのである。日本において、「自存自衛」と喧伝されてきた戦争が、いつしか中長期的な国益から盲目的な「一億玉砕」に取って代わろうとしていた頃、米国は中長期的な国益、つまりいかにして日本なき極東においてプレゼンスを発揮すべきかについてすでに検討していたのである。場当たり的な日本と中長期的な戦略をもつ米国という日米外交における構図は、まさに本書において論じる日米領土返還交渉史にも通底する。

一九四二年二月、フランクリン・ルーズヴェルト政権は、「ハル・ノート」で知られるコーデル・ハル国務長官を委員長とする戦後外交政策諮問委員会（Advisory Committee on Post-War Foreign Policy）を新設した。(1) 一九四二年の夏に、この委員会の一組織として極東班（Far East Group）が設置され、対日占領政策の立案を開始した。(2) 米国の初期の対日占領政策は、ポツダム宣言に明示されていると言えよう。ポツダム宣言では、日本に対して以下の要求がなされている。

六　吾等ハ無責任ナル軍国主義ガ世界ヨリ駆逐セラルルニ至ル迄ハ平和、安全及正義ノ新秩序ガ生ジ得ザルコトヲ主張スルモノナルヲ以テ日本国国民ヲ欺瞞シ之ヲシテ世界征服ノ挙ニ出ヅルノ過誤ヲ犯サシメタル者ノ権力及勢力ハ永久ニ除去セラレザルベカラズ

七　右ノ如キ新秩序ガ建設セラレ且日本国ノ戦争遂行能力ガ破砕セラレタルコトノ確証アルニ至ル迄ハ聯合国ノ指定スベキ日本国領域内ノ諸地点ハ吾等ノ茲ニ指示スル基本的目的ノ達成ヲ確保スル為占領セラルベシ

……

九　日本国軍隊ハ完全ニ武装ヲ解除セラレタル後各自ノ家庭ニ復帰シ平和的且生産的ノ生活ヲ営ムノ機会ヲ得シメラルベシ(3)

また、ポツダム宣言は日本の領土に関して以下のように求めている。

「カイロ」宣言ノ条項ハ履行セラルベク又日本国ノ主権ハ本州、北海道、九州及四国竝ニ吾等ノ決定スル諸小島ニ局限セラルベシ(4)

カイロ宣言の条項が履行されるということは、つまり左記の要求がポツダム宣言においても踏襲されるということである。カイロ宣言は、日本の領土について以下のことを求めている。

……同盟国ノ目的ハ日本国ヨリ千九百十四年ノ第一次世界大戦ノ開始以後ニ於テ日本ガ奪取シ又ハ占領シタル太平洋ニ於ケル一切ノ島嶼ヲ日本ヨリ剥奪スルコト……

……日本国ハ又暴力及貪慾ニ依リ日本国ガ略取シタル他ノ一切ノ地域ヨリ駆逐セラルベシ(5)

日本を武装解除し、なおかつ帝国の領土を大幅に削減することによって、軍国主義や領土拡張主義を根絶して日本を弱体化するという連合国の意思がポツダム宣言には表出している。

米国の初期の対日占領政策において、日本の非武装化は徹底された。対日占領政策立案者のなかで唯一の日本専門家とされ、懲罰的な占領政策に反対していた極東班初期メンバーのヒュー・ボートンでさえ(6)、一九四六年九月三〇日付の国務省極東局長ジョン・ヴィンセントへの覚書で、日本国憲法第九条による非軍事化と動員解除では後に日本人によって改憲されてしまう可能性があるために不十分であり、したがって連合国との合意や講和条約による二五年間の徹底した非武装条約が必要であると進言したほどである(7)。一九四七年五月三日、米国や他の連合国の意思を反映した日本の新憲法がついに施行された。戦争開始直後から一貫していた日本の非武装化という米国の目標が達成されたのである。しかしながら、冷戦の勃発により激変する国際情勢は、日本のみが冷戦に無関係でいることを許さなかった。

②占領政策の転換

国際関係において、「敵の敵は味方」である。戦時中に日本とドイツという共通の敵をもった米国とソビエト連邦は、連合国として共闘した。しかしながら、戦後、共通の敵を失った米国とソ連の歩調は、次第に合わなくなっていく。米国とソ連の対立化にともない、対日占領政策を監督し、全会一致を原則とする極東委員会は、日本との講和交渉を前にして事実上の機能不全に陥った。そして、一九四七年三月一二日にハリー・トルーマン大統領が、後にトルーマン・ドクトリンとして知られる議会演説を行った。その骨子は、ギリシャとトルコが共産主義勢力に対抗するためには、米国による援助が不可欠であるというものであった。また、「全体主義体制の種」は「貧困と闘争という邪悪な大地に蒔かれ、育つ」と主張し、トルーマンは貧困と共産主義国化とを結び付けた。さらに、西側陣営が自由を尊重する一方で、東側陣営は自由を抑圧しているとして、世界を善悪二元化した。つまり、トルーマンは、米ソ間の政治的な対立をイデオロギー化したのである。まさに、冷戦の開始が事実上布告されたと言えよう。これは、第二次世界大戦への参戦や現在のテロとの戦いに用いられた、国民を動員するための米国政府による伝統的なレトリックであった。

東側陣営に対する米国による封じ込め政策の披瀝となったトルーマン・ドクトリンは、米国の対日占領政策にいかなる影響を及ぼしたのであろうか。ポツダム宣言において明示されているように、終戦直後は日本を非武装化するという対日占領政策で連合国の意見が一致していた。しかしながら、トルーマン・ドクトリンが披瀝される頃には、すでに米政権内部において、ソ連が危険視されていた。そのため、日本を西側陣営に組み込みつつ、日本が再び米国の脅威とならないよう軍事的に抑え込むという難しい舵取りを、米国は迫られたのである。トルーマン・ドクトリンは、日本との領土をめぐる戦後処理において、米国の戦略的選択肢を制限したと言える。なぜならば、米国は沖縄、奄美、そして小笠原において、島民の人権や自由を尊重せざるをえなくなったからである。さもなければ、米国による日本領の占領とトルーマン・ドクトリンとの矛盾をあげつらう隙をソ連に与えかねなかった。

極東委員会が対日政策を規定するうえで現実的な組織ではなくなり、ジョージ・ケナン国務省政策企画本部長ら政策立案者は、日本との講和交渉におけるソ連外しを検討し、日本を中立化するに等しい四大国による二五年間の非武装条約案の見直しに着手した。[11] 非武装条約案に対する米国の態度変更は、講和交渉や講和後の対日政策からソ連の影響を排除するためであったと考えられる。つまり、こういうことであろう。四大国による非武装条約を締結した場合、日本の非武装が保証される。しかし、講和後の日本の非武装を、ソ連による日本への派遣隊とともに監視することは、米国にとって都合が悪かったのである。[12] 日本の非武装を確実なものとするよりも、日本における排他的な駐留を確実なものとすることを米国は選択した。それは、日本を極東における対ソ戦を想定した緩衝地帯にすると同時に、日本を封じ込めるための有効な手段でもあった。

トルーマンやケナンら対ソ強硬派の意見を対日政策に反映したものが、一九四八年一〇月七日に、国家安全保障会議からトルーマンに提出された「合衆国の対日政策に関する勧告」、いわゆるNSC13/2である。[13] その骨子は、講和を遅らせること、講和条約を懲罰的なものにしないこと、日本の警察力を強化すること、公職追放を緩和すること、そして日本の経済復興を促進することなどであった。ダグラス・マッカーサーは、依然として日本の非武装中立化と早期講和を訴えていた。[14] しかし、それは米国内においてすでに少数意見であった。マッカーサーは、日本の占領を早期に終結させ、それを手土産に本国へ帰還し、一九四八年の大統領選への出馬に備えたかったようである。[15]

時を同じくして、ワシントンでは米国の極東における封じ込め政策が構築されていた。一九四七年六月には、欧州に対する米国による関与の拡大にともなう兵力不足や、在韓米軍にはそもそも東側勢力による侵略を防ぎきる能力がないなどの理由から、統合参謀本部の統合戦争計画委員は韓国からの米軍の引き揚げを検討していた。[16] その後、約二年間にわたる米国の政策立案者らによる議論の末、韓国の防衛が米国の安全保障戦略上不可欠ではないという結論に達し、一九四九年六月末には在韓米軍の撤退が完了した。[17] 冷戦史家として名高いジョン・ギャディスが指摘するように、トルーマン・ドクトリンを朝鮮半島に適用することの費用対効果は米国にとって受け入れられないほど低いとされたのである。[18] これは、その後の米国による日本防衛に対する態度と対照的であった。

朝鮮戦争勃発前の一九四九年一二月三〇日にトルーマンが承認したNSC48/2は、米国の対アジア政策の指針を定めたものである。[19] アジアにおいて共産主義に対抗する同盟網を構築する必要性を訴えている点で、一九四九年一〇月の中華人民共和国の成立を意識したものであったと考えられる。NSC48/2は、アジア諸地域のなかでも、とりわけ、日本、沖縄およびフィリピンの重要性を強調する。[20] 同時に、アジア諸国に対する安全保障面における米国からの援助の条件として自助努力を訴えているという点で、一九四八年六月一一日に合衆国上院で決議された合衆国上院決議第二三九条、いわゆるヴァンデンバーグ決議[21]を反映したものであったと言えよう。ヴァンデンバーグ決議は、米国が同盟を結ぶ国に対して「継続的かつ効果的な自助と相互扶助」を求めている。[22] つまり、同盟国に対して相応の軍事的負担を求めているのである。NSC48/2は、まさに日本再軍備の伏線になったと言えよう。

③朝鮮戦争の勃発

NSC48/2の承認からおよそ一週間後の一九五〇年一月一二日、ワシントンの政策立案者による合意を背景に、ディーン・アチソン国務長官はナショナル・プレス・クラブにおける演説において、アリューシャン列島から日本および沖縄にかけて、フィリピンへ至る一連の列島を、アジアにおける米国の安全保障上の不後退防衛線であると国内外に表明した。[23] いわゆるアチソン・ラインである。アチソンはまた、ソ連への対決姿勢、中国への失望感、そして他のアジア諸国民への軍事援助および経済援助の必要性などを訴え、アジアにおいてもソ連を封じ込める決意を表明した。[24] これは、NSC48/2が方向づけた米国の対アジア政策を国内外へ披瀝するものであり、日本は明確に、米国の安全保障政策の枠内に組み込まれたのである。

東アジアの国際関係史を専門とする原貴美恵はアチソン・ラインを、「日本とフィリピンはその線の内側に、一方『喪失』を覚悟していた台湾と朝鮮半島はその外側に」置くものであったと主張する。[25] さらに、アチソン・ラインの表明が皮肉にもラインの外に位置する韓国に対する一九五〇年六月の北朝鮮による侵攻を誘発したとギャディスらは主張する。[26] 米国が極東にも「鉄のカーテン」を引いたことにより、以後極東地域において冷戦は熱戦の様相を呈するのであった。言うまでもなく、小笠原はカーテンの内側に位置する。そして、朝鮮戦争の勃発により、米国は自らカーテンの外へ出て行かざるをえなくなるのであった。[27]

朝鮮戦争の勃発は、対日政策の変更を余儀なくした。日本との講和交渉を担当していた共和党のジョン・フォスター・ダレスは、吉田茂首相に対して強硬に再軍備への圧力をかけた。[28] マッカーサーをはじめとする軍の高官らは、日本占領軍の多くが朝鮮半島の前線に送り込まれるために、自衛手段をもたない日本の防備が手薄になってしまうことを危惧した。[29] そして朝鮮戦争勃発の翌月、マッカーサーはこれまでの非武装路線を転換し、七万五〇〇〇人規模の警察予備隊を組織し、また海上警備隊の人員を二〇〇〇人追加することを吉田に命じたのである。[30] 経済復興を優先したい旨、国民の平和主義的志向および周辺国の日本再軍備への批判などを訴えて、吉田は米国による再軍備の要請を拒絶し続けていた。[31] しかしながら、マッカーサーまでもが再軍備を求めるようになると、吉田はその後ろ盾を失った。日本再軍備の流れは、朝鮮戦争最中に解任されたマッカーサーの後任である、マシュー・リッジウェイにも引き継がれた。[32] 日本は、もはや冷戦の傍観者でいられなくなったのである。

朝鮮戦争は、米国と中国の敵対関係を決定的なものとした。蔣介石率いる中国国民党との内戦に中国共産党が勝利したことは、朝鮮有事において中国が北朝鮮を軍事的に支えることを可能とし、結果としてソ連のヨシフ・スターリンが北朝鮮の金日成に韓国への侵攻を許可する大きな要因になったと、現代朝鮮研究で名高い和田春樹は指摘する。[33] 朝鮮戦争が始まると、陸続きの中国は北朝鮮を支援するために中国人民義勇軍を送り、朝鮮半島を舞台に米国と中国との間で代理戦争が繰り広げられた。朝鮮戦争は、まさに東アジアにおける日米対中ソという冷戦構造を顕在化したのである。また、朝鮮戦争により、補給基地としての日本の重要性が再確認された。米国政府は、北朝鮮による韓国への侵攻が究極的には日本に対して向けられたものであると捉え、日本と早期に講和し、日本における米軍駐留と日本の再軍備を確実なものとする必要に迫られた。[34]日本を非武装化することによって極東を安定化するという米国の戦後構想は、不安定化する極東情勢という外的要因により、皮肉にも見直しを余儀なくされたのである。米国の極東における冷戦構造に組み込まれた日本にとって、朝鮮戦争はもはや対岸の火事ではなかった。この一連の対日基本方針の変更は「逆コース」と呼称される。日本を西側陣営の責任ある一員として再軍備させるという米国の方針は、確かにそれ以前の方針からの大転換であった。しかし注視すべきは、米国の安全を保障するという戦前から変わらない目的に対して、その手段が変わったに過ぎないということである。あくまで、米国のための日本再軍備であった。

(2) 朝鮮戦争と小笠原

①在硫黄島米軍基地

アチソン・ラインの宣言には、極東における米国の安全保障政策において、西太平洋の島嶼地域が戦略的に重要であるということを再確認する意味があった。[35]米国の軍事政策を研究するマイケル・クレアが主張するように、島嶼群に基地をもつことには、戦時において大陸に配置した基地よりも防衛が容易であるという利点があるのみならず、太平洋圏という防衛範囲を構築することによって周辺の海空域全体を支配することが可能になるという利点まである。[36]米国の対日政策が極東情勢のめまぐるしい変化を反映して変容するにつれ、アチソン・ラインの内側に位置した小笠原諸島の軍事的役割も、徐々にその輪郭を明瞭にしていく。とりわけ朝鮮戦争を境に、小笠原の軍事基地としての機能は強化されていくのであった。

米国の初期の核戦略を支えたものは、空軍力であった。一九四六年に発足した米国の戦略空軍は、ソ連との全面戦争に突入した際の、核による反撃の要であった[37]。航続距離九六〇〇マイル（約一万五五〇〇キロメートル）のB36や、米国外に展開された空軍基地が、戦略空軍を支えた[38]。つまり、米国の核戦略を遂行するうえで、在日米軍基地を含む海外の常設空軍基地は不可欠であった。一九五〇年代初期の日米関係に多大な影響を及ぼした朝鮮戦争により、米国は在日米軍基地や日本の工業力の重要性を認識した。そして、その後の穏健な講和条約や、独立後も米軍の駐留を許す日米安全保障条約の締結へとつながったのである。小笠原に関してもそれは例外ではない。朝鮮戦争が小笠原、とりわけ硫黄島空軍基地の重要性を、米軍に強く印象づけたのである。

硫黄島は、東にウェーク島、北に日本本土、西に沖縄や台湾、そして南にはグアムと、まさに極東における重要な軍事拠点の中間に位置する。朝鮮戦争が勃発した後、硫黄島には極東空軍の兵站部門が設置され、米国本土から朝鮮半島へ軍需物資を運搬する際の中継地点として、また硫黄島の東西南北に位置する重要拠点間を移動する空軍部隊の補給基地として貢献した[39]。一九五二年九月三日付の『星条旗新聞』太平洋版は、硫黄島が、米国から韓国までの「一万マイルにも及ぶ空軍兵站部隊の補給線において致命的な要衝」であり、極東空軍兵站部門のまさに「生命線」であると評した[40]。朝鮮戦争を契機に、在硫黄島米軍基地の軍事的重要性が高まったのである。米国にとって、もはや第二次世界大戦における象徴的重要性のみが硫黄島を占領する理由ではなかった。

②在父島米軍基地

時を同じくして、父島の軍事基地化も進展しつつあった。二見港という天然の良港をもつ父島は、小笠原諸島のなかで最も早くから多くの定住者や入植者を抱えた島の一つである。小笠原諸島の周辺海域の水深は非常に深く、二見港は潜水艦停泊基地として利用することができた。太平洋艦隊司令官であったアーサー・ラドフォードは、父島の潜水艦基地としての地形的優位性に早くから着目した。ラドフォードは一九五一年五月に初めて小笠原を訪れ、「良好な父島の港や硫黄島の空港があるため、合衆国はグアムやフィリピンにある我々の基地を補完する、素晴らしい前線海軍基地を設置できる」と感じたという。[41] ラドフォードは、米国が「日本の基地なし」で「再び太平洋に兵力を注ぎ込まなくてはならない日が来る」ということを予期していたのである。[42]

「日本の基地なし」の状況として、次の四つの可能性が想定される。一つ目は、米国自らの意思で在日米軍基地を去る場合である。二つ目は、中立化した日本が、米国に対して日本国内にある基地の使用を認めなくなる場合である。三つ目が、日本と米国が敵対関係に陥る場合である。そして四つ目が、日本がソ連に占領され、米軍が退却を余儀なくされる場合である。ラドフォードら軍部は、いかなる状況を想定していたのであろうか。そして、その思惑を果たすために、いかなる手段を講じたのであろうか。それらを次章以降で明らかにしていく。ここで確認すべきことは、日本との講和交渉が行われていた水面下で、すでに米国は小笠原諸島の軍事的な重要性を認識していたということである。問題は、反植民地主義を掲げて第二次世界大戦を戦い抜き、そして西側冷戦イデオロギーの旗手たる米国が、合法的かつ道義的に日本の領土を軍事占領し続けられるか否かであった。

2　サンフランシスコ講和条約と日米関係

(1) 日米安全保障体制の成立

米国は日本の再軍備に舵を切った。しかし、なお日本における軍国主義の台頭や共産主義革命の勃発に対する米国の危惧は根強かった。そのため、日本を米国の極東における戦略構想に制度的に組み込んでおく必要があった。さりとて、一九四五年から開始した米国による日本の占領は、今や太平洋戦争における戦闘の期間を超えていた。日本国内における占領疲れは顕著であった。しかも、すでに平和憲法が発効している日本を米国が軍事占領し続ける道義的根拠はなくなりつつあった。

朝鮮戦争最中の一九五一年九月八日、サンフランシスコのオペラハウスにおいて、ついに講和条約が調印された。すでに米国と対立的であったソ連とその衛星国であるポーランドおよびチェコスロバキアは、会議に参加したものの、条約への調印を拒否した。また、中華人民共和国、中華民国、北朝鮮ならびに韓国は講和会議に招待すらされなかった。西側諸国を中心とした、いわゆる片面講和であった。同じ日に、サンフランシスコのプレシディオにある下士官用のクラブ・ハウスの一室で、「日本国とアメリカ合衆国との間の安全保障条約」（以下、旧安保条約）も調印された(43)。講和後も引き続き米軍を日本に駐留させるという構想は、吉田から米国に提案されたものであったとされる(44)。朝鮮戦争後に徐々に再軍備を許されてきたとはいえ、他国からの侵略行為を単独で防ぐ術をもたない日本にとって、米国の庇護に頼るしか国防の道がなかったからである。また、このことこそが、米軍による日本駐屯の継続に道義的根拠を与えるのであった。つまり、守る者と守られる者という否定し難い構造があった。吉田の提案は、まさに米国にとって渡りに船であった。

日米安全保障体制は、その出発点から、主導権は守る側、つまり米国にあった。旧安保条約第一条には、「平和条約及びこの条約の効力発生と同時に、アメリカ合衆国の陸軍、空軍及び海軍を日本国内及びその附近に配備する権利を日本国は許与し、アメリカ合衆国は、これを受諾する」と明記されている(45)。ただし、「この軍隊は、極東における国際の平和と安全の維持に寄与……するため使用することができる」と明記されてはいるものの、在日米軍に対する日本防衛の義務は明記されていなかった(46)。そのうえ、第一条には、在日米軍を「一又は二以上の外部の国による教唆又は干渉によって引き起こされた日本国における大規模な内乱及び騒じょうを鎮圧するため日本国政府の明示の要請に応じて与えられる援助を含めて、外部からの武力攻撃に対する日本国の安全に寄与するために使用することができる」（強調原文）と記載されている。つまり、外国による教唆や干渉によって日本国内で大規模な内乱や騒擾が生じた場合、在日米軍がそれを鎮圧することを許していたのである。[47] いわゆる「内乱条項」というものである。「内乱条項」は、露骨に日本における共産主義革命を封じ込めるものであった。国際関係論を専門とする川上高司は、旧安保条約について、講和が成立したにもかかわらず、依然として日米間に占領者と被占領者の関係を残す片務的なものであったと主張する。[48]

確かに、米国は日本に駐留することができる一方で、日本を守ることを義務づけられていない。そのため、条約の文面は、多くの日本人にとって不満や不安の種であった。他方で、国際政治学者である中西寛は、日本の安全は、米国が極東に張り巡らせたハブ・アンド・スポークと形容される同盟網からなる「冷戦構造」によって保たれていたと考える。[49] つまり、米軍が広範に駐留している日本に攻撃を仕掛けることは世界戦争を覚悟してのことであり、そのような冒険主義的な行動をとる国は当時の東アジアにはなかったという指摘である。[50] 旧安保条約が多くの日本人にとって占領の延長であると感じられたとしても、日本には自力で国を守る手立てがなかった。日本の戦後復興を最優先したい吉田にとって、米国の安全保障政策に組み込まれるということは、避けられない選択であった。

共産主義勢力に対抗するために米軍の常設基地を置くという米国の思惑は、旧安保条約の発効を以って、ひとまず達成された。講和条約と旧安保条約により、極東において共産主義勢力と対峙するうえで重要な拠点である日本本土に米国は合法的かつ道義的に駐留することができるようになったのである。ただし、全ての日本人が独立の喜びを享受できたわけではなかった。沖縄、小笠原および奄美は引き続き米国の占領下に置かれ、それらの島嶼地域に住む人々、あるいはかつて住んでいた人々は、日本の主権回復から取り残されたのである。

（2）信託統治制度と小笠原

小笠原諸島の日本領土への復帰は、ポツダム宣言によるところが大きい[51]。なぜならば、ポツダム宣言は、日本が侵略的に手に入れた領土を放棄することを規定するのみならず、米国、英国および中国の三カ国に領土拡張の意思がないというカイロ宣言を踏襲しているからである。カイロ宣言において、「三大同盟国ハ日本国ノ侵略ヲ阻止シ且之ヲ罰スル為今次ノ戦争ヲ為シツツアルモノナリ右同盟国ハ自国ノ為ニ何等ノ利得ヲモ欲求スルモノニ非ズ又領土拡張ノ何等ノ念ヲモ有スルモノニ非ズ」と高らかに謳っている[52]。小笠原は、カイロ宣言に言う「暴力及貪慾ニ依リ日本国ガ略取シタ[53]」領土ではなく、平和裏に認められた領土であった。小笠原が「諸小島」に含まれるかどうかについてポツダム宣言に明記されていないが、少なくとも日本領であることは否定されなかったのである。

日本の領土を削るという措置は、日本の非軍国主義化の一環であった。しかしながら、講和条約の締結を前に、沖縄の処理をめぐって中国国民党の蔣介石と米国の意見が一致しなかったことや[54]、ソ連が米国の小笠原領有化に反発したことに鑑みると[55]、削り取った領土をどうするかという問題は、敢えて棚上げされたのであろう。領土問題を曖昧にしておくことは、連合国間の摩擦を回避するために必要な措置であった。小笠原の法的地位が曖昧にされたことは、領土問題を複雑にした。しかしそれゆえに、小笠原が信託統治領として事実上米国に編入されるという事態は、ひとまず回避されたのである。連合国間のパワー・ポリティクスが、結果的に日本に有利に働いたのである。

米国による小笠原占領の根拠は、講和条約第三条に求められる。講和条約第三条では、日本が、

北緯二九度以南の南西諸島（琉球諸島及び大東諸島を含む。）、孀婦岩の南の南方諸島（小笠原群島、西之島及び火山列島を含む。）並びに沖の鳥島及び南鳥島を合衆国を唯一の施政権者とする信託統治制度の下におくことと

する国際連合に対する合衆国のいかなる提案にも同意する。このような提案が行われ且つ可決されるまで、合衆国は、領水を含むこれらの諸島の領域及び住民に対して、行政上、立法上および司法上の権力の全部及び一部を行使する権利を有するものとする。(56)

とされている。一九四六年一一月六日、日本の旧委任統治領だけでなく、「第二次世界大戦の結果として責任のあるいかなる諸島」をも米国を施政権者とする信託統治領にするとトルーマンは公言した。(57)「第二次世界大戦の結果として責任のあるいかなる諸島」という表現は婉曲的であるが、太平洋戦争中に日本の本土防衛の要として日米間で激戦が繰り広げられた小笠原諸島を含意していたと見て間違いなかろう。

戦略的信託統治という概念は、日本の旧委任統治領の統治を米国に引き継がせることを念頭に置いて考案されたそうである。(58)ダレスによると、米国政府はそれらの島嶼群を即座に併合すべきであるとは考えていなかったものの、膨大な米国人の犠牲と引き換えに日本から獲得した「それらの島々」が、敵対的勢力によって米国を攻撃するための「飛び石」として再び使われることを何としても阻止する必要があると確信していた。(59)ダレスの回顧録において「それらの島々」は南洋諸島に位置する日本の旧委任統治領を指している。しかしその本意は、小笠原諸島を含む西太平洋の島嶼地域において米国が支配的な立場を維持することによって、制海権および制空権を確保するということであったと考えられる。最も米国に人的犠牲を強いた島の一つが、まさに硫黄島であった。

小笠原を信託統治領にすることを許す講和条約第三条があり、なおかつ信託統治領を併合するという意思が米国にあったにもかかわらず、それが実現しなかったのはなぜであろうか。国際連合憲章第七七条には、以下の記載がある。

1　信託統治制度は、次の種類の地域で信託統治協定によつてこの制度の下におかれるものに適用する。

……

b　第二次世界大戦の結果として敵国から分離される地域[60]。

つまり、第二次世界大戦における敗戦国の領土を信託統治化することを認めているのである。しかしながら、国連憲章第八三条[61]は「戦略地区に関する国際連合のすべての任務は、信託統治協定の条項及びその変更又は改正の承認を含めて、安全保障理事会が行なう」と定めている。戦略地区という言葉に明確な定義はないようであるが、米国、ソ連および他の植民地保有国は、軍事基地の置かれた信託統治領を戦略地区と定義していた[62]。戦略地区を信託統治化するためには常任理事国の賛成が必要であるため、戦略地区とされることが明らかである小笠原を信託統治化することに対してソ連が拒否するということは、ほとんど確実であった。事実、ソ連は、統治国が信託統治地域に軍事基地を設置することに強く反対していた[63]。信託統治協定の締結には直接関係国[65]の承認が必要であると考えられた[64]。そのため、ソ連は小笠原を空軍基地化する目的で信託統治化する際には、直接関係国として扱われることを望んだ[66]。しかしながら、ジェイムズ・バーンズ国務長官は、信託統治領の戦略地区化を阻止することを企図したソ連のこうした要望を拒絶している[67]。

さらに、国連憲章第七八条は、「国際連合加盟国の間の関係は、主権平等の原則の尊重を基礎とするから、信託統治制度は、加盟国となつた地域には適用しない[68]」と定めている。つまり、国連加盟国の領土が信託統治化されることを禁じているのである。日本との講和が成立し、かつ旧安保条約の発効によって米国が日本を西側陣営に組み込んだことによって、日本の国連加盟が既定路線となった。そのため、小笠原を信託統治化することがますます難しくなるということは確実であった。それに加えて、米国は小笠原を独立させることを目指していたわけではなかった。そのため、民族自決を謳う国連憲章第一条[69]の精神や、「自治または独立に向つての住民の漸進的発達を促進する」という国連憲章第七六条[70]が定める信託統治の基本目的と矛盾する可能性があった。米国の小笠原統治は、戦略的要請からこうした問題を克服できない。すなわち、小笠原諸島を信託統治化する道義的根拠を米国は得られないのであった。

小笠原が信託統治化されなかった理由は他にもある。同盟国の国民感情に配慮したがために、基地の使用が制限され、そのことが他の同盟諸国による対米同盟への信頼性を損なわせるというジレンマを、米国は抱えたのである。講和条約第三条を作成するにあたり、米国はアジアの植民地諸国の反応を気にかけていた。なぜならば、講和条約第三条が日本の主権を琉球諸島と小笠原諸島に認めたことをインドが支持しており、多くのアジア植民地国もそれに賛同すると考えられていたためである。[71]他方で、戦時中に日本と交戦したオーストラリアやニュージーランドは、米国が小笠原を引き続き占領し続けることを望むと予想された。[72]こうした国々は、米国が主導する日本の再軍備に脅威を感じており、その不安を解消するために結ばれたものが太平洋安全保障条約（ＡＮＺＵＳ）や米比相互防衛条約であったという指摘がある。[73]小笠原を信託統治化することに対して、米国の友好国の間でも賛否両論があり、いずれの選択もそれらの国々の米国に対する信頼低下につながりかねず、それは米国の安全保障を相対的に弱体化させることであった。こうした理由から、対日政策や小笠原問題は慎重に扱われたのである。後の小笠原返還交渉や沖縄返還交渉においても、米国は同様のジレンマに直面していくこととなる。

米国の目指した戦後国際秩序の柱となるべき国連ならびにソ連を封じ込めるための西側陣営の構築は、皮肉にも日米間における領土をめぐる戦後処理問題において、米国に不利に働いた。つまり米国にとって、制度的にも、政治的にも、道義的にも、小笠原の信託統治化は事実上不可能であった。したがって、米国は信託統治化することによって国連からの認可を得て小笠原の占領を強化する道を諦め、講和条約第三条の「このような提案が行われ且つ可決されるまで、合衆国は、領水を含むこれらの諸島の領域及び住民に対して、行政上、立法上および司法上の権力の全部及び一部を行使する権利を有する」という文言[74]を根拠に、小笠原の地位をいわば宙に浮かせた状態で占領し続けるという方途を選ばざるをえなかった。それは、領土をめぐる日本との戦後処理問題の解決を先送りにすることに他ならず、その後も日米関係に内在する懸念材料となり続けたのである。

第2章　父島と硫黄島の米軍基地

1　基地固定化に起因する島民問題

(1) 在小笠原米軍基地の強化

太平洋戦争の末期、日本と米国は小笠原諸島をめぐり苛烈な戦闘を繰り広げた。とりわけ、「硫黄島の戦い」は第二次世界大戦における最も有名な戦闘の一つであると言える。マイク・ストランク、ジョン・ブラッドリー、レイニー・ギャグノン、ハーロン・ブロック、フランクリン・サウスリーおよびアイラ・ヘイズからなる六名の米国海兵隊員が硫黄島の摺鉢山山頂に星条旗を立てる有名な写真は、写真史上最も多く複写されたという(1)。米国にとって、小笠原の攻略は以下の作戦動機から必要であった(2)。一つ目は、硫黄島に展開する日本の守備隊からの抵抗を受けることなく、日本の本土を空襲するためであった。硫黄島に設置された日本のレーダーによってB29爆撃機の接近が感知されると、硫黄島の守備隊から反撃される恐れがあった。また、硫黄島から日本本土にB29が接近しているという警報が発令された場合、B29が日本本土沖で撃墜される恐れの高まることは避けられなかった。二つ目は、米軍機の不時着地を確保するためであった。日本による迎撃や反撃などにより破損した機体を安全な地に着陸

写真4　硫黄島の星条旗

出所）1945年2月23日ジョー・ローゼンタール撮影。

させることは喫緊の課題であった。硫黄島を攻略すれば、上記の二つの問題が一挙に解決する。三つ目は、硫黄島には滑走路があり、マリアナ海域の防衛に硫黄島の航空基地が必要であったためである。四つ目は、その硫黄島航空基地を拠点として日本の主要都市を空襲するためであった。サイパンから東京までの約二六〇〇キロメートルの距離を飛行するためには大量の燃料を要する。硫黄島はサイパン—東京間のおよそ中間地点に位置している。したがって、硫黄島から出撃することが可能になると、削減した燃料重量の分だけ多く弾薬を積むことができた。そして最後に、硫黄島は東京都の一部であるため、硫黄島の陥落は日本人に精神的打撃を与え、敗戦の近いことを思い知らせる効果があると考えられたためである。

他方で、日本軍は小笠原諸島を内地防衛の要として死守しなければならなかった。なぜならば、硫黄島を攻略されるということは、本土に対する米国による直接攻撃が激化するということを日本にとって意味したからである。つまり、日米両国にとって、まさに硫黄島は太平洋地域を舞台とする日米間の攻防の前線として捉えられていたのである。日本軍約二万一〇〇〇人に対し、米軍は輸送船や艦隊など約八〇〇隻を投入し、上陸軍は約六万人であった[3]。栗林忠道中将は硫黄島へ赴任する前に、東条英機首相から「どうかアッツ島のようにやってくれ」と頼まれたという[4]。一九四三年五月のアッツ島の戦いにおいて、日本兵は玉砕によりほぼ全滅していたため、東条は栗林に対して玉砕することを婉曲に勧告したに等しい[5]。硫黄島へ赴任すると、栗林は兵らに対して六項目からなる「敢闘の誓」を配布した。「硫黄島の戦い」について調査をした梯久美子によると、「敢闘の誓」は概ね以下の内容であった。

一　我等は全力を振って守り抜かん。
二　我等は爆薬を抱いて敵の戦車にぶつかり之を粉砕せん。
三　我等は挺身敵中に斬込み敵を鏖《みなごろし》せん。
四　我等は一発必中の射撃に依って敵を撃ち仆《たお》さん。
五　我等は敵十人を斃《たお》さざれば死すとも死せず。
六　我等は最後の一人となるも「ゲリラ」に依って敵を悩まさん。(6)

この「敢闘の誓」から、配属された守備隊、軍属および旧島民らにとって、硫黄島は生きる望みの絶たれた戦場であったということを窺い知ることができる。

小笠原諸島をめぐる日米間の一連の戦闘の末、小笠原は陥落した。小笠原は、日本を空襲するうえで米国にとって欠かすことのできない軍事的拠点となったのである。日本の降伏を境に爆撃拠点としての小笠原の役目は終わったものの、朝鮮戦争により軍事的重要性が再注目されることとなる。このように小笠原はめまぐるしくその軍事的役割を変えたのである。沖縄の場合とは異なり、小笠原諸島が戦史として語られる際、そこに人々が住んでいたということが忘れられがちである。しかしながら、あまり語られることがなかったものの、日米両国に翻弄される島民の苦境が、沖縄と同様に常に小笠原にも存在したのである。

太平洋戦争が終結すると、米軍は一時的に小笠原に滞在していた日本の軍人や軍属のみならず、国籍上日本人であるほぼ全ての島民を日本本土に強制的に退去させた。島民は国籍上日本人であったが、その待遇は一律ではな

写真5　U・アレクシス・ジョンソン

かった。欧米系島民であるジェフレー・ゲレー（戸籍名、野沢幸男）氏によると、戦時徴用された父島において、日本兵から命の危険にさらされるほどの虐待を受けた一方で、足を踏み入れたことのない「送還」先の横須賀では、他の欧米系島民とともに米軍から家を提供されるなどの厚遇を受けたという。[7] 欧米系島民は、戦時下において創氏改名を強要されたため日本名をもつ者が多く、また英語の使用を禁じられていたため日本語を話すことのできる者もいた。[8] しかしながら、本土にほとんど縁もゆかりもないことに加え、日本語をほとんど話せない人もおり、また本土では目立つ外見的特徴から、終戦直後の日本社会に溶け込んで生活をすることは欧米系島民にとって非常に困難であった。[9] しかしながら、島民の一切を小笠原諸島に帰島させないという方針は、一九四五年一二月までに国務・陸軍・海軍調整委員会および太平洋軍司令官に共有されていた。[10]

島民の帰島を許さないという米軍の方針が決まりつつあるなか、欧米系島民の一団は、後に駐日米国大使や国務次官として小笠原諸島および琉球諸島の返還交渉において実務面で中心的な役割を果たす、U・アレクシス・ジョンソン横浜領事を訪ねた。欧米系島民はジョンソンに対して、自分たちが米国人であることを主張し、敗戦後の本土における差別や貧困から抜け出す必要性を訴え、さらに父島への帰島を嘆願した。「戦争中に日本で虐待されたことから、彼らが帰還を考えたのももっともだ」と思ったジョンソンは、その問題をＧＨＱと相談した。[11] その結果、ＧＨＱは、一九四六年一〇月に、欧米系の姓をもつ島民とその家族のべ一二六名のみの父島への帰島を取り決めた。[12] ジョンソンは図らずも、後に自らが実務を担当することとなる小笠原返還問題を、それまで以上に複雑なものとしてしまったのである。

欧米系島民に対する選別的な帰島は、単に人道的な目的でなされたのであろうか。それとも、むしろ軍事戦略上の意図からなされたのであろうか。小笠原諸島において、米軍占領期の生活を知る島民へのインタビュー調査を実施したロバート・D・エルドリッヂや石原俊によると、帰島後、帰島民は米海軍による生活の保護に依存する生活を始めたようである。米海軍は、本土に取り残されている旧島民の地権を無視し、父島の土地を、海軍の占領に支障がない範囲で帰島民に自由に使用させ、自給自足できるように取り計らったという[13]。他方でデイヴィッド・チャップマンは、「島民は米国のための管理人や労働者としての職務を果たすのに調度良い時にいたに過ぎなかった」という帰島民による海軍軍政に対する不満を踏まえつつ、米海軍は島民が心身ともに健康で暮らすのに十分な環境を与えられなかったと結論づける[14]。

帰島民は、国籍上の母国である日本本土への移動および本土との通信を、肉親との面会や本土での「お嫁さん探し」などを除いて全面的に禁止された。本土との通信は、しばしば遮断あるいは検閲されたという。さらに、本土へ渡航する際には、父島駐留軍から太平洋司令部宛の申請書を提出し、海軍の許可を受けることが義務づけられていた。そのうえ、本土滞在中には、合衆国陸軍警務司令部の将校に監視さえされた。また、本土で配偶者を探す際は、婚約から結婚までの間に、三等親以内に共産主義者がいないか思想調査が行われたという[15]。

欧米系島民の帰島は、日本における差別からの解放を建前としていた。しかしながら、米海軍は、人種主義を利用あるいは逆用することによって「帰島民」としてのアイデンティティを醸成し、小笠原に親米的な帰島民が主導する社会秩序を作り上げることを企図したと石原は指摘する[16]。米海軍による帰島民に対する方針から、父島の占領を容易にすることで、父島を米国の軍事戦略に組み込もうという狙いが透けて見えるのである。石原やエルドリッヂの視点に立つにせよ、チャップマンの視点に立つにせよ、軍政下の父島において、帰島民に対する基本的人権が保障されていたわけではないという点に鑑みると、欧米系島民とその家族に対して帰島を許可するという措置は、人道的観点よりも、むしろ軍事戦略的観点から行われたと言えよう。

事実、アーサー・ラドフォード太平洋艦隊司令官は米軍による小笠原の軍事占領を固定化するために、一九五二年から五三年にかけて戦後の初代駐日米国大使を務めたロバート・マーフィーへ、小笠原返還を思いとどまるよう働きかけていた。大使として米国を発つ前に、マーフィーはすでに国務省から小笠原問題に関するブリーフィングを受けていた。そして、自らが小笠原問題を解決するという強い決意とともに来日していたのである。(17) マーフィーは、小笠原の問題を解決するためには返還が不可欠であると考え、小笠原諸島を日本に返還すべきであるという電報を国務省に対して送っていた。(18)

軍部の主張する小笠原占領の必要性についてマーフィーは理解していたものの、旧島民を差別的に扱う正当性を疑問視していた。一九五二年七月二日、マーフィーは国務省に対し、「とりわけ日本と血縁があり日本国籍である欧米からの入植者の子孫一三五名がすでに帰島を許されているという事実に鑑みると、これらの人々〔旧島民――引用者〕による彼らの生まれ故郷に帰りたいという正当な願いに米国が抵抗することは、日本人にとって理解しがたい」という岡崎勝男外務大臣の主張を電報で紹介した。(19) そのうえで、「帰還の許可を拒否することにより、責任ある海軍当局は、疎開者のみならず日米関係全般に対しても深刻な害を与えている」とし、海軍による帰島の拒否が「米国による人種差別、領土拡張および一般的な非人道的行いが日本における非難を高め、そして日米両政府間の潜在的摩擦の原因となっている」とマーフィーは軍部を強く非難した。(20) 小笠原より軍事的に重要であると思われる沖縄においては全ての島民が帰還できたにもかかわらず、小笠原においては旧島民の帰島を許さないという軍部の方針は、岡崎のみならず、マーフィーにとっても理解に苦しむものであった。

およそ四週間後のジョン・アリソン国務次官補への電報で、マーフィーは米海軍のトップであるウィリアム・フェクテラー海軍作戦部長およびロバート・ブリスコー海軍中将に対して、「なぜ沖縄の住民は空軍および軍政長官によってその地に居住することが許されるのに、小笠原諸島において彼ら〔旧島民〕は許されないのか」[21]と軍部の方針に再び疑問を投げかけたことを伝えた。[22]そして、こうした電報は、かねてからマーフィーと親交のあったラドフォードにも届けられたのである。[23]

マーフィーから届いた電報に「驚愕した」というラドフォードは、小笠原返還を阻止すべく直々に東京までマーフィーを訪ね、返還を思い止まるよう説得した。[24]その際ラドフォードはマーフィーに対して、「日本人はあの諸島を最も重要な潜水艦基地の一つとして使用してきた」ため、「東アジアで何が起ころうとしているのかがはっきりするまでは、米国人が小笠原に駐留すべきである」と訴えた。[25]そして一九五二年一〇月、マーフィーを他の軍幹部らとともに、父島にある潜水艦基地設備や、後に核兵器が貯蔵されることとなる清瀬の格納庫などに案内したのである。[26]

この一連の工作から、米軍上層部が潜水艦基地や核貯蔵施設としての父島の重要性を認めていたということ、ならびに日本が再び米国の安全保障上の脅威となる可能性に対する懸念を捨て去っていなかったということが窺える。マーフィーは、父島を訪島した後に「ラドフォードの見解が正しいと確信」[27]し、それ以後、小笠原占領を継続しようという国防省の方針に協力するようになった。[28]つまり、マーフィーもまた、ラドフォードらがもつ根強い対日不信感を共有し、かつ潜水艦前線基地および核兵器の貯蔵施設としての役割を父島に期待していたということである。ラドフォードの工作は見事に成功したのである。

(2) 補償金問題

小笠原の再軍事基地化が米国によって着々と進められる一方で、一九五四年一〇月二〇日、旧島民の帰島に尽力し、後に防衛庁長官となる福田篤泰衆議院議員は、旧安保体制の確立に深く関わった極東担当国務次官補ウォルター・ロバートソンに対して、旧島民の帰島が許されていないということを「公然とした人種差別」であると批判し、もし小笠原帰郷促進連盟が「一〇年間の苦労の後、何の結果も得られない」のであれば、共産主義者が連盟に潜入し、人種差別政策を政治利用することになると警告した。[29] 福田の発言は、決して誇張されたものではなかった。焼け野原となった戦後の日本で生活を一から立て直すことは、本土に住んでいた日本人にとってすら生半可なものではなかった。[30] ましてや、本土における生活を一度は投げうって小笠原の島々へ移住したにもかかわらず、ほとんど着の身着のままで本土へ送還された島民たちにとって、本土における再出発は絶望的であった。[31]

旧島民の多くは、返還と帰島を分けて考えており、せめて島に帰りたいと望んでいた。戦前の小笠原諸島では、第一次産業で生計を立てる島民がほとんどであった。そのため、先に帰島を許された欧米系島民らと同様に、島に帰りさえすれば生活を再建できると考える旧島民が多かったことは、決して不思議なことではなかった。旧島民が帰島を訴えた背景[32]には、こうした事情があったのである。しかし、本土に住む旧島民の苦境は、次第に待ったなしの状況を呈するようになった。事実、一九五三年五月一七日時点で、三九九名の旧島民が死亡しており、そのうち一四七名は生活苦が原因であった。[33] そしてその一四七名には、一二件の一家心中で亡くなった一八名が含まれていた。[34]

ラドフォードは、旧島民の窮状を理解していたと考えられる。なぜならば、ラドフォードは自身の回顧録において、小笠原購入を企図していたということを明かしているからである。ＧＨＱは、戦後、日本国内の全ての土地に関する記録を押収していた。[35] 米海軍による国務省への報告書によれば、戦前の小笠原の七八パーセントを日本政府が所有していたという。[36] そのため、ラドフォードは日米の政府レベルで旧島民の所有していた土地を購入してしまうことが、旧島民の生活苦という当面の問題を早急に解決するための実践的な方法であると見ていたのである。[37]

ラドフォードの計画に呼応する旧島民は、確かにいたようである。旧島民のなかには、帰島を諦め、小笠原における地権を米軍に売り渡し、日本本土における生活資金に充てようとする者がいた。[38] ただし、首相であった岸信介はそれを許さなかった。岸は、米国が旧島民に対して補償金を支払うまでの措置として、日本政府が代わりに補償金を負担し続け、旧島民の生活を支えるという処置を講じたのである。[39] 岸は、その後の小笠原返還交渉がますます複雑なものとなることを防いだと言える。ひとまず日本政府が補償金を肩代わりすることとなったため、日米間における旧島民への補償金問題の解決が急がれることとなった。米国は、日本の保守系政治家だけでなく多くの日本国民が旧島民の訴えを支持しているということを憂慮した。そのため、米国は日本政府がかねてより求めていた旧島民への補償金問題に着手していくのであった。

日本は当初、米国に対して一二五〇万ドルの補償金の支払いを求めた。交渉の末、一九六一年六月八日、米側が旧島民に対して六〇〇万ドルの補償金を支払うことで、日米は合意に至った。[40] そして、公法八六-六七八として、その補償金額の支払いが米国議会の承認を得た。[41] 補償金の獲得は、岸政権にとって領土をめぐる戦後処理問題の進展を国民に対してアピールする材料となった。しかし同時期に、日本政府が占領期に米国から受けた二〇億ドルの借款のうち四億九〇〇〇万ドルを、東南アジアの開発援助に支出することにも合意した。[42] 米国は抜け目なく、自国の極東における安全保障政策への貢献を、補償金を支払う交換条件として日本に飲ませたと言える。領土をめぐる問題を進展させることと引き換えに日本にさらなる支援を求める交渉手法は、小笠原返還においても沖縄返還においても、米国の常套手段となっていく。

交換条件は、それだけではなかった。国務省が保管する機密史料によると、六〇〇万ドルは、これまでの旧島民の困窮に対する補償であるはずが、小笠原返還の日まで日本政府が旧島民を黙らせておくという、いわば手付金の意味合いがあったのである。[43] そして、米軍による小笠原占領によって生じるいかなる不具合に対しても、日本政府および日本国民が異議申し立てできないという外交文書が日米間で交換されたのである。[44] ここで特筆すべきことは、米国が着々と、小笠原の米軍基地の排外性を高めていたということ、国務省が軍部に対して協力的であったということ、および日本政府も米国が小笠原を軍事利用することに協力的であったということである。

一九六一年六月一九日から二三日にかけて、池田勇人首相は、ジョン・F・ケネディ大統領とワシントンにおいて首脳会談を行うために訪米した。補償金問題解決の二週間後のことであった。国務省の機密史料によれば、池田との首脳会談で日本側から小笠原の話題を持ち出された場合に、「現時点で合衆国には〔旧島民の〕帰島を許す意思がなく、それゆえに議会が補償金の支払いを決定した、ということを日本人に対して明確にすべきである」と応じるようケネディは国務省から助言を受けていた。[45] 小笠原の早期返還に対して、米軍部は安全保障上の理由から強く反対していた。国務省がケネディに上述の助言をしたのは、国防省の強い反発を反映してのことであった。

一九六一年六月二一日の日米共同声明のなかで、沖縄と小笠原において「日本が潜在主権を保有」していることを確認した文言があることから、[46] 池田は小笠原の話題を持ち出したはずである。そうであるならば、ケネディから、国務省の助言通りの返答を受けたと考えられる。小笠原の返還交渉が一九六七年まで棚上げされたことに鑑みると、補償金が小笠原返還交渉延期の代償となったのであろう。小笠原で生まれ育った島民たちは、政治的力の弱い小さな集団であった。しかも、旧島民への直接給付ではなく民間団体である帰郷促進連盟などを通して補償金が交付され、また配分基準をめぐり旧地主層と旧小作人層が激しく対立したため、一九六四年三月には帰郷促進連盟が解体してしまった。[47] 戦時中まで小笠原に暮らしていた島民たちは、まさに米国の極東における安全保障政策や、日本の国内政治情勢に翻弄されたのである。皮肉にも、西側陣営の旗手として民主主義を標榜する米国によって、帰島民は行動の自由を奪われ、旧島民は生活基盤を奪われた。そして、軍部の求めた小笠原の排他的軍事占領の実現に、国務省と日本政府が深く関与していたということを見逃してはならないのである。

日本政府は、旧島民による帰島の訴えを六〇〇万ドルの小切手と交換したようなものであった。ただし、旧島民は「口止め料」の受け取りに合意していたわけではなく[48]、あくまで彼らにとっては帰島できないことでそれまでに受けた不都合に対しての対価であった。一方、米国が旧島民の即時の帰還を許すはずがないということは、受け止めざるをえない現実であった。そこで、旧島民はせめてもの願いとして、本土への強制送還以来できずにいた小笠原への墓参に対する許可を求めていく。また、硫黄島において犠牲となった多くの戦没者の遺族らが、遺骨および遺品の収集を訴えていくのである。

（3）墓参および遺骨収集

墓参問題は、単に日米二国間の問題にとどまらなかった。西太平洋地域に浮かぶ小さな島々への墓参許可をめぐり米国とソ連という超大国が駆け引きを繰り広げたという点で、とても興味深い問題である。日本へ強制的に送還された旧島民には、積年の訴えがあった。旧島民は、島に残されたまま誰からも世話をされていない先祖の墓地へ参拝することを切望し続けたのである。墓参許可の訴えは政治的なものではなかった。しかし、その訴えは米国軍部から警戒され、長い間果たされることがなかった。ところが、米国はその方針を転換せざるをえない状況に直面する。

講和条約交渉において主要な役割を果したジョン・フォスター・ダレスは一九五〇年に、「ソ連が日本国民を平等に扱うと申し出ることが予想される」という考えを披瀝し、人種差別的な対日政策を米国がとることに反対であった[49]。しかしながら、小笠原の占領政策は、すでに人種差別的であった。ダレスは、小笠原への旧島民の帰島を容認する立場であった。その背景には、帰島問題が究極的には日本の米国離れを引き起こしかねないという懸念があったと考えられる。それにもかかわらず、対日講和の後も、小笠原における人種差別的な政策は引き継がれた。さらに、父島と硫黄島が核兵器の貯蔵基地となるにつれて、その方針はむしろ強化されていく。そして、ダレスが予期していた通り、ソ連が動き出したのである。

一九六一年八月、ソ連は東シベリアのチタおよびハバロフスクにある日本人捕虜墓地への三〇人の遺族の墓参を許可し、同じ月のうちに、一〇人の日本人報道関係者および三人の日本政府関係者の同伴とともに実施された。[50]立て続けに、一九六二年一月末にも、ソ連は在モスクワ日本大使館に対して、その夏の墓参を許可する旨を伝えた。[51]ソ連によるこの一連の措置は、日米間の小笠原をめぐる墓参問題を意識してのことであったとエルドリッヂは指摘する。[52]ソ連のこうした揺さぶりに、米国の対日政策立案者らは大きく動揺した。[53]

一九六四年六月三〇日、小笠原協会会長でもある福田防衛庁長官は、東アジア情勢や防衛問題についてロバート・マクナマラ国防長官とワシントンにおいて意見を交換した。福田はマクナマラに対して、ソ連が一九六四年九月には北方領土への墓参を許可していることや、中国も自国領における日本人遺族の墓参を許可していることを引き合いに出し、小笠原墓参問題に対する米国からの好意的な回答を求めた。[54]軍部としては、戦略的利益から欧米系島民と旧島民を不平等に扱う小笠原占領政策をとっていたのであるが、旧島民を人種的に差別しているという批判が噴出していたのである。

多数の島民を本土に疎開させたのは、戦時中の日本政府であった。したがって、米国は人種差別的な占領政策を正当化することが可能であった。しかし、折しも米国は公民権運動の只中にあった。人権や人種差別に対する米国民の意識が急速に高まりつつあったのである。大手米メディアさえも、太平洋上の小さな島嶼群である小笠原諸島における人種差別的な政策を取り上げ、民主主義の守護者を自称する米国政府の、国内外におけるダブル・スタンダードを告発していた。例えば、一九六四年一一月一日付の『シカゴ・トリビューン』紙の記事は、七九回もの嘆願にもかかわらず、基地のない母島への帰島すら認められない旧島民の状況を紹介するとともに、旧島民に対してよく使われた「疎開者（evacuees）」ではなく「難民（refugees）」と彼らを呼称し、「海軍は島において人種差別政策

を実行している」と直截に批判している。(55)

ソ連や中国を引き合いに出す度重なる日本からの嘆願ならびに国内外で噴出していた人種差別という非難の結果、一九六五年一月一二日に佐藤栄作首相とリンドン・ジョンソン大統領とのワシントンにおける初の首脳会談において、佐藤が「話がトントンに進んだのでびっくりした」ほどジョンソンは旧島民の小笠原への墓参に理解を示した。(56)ディーン・ラスク国務長官は、佐藤が首脳会談において墓参問題を持ち出すことを想定しており、ジョンソンにそれを許可するよう進言していた。(57)その助言通り、ジョンソンは「原則的には喜んで小笠原への墓参を受け入れる」と佐藤に伝えたのである。(58)

写真6　佐藤栄作

写真7　リンドン・ジョンソン

翌日に発表された日米共同声明において、ジョンソンから「旧小笠原島民の代表の墓参を好意的に検討することについて同意した」と発表された。(59)しかしながら、同じ文脈において、「大統領と総理大臣は、琉球及び小笠原諸島における米国の軍事施設が極東の安全のため重要であることを認めた」ということが明文化された。(60)内外に対して日米の同盟強化および日米の友好関係を誇示する意図がこの共同声明にあったということは明らかである。小笠原への墓参と引き換えに、ソ連と中国の政治的な影響を排除できたのであれば、米国にとって痛くも痒くもない取引であった。当然佐藤も、領土をめぐる戦後処理問題の解決を前に進めるために、米国と歩調を合わせる必要があるということを認識していたはずである。墓参問題を利用して日本と米国を離間させるというソ連と中

国の思惑は、挫かれたのである。

硫黄島における戦没者の遺骨や遺品の収集も、占領期にはほとんど進まなかった。アジア・太平洋戦争等における戦没者の遺骨収集事業に取り組んできた厚生省社会援護局の資料である『援護五〇年史』によると、アジア・太平洋戦争において、およそ三一〇万人もの日本人が命を落としたという。[61] さらに、厚生労働省が作成する「地域別戦没者遺骨収容概見図」によると、沖縄と硫黄島を含む日本の本土以外で亡くなった軍人および軍属等は約二四〇万人である。[62] つまり、全死者数の八〇パーセント近くが本土から離れた地域で亡くなっていたのである。戦後の遺骨収集事業が多大なる時間、費用ならびに労力をともなうものになったということは、この事実一つとっても想像に難くない。硫黄島における三六日間の戦闘において、およそ一万八三〇〇名の日本人が亡くなった。よく知られているように、米国側にも多くの死者を出した。しかしながら、戦没者のその後は日米両国で大きく異なった。地下壕でひっそりと絶命し、多くがそのまま放置された日本兵とは対照的に、ロバート・D・エルドリッヂやジェイムズ・ブラッドリーらによると、ほとんどの場合、米兵は戦死した後に収容され、海兵隊により硫黄島に新設された墓地に埋葬されたという。[63] 戦後、一九四七年から翌年にかけて、硫黄島内の海兵隊墓地は掘り返され、その後閉鎖された。[64] そして米兵の遺体はハワイの太平洋国立記念共同墓地あるいは米国本土で遺体の帰還を待つ遺族のもとへ送られ、それぞれの故郷で改葬されたのである。[65] 他方で、日本側の遺体がようやく遺族のもとへ帰還し始めるまで、戦闘終結からさらに十数年を要した。そして、全ての遺体が収容される目処は未だに立っていない。

日本と米国の戦死者をめぐる対照的な状況はなぜ生じたのであろうか。その背景として、相互に連関している三つの理由が考えられる。一つ目は、米兵による戦没者の頭蓋骨の盗難が行われていたという理由である。[66] 一九四四年一〇月に本土へ移動するまで硫黄島において警備隊司令官の任務に就き、戦後出家した和智恒蔵元海軍大佐は、一九五二年一月末に、供養のための硫黄島への上陸を許された。[67] しかしそれ以降、度重なる嘆願も虚しく、和智の上陸は一度も許されなかった。遺骨の損壊が明るみになった場合に、日本国民の間で反米感情が高まるということを危惧したのであろう。このような事情が、米軍占領期の硫黄島において遺骨や遺品の回収が進まなかった理由の一つであったと考えられる。

二つ目の理由は、小笠原諸島の軍事利用にともなうものである。『援護五〇年史』によると、海外戦没者の遺骨収集について本格的に国政レベルで取り上げたのは、サンフランシスコ講和条約が批准された一九五二年に開催された第一三回国会であった[68]。そして、同年六月一六日に、「海外諸地域等に残存する戦没者遺骨の収集及び送還等に関する決議」が衆議院で採択された[69]。なお、日本政府は米国政府の承認を得て、一九五二年一月二五日から三月三日まで、硫黄島に遺骨調査団を派遣し、予備調査を行った[70]。この調査に基づき、同年一〇月二三日に「米国管理地域における戦没者の遺骨の送還、慰霊等に関する件」が閣議了解された[71]。しかしながら、この閣議了解によると、活動は「一五名以内の派遣団を編成する」という規模のものでしかなく、なおかつ遺骨の収集を行うのは「少数の労務者」に限られていた[72]。この派遣団は、いわゆる南方八島とされる南鳥島、ウェーク島、サイパン島、テニアン島、グアム島、アンガウル島、ペリリュー島ならびに硫黄島へ派遣されることとなった[73]。硫黄島および中部太平洋の島々における戦没者数が約二六万八九〇〇名にものぼることに鑑みると[74]、この規模はあまりに小さすぎたと言わざるをえない。こうした問題を抱えてはいたものの、以後、「南方八島遺骨収集」として、これらの島々で順次遺骨が収集されていくこととなった。

南方八島における最初の遺骨収集は、一九五三年一月三一日に始まり、その年の三月一九日まで続けられた[75]。前年の調査から硫黄「島内いたるところに掘られた地下壕の中に当時のままのような状態の遺体が残されていた」ことが判明していたが、硫黄島における遺骨収集作業は三月一二日のたった一日に限られた[76]。朝鮮戦争において後方支援基地としての硫黄島の重要性が再確認され、軍事的機能が強化されていく過程の真最中に行われた調査であっ

写真 8　米軍の上陸した海岸から見た硫黄島摺鉢山

出所）2014 年 2 月筆者撮影。

た。たった一日しか調査が許されなかったのはそのためであろう。それでも北部の地獄谷等から五三柱を収容することができた。[77] このことは、いかに硫黄島という狭い土地におびただしい数の遺骨が残されていたかを十分に示している。

硫黄島への派遣期間中、派遣員は「北部の激戦地であった」という理由から天山に「戦没日本人の碑」を建てて追悼式を挙行した。[78] 摺鉢山山頂には、硫黄島の戦いにおける米国の勝利を誇る米国海兵隊の記念碑がそびえていた。その後、駐留米軍関係者により散発的に行われた遺骨や遺留品の盗掘などを除いて、[79] 小笠原諸島が日本へ返還されるまで硫黄島において日本人戦没者の遺骨が収集されることはなかった。

戦没者遺族による遺骨および遺品の収集を求める切実な訴えや、旧島民の帰島への願いをますます実現困難とするもう一つの理由があった。一九五〇年代中頃から、父島および硫黄島に核を配備することが検討され、それが実行に移されていたのである。[80] 帰島民や戦没者遺族らの知らないうちに、父島と硫黄島は米国の安全保障政策を構成するうえで欠かすことのできない核抑止戦略に組み込まれていたのである。

2　父島と硫黄島の核貯蔵基地化

(1) 核配備の判明

①帰島民の証言

米国の極東における核戦略と在沖縄米軍基地との連関は、これまで幾度となく指摘されてきた。二〇〇九年八月に民主党が政権交代を成し遂げると、外務大臣であった岡田克也は早速、翌月二五日に「いわゆる『密約』問題に関する調査チーム」を設置し、自民党が過去に米国と結んだとされた「密約」に関する調査を開始した。[81] そして、一連の調査によって、沖縄における核「密約」問題は、学界のみならず、すでに公に知られたものとなっている。こうした沖縄の状況とは対照的に、米国による小笠原占領が、米国の極東における核戦略と結び付いていたということが指摘されることは少ない。米占領下の小笠原に核兵器が配備されていたことを示す史料は多い。しかしながら、日米両政府は小笠原核「密約」だけでなく、小笠原に核が配備されていたことすら公に否定も肯定もしていない。多くの研究者が沖縄の核問題にばかり目を向けてきたがゆえに、日米両政府は小笠原へ核を配備していたことに対する追及を免れてきた側面がある。事実、「いわゆる『密約』問題に関する調査チーム」は、なぜか小笠原返還を調査対象とせず、安保改定交渉や沖縄返還交渉等における日米間の核「密約」に関する史料のみを調査対象とした。

米国の描く極東安全保障政策に、小笠原諸島は深く組み込まれていた。そうであるにもかかわらず、在沖縄米軍基地の戦略的重要性ばかりが、これまで研究対象とされてきた。こうした態度は、米国の極東における戦略的意図を理解するうえでも、日米領土返還交渉史を綴るうえでも、不十分である。本節では、核貯蔵施設としての在小笠原米軍基地の実相を明らかにし、在沖縄米軍基地との基地機能の差異について明らかにする。

一九四六年にGHQにより帰島を許された欧米系島民ら一二六名およびその子孫は、米占領期の父島を知る数少ない証言者である。占領期の父島に核が配置されていたということは帰島民にとって常識であったと思わせる証言が多い。エルドリッヂは、当時一〇代であった帰島民から、父島の清瀬にある格納庫に「メリーさんの羊」と名付けられた核弾頭が配備されており、その警備のため、武装した海兵隊員が配置されていたという情報を得た(82)。また、清瀬の格納庫に核兵器が貯蔵されているということを酩酊して暴露した軍高官が更迭されたという証言もある(83)。事実、父島に核ミサイルが配備されていた一九六三年から小笠原の海軍軍政部代表であったJ・R・ソーンダイク少佐が、一九六四年一月に解任されている(84)。一九五一年四月から六八年六月までの間に一〇名の軍政部代表が存在しているが、任期途中で解任されたのはソーンダイクただ一人である(85)。ソーンダイクが解任された直接的な理由は定かでないものの、任期途中で交代した軍政部代表がいたという点は島民の証言と符合する。格納されていた核兵器は、ある夜、密かに二見港にある潜水艦に積まれ、父島から撤収されたそうである(86)。その際、軍部から「沿道にある家はみな目隠しをさせられて、電気もつけてはいけないといわれた」とのことである(87)。帰島が許されなかった硫黄島とは異なり、父島には少なからぬ帰島民が暮らしていた。そのため、米軍の不可解な行動に対して、帰島民は父島への核配備を確信するようになる。当時父島への居住を許されていた帰島民にとって、父島における核貯蔵は常識であった。

②核配備の経緯

帰島民の証言を裏付ける史料がある。米国国防省は一九七八年に『核兵器の保管と配備の歴史――一九四五年七月から七七年九月まで』という報告書を作成した(88)。そして、多くの機密情報が黒塗りにされた状態で、この史料は国防省から公開された。『核兵器の保管と配備の歴史』の「付録B」というリストには、核兵器が配備された国や

表 2-1　核配備地域 C

配備地域 C	配備期間
核弾頭	1956 年 2 月〜3-5 月
レギュラス・ミサイル	3-5 月〜64 年 10-12 月
タロス・ミサイル	1964 年 10-12 月〜65 年 12 月

出所）“Appendix B,” in Office of the Assistant to the Secretary of Defense (Atomic Energy), *History of the Custody and Deployment of Nuclear Weapons : July 1945 through September 1977*, February 1978 を基に筆者作成。

表 2-2　核配備地域 I

配備地域 I	配備期間
非核弾頭部分	1956 年 2 月〜66 年 6 月
核弾頭	9 月〜59 年 9-12 月

出所）同上。

地域の名称がアルファベット順で記載されている。リストのなかには、黒塗りにされており、地名を判別できないものもある。しかし、記載がアルファベット順であることや、すでに公開されている史料から裏付けるなどして、ロバート・ノリスらは黒塗りにされている地名を割り出した。そして彼らは、一九九九年に発表した論文において、黒塗りにされた一七カ所のうち、カナダとキューバの間にリストされたCに該当する場所を除く一六カ所の地名を公表した。[89]

ノリスらの論文が発表されると、米国政府は異例の対応をした。NCND（Neither Confirm Nor Deny）政策[90]を採用し、核兵器を配備していた場所に関していかなる言及も避けてきた米国が、ノリスらの、Iがアイスランドであるという推測を否定したのである。[91] 一九九九年一〇月二六日付の『ワシントン・ポスト』紙によると、ビル・クリントン政権はアイスランド政府に対して、ノリスらの主張が誤りであり、冷戦時にアイスランドに核兵器が配備されていたという事実はないと伝えたという。[92] Iの解明作業は振り出しに戻った。なお、『核兵器の保管と配備の歴史』の核配備地域リストにおいて、CおよびIに該当する部分を表2-1および表2-2に示した。

一九九九年一〇月二三日、ノリスらは、社会言語学者であるダニエル・ロングからある電子メールを受け取った。ロングは長年、小笠原諸島でフィールド・ワークを重ねており、帰島民に幾度もインタビューをしていた。ロングはノリスらに対し、Cが父島かもしれないと伝えた。[93] 硫黄島に核兵器が配備されていたという信憑性の高い情報をつかむと、ノリスらは本格的に小笠原諸島と核兵器との連関について調査した。その結果、Cが父島であり、Iが硫黄島であると断定するに至ったのである。[94]

一九五七年六月四日付の「小笠原群島と火山列島における核兵器の分散」と題された機密文書もまた、占領期の父島と硫黄島に核兵器が配備されていたということを示す重要な証拠の一つである。[95] その文書が、かつて海軍提督であったラドフォード統合参謀本部議長に提出される一年半ほど前の一九五五年一一月一八日、チャールズ・ウィルソン国防長官は、ダレス国務長官からある問い合わせに対する返答を得た。それは、小笠原群島および火山列島に少数の核兵器を分散することに異論がないということ、小笠原諸島への核配備が将来の旧島民の帰島を妨げることにはならないということ、ならびに核配備の際は事前にその旨を国務省に報告すべきであるということを伝えるものであった。[96]

次項で詳述する大量報復戦略の提唱者であり、核をちらつかせる「戦争瀬戸際」外交を肯定していたダレスにとって、[97] 小笠原への核配備は米国の核使用オプションに寄与することであり、当然容認すべきことであったと考えられる。ダレスの言動から、日米関係の懸案であった小笠原の帰島問題さえ解決されれば、小笠原に核が残っていても構わないという態度を国務省がとっていたということは明らかである。旧島民は、返還と帰島とを区別していた。他方で国務省は、小笠原を核基地化することは安全保障上の理由から認められるが、旧島民の帰島は許可すべきであるという立場であった。小笠原を核配備基地として軍事占領し続けることと旧島民を帰島させることは両立可能であり、その方策こそが日本政府と軍部との要求を満たす折衷案であると国務省は考えていたのであろう。完全に小笠原を掌握することを軍部が主張していたのに対し、国務省は軍事基地として利用できるのであれば不完全でも良いという姿勢であった。小笠原に起因する日本との問題を、将来的に核付きで解決することが、国務省と国防省との間ですでに想定されていたのである。

ウィルソンは早速、ダレスの返答を統合参謀本部に伝達し、統合参謀本部は、フェリックス・スタンプ太平洋軍最高司令官に、小笠原へ迅速に核兵器を配備するよう命じた[98]。同時に、スタンプの前任者であり、大量報復戦略を忠実に推進していたラドフォードは[99]、小笠原に核兵器を配備する旨をダレスに伝えるよう記した覚書をウィルソンに提出した。一九五六年二月六日に父島に最初の核弾頭付き兵器が配備されたものの、ルーベン・ロバートソン国防副長官によると、何かの手違いで国務省への報告が遅れたようである[100]。一九五七年六月の時点で、国務省に小笠原への核配備が正式に伝えられたという記録は確認されていない[101]。したがって、核配備が事後報告になった可能性は否めない。しかしながら、ダレスは核配備を支持する言質をすでに軍部に対して与えていた。そのため、それは手続き上の問題に過ぎなかった。

父島に核兵器が配備された一九五六年二月六日という日付は、『核兵器の保管と配備の歴史』「付録B」において謎のまま残されていたCではじまる地名への配備開始時期と一致する[102]。「付録B」によると、父島には射程約九二五キロメートルのレギュラス艦対地ミサイルが一九五六年春から一九六四年秋にかけて配備されたようである[104]。かつて太平洋艦隊の核戦争プランナー兼レギュラス潜水艦艦長であった人物の証言が、そのことをさらに裏付ける。その人物によると、父島は「戦略計画において、ミサイルを撃ち切ったレギュラス潜水艦のための『再装塡地点』であり、さらなる攻撃のために利用できた」そうである[105]。父島には確かに核兵器が配備されていたのである。

では硫黄島には核があったのであろうか。「小笠原群島と火山列島における核兵器の分散」において、ダレスは小笠原群島と火山列島に核を配備したいという軍部の要求を容認していた。この機密文書の標題には、小笠原群島に加え火山列島が明記されていた。そのため、父島だけでなく硫黄島にも核兵器が配備されていたと考えられる。硫黄島の面積は、父島の面積である二三・四五平方キロメートルにほぼ等しい、二三・七三平方キロメートルである[106]。南鳥島を除く、他の小笠原の島々とは異なり、硫黄島は摺鉢山以外ほぼ平地で、港はないが滑走路があり、地

写真9　硫黄島の海岸

「硫黄島の戦い」において，米軍は右側の海岸から上陸した。

出所）摺鉢山山頂にて 2014 年 2 月筆者撮影。

下壕が張り巡らされている。そのため、核兵器の保管場所に適していた。

硫黄島への核配備を裏付ける史料はそれだけではない。極東軍が一九五六年一一月に作成した「極東軍管理運用規定一号」という機密文書のうち、主に緊急時に兵器を搬入することが予定された地域に関する部分が一九九九年一二月に公開された。[107] そして、そのような地域をリスト化した同史料付録Ｉのなかに「硫黄島中央空軍基地」という記述がある。[108]「極東軍管理運用規定一号」を公開するノーチラス研究所は、それが「核兵器もしくはその弾体を貯蔵していたか、あるいは有事や戦争の際に核兵器の受け入れのために割り当てられていた」地域のリストであるという立場をとっている。[109] ノリスらはその史料から、硫黄島が核貯蔵基地であったと主張する。[110] さらに、ソ連あるいは中国に対して核攻撃を行った戦闘機が、グアムではなく硫黄島に着陸し、そこで給油と核の再積み込みをした後に、すぐに第二撃のために出撃できるようにするための拠点とされていたという、かつて硫黄島に配属されていた空軍将校の証言がある。[111] 当時の硫黄島は、北西太平洋地域における不沈空母のような役割を担わされていたのである。

「極東軍管理運用規定一号」が出された時期は一九五六年一一月であり、それは『核兵器の保管と配備の歴史』のＩに該当する箇所において核兵器の配備が開始された時期と一致する。前述のように、統合参謀本部はダレスの認可を受け、スタンプ太平洋軍最高司令官に、小笠原群島と火山列島への核配備を迅速に手配するよう命令した。つまり、同時期に緊急時の核配備基地としてリストアップされていた父島と硫黄島に、ダレスによる容認を根拠に軍部が核配備を命令し、それが実行に移されたのである。占領期の父島と硫黄島には、極東における対ソ戦を想定した、米国の核戦略を遂行するうえで重要な核兵器が配備されていたのである。

（2）変容する基地の役割

①大量報復戦略

米占領下の父島と硫黄島に核兵器が配備されていたということは疑いようがない。しかし、なぜ一九五〇年代中頃から小笠原への核配備が必要となったかについては、まだ先行研究者が明確な答えを出せているとは言えない。第二次世界大戦後、とりわけ核兵器の存在により、国際情勢は大きく変転した。戦後の米国の安全保障戦略を核兵器という要素を抜きにして考察することは、ほとんど意味を成さないであろう。米国は、核戦争を遂行する意思と能力があるということを共産主義陣営に認識させることで、敵国による先制的な核使用を抑止しようとした。また、核抑止が破れ、核戦争が勃発してしまう状況や、その対応も、米国は想定する必要があった。米国の核戦略が、このように段階的なものであったということを踏まえたうえで、父島と硫黄島の基地機能について論考しよう。

第二次世界大戦の結果、枢軸国であるドイツと日本は連合国に敗れた。その後、かねてから「奇妙な同盟」であった米国とソ連は共通の敵を失い、間もなく公然と敵対関係に陥った。そして、一九四九年にソ連が核保有国となった。唯一の核保有国として米国が優位であった時代は終焉し、核戦争勃発の可能性が現実味を帯びるようになったのである。民主党のハリー・トルーマン大統領が任期を終え、共和党のドワイト・アイゼンハワーが新しく大統領に就任した。アイゼンハワーは就任後間もない一九五三年に、国家安全保障会議で作成されたNSC162/2を承認した。[112] NSC162/2は朝鮮戦争後の対ソ戦略を定め、トルーマン政権の封じ込め政策よりも一段とソ連との対決姿勢を強調する大量報復戦略への移行を促した。大量報復戦略とは、米国が大量の核兵器を国内外に保持することによってソ連による西側諸国への先制攻撃を抑止することを狙った、米国の初期の核抑止戦略である。大量報復戦略を成立させるうえで、同盟国に展開する米軍基地の存在が不可欠であったことは言うまでもない。

大量報復戦略は、ソ連に対して確固たる対決姿勢を示すことと、同盟国による理解と協力を得ることに立脚していた。NSC162/2のなかで、国外の基地に駐留している米軍を引き揚げることによって、その地域の同盟国が米国のコミットメントに対して不信感を抱く可能性のあることが指摘されている。[113] 一九五三年一二月に、アイゼンハワー政権下で奄美群島が米国から日本へ返還された。この時、小笠原の返還問題はほとんど進展しなかった。その背景には、小笠原それ自体の重要性に加え、奄美返還と同じタイミングで小笠原問題を前進させた場合に生じるかもしれない外交上および安全保障上の不都合に対する米国の危惧があったと考えられる。その不都合とは、ソ連だけでなく極東の同盟諸国に対して、米国が極東地域におけるプレゼンスを縮小させるという誤ったメッセージを発してしまうことである。朝鮮戦争後の米国による小笠原占領の継続は、冷戦により複雑化した極東諸国間の関係を反映した措置であったとも言えるのである。

大量報復戦略は、一発あたりの破壊力が通常兵器の破壊力をはるかに凌駕する核兵器に抑止を頼るため、財政上の負担が少ない。[114] ただし、当初からすでに懸念されていた課題があった。それは、大量報復戦略の核心的な部分である実現可能性に対する疑問である。ハーバード大学教授で、後に米国国務長官を務めたヘンリー・キッシンジャーは、大量報復戦略の代表的な批判者の一人であった。キッシンジャーは一九五七年に出版した『核兵器と外交政策』という著書において、大量報復戦略の想定する核による全面戦争が行われると、たとえ米国がソ連との戦争に勝利したとしても、ソ連に対して米国の意思を押し付けるほどの資源が米国に残ることはないと主張した[115]。またキッシンジャーは、ソ連が主導する局地的な紛争に対して、大量報復戦略では対処できないとも訴えた[116]。

つまり、ソ連が米国の意思と能力を見誤って抑止が破れ、ソ連から核攻撃を受けると、ただちに米国が核による全面的な反撃を加えるということを骨子としている点で、大量報復戦略は全面核戦争を避ける戦略とはなっていないのである。さらに、ソ連との全面戦争に突入するリスクを避けるために、米国の安全保障に直接的な影響を及ぼさないと考えられる局地において米国の政策立案者は介入を躊躇するため、結局それは米国がソ連に「白紙の小切手」を与えることになるということもキッシンジャーは指摘している[117]。

抑止が破れた場合に即刻全面戦争に陥ることを避けるため、米国は大量報復戦略を再考することを迫られた。そして、ソ連の局地的な侵略にも柔軟に対処することを企図したものが、上院議員時代から大量報復戦略に批判的であったケネディ大統領が一九六一年四月に採用した柔軟反応戦略であった[118]。ただし、父島と硫黄島への核配備が国防省と国務省との間で合意されたのは、アイゼンハワー政権がNSC162/2を承認した二年後の一九五五年である。

写真10　ヘンリー・キッシンジャー

そのため、大量報復戦略全盛の時期に、すでに柔軟反応戦略が採用されていたのではないかという疑問が生じる。なぜならば、柔軟反応戦略は、ソ連による米国本土への侵攻を局地において食い止めることを企図していたからである。小笠原への核配備は、いずれの戦略に基づいて実行されたのであろうか。

②限定核戦争

一九五五年一月七日にアイゼンハワーによって承認されたNSC5501では、米国の核反撃力を非脆弱化することが目標として掲げられた。[119] 米国の核反撃力を無力化することに対してソ連が確信をもてないという状態をつくり出すことによって、ソ連による核攻撃を抑止することが NSC5501 の目標であった。[120] また、ソ連による局地的な侵攻を、全面核戦争に発展させない方法で撃退するということも求められた。[121] 妥協か全面戦争かの二者択一ではなく、米ソ間の核戦争を局地的な規模にとどめる限定戦争という新たな選択肢を NSC5501 は米国の政策立案者に提示したのである。つまり、NSC5501 の承認は、大量報復戦略の抱える欠点を見直す動きであった。

柔軟反応戦略の提唱者の一人であり、なおかつ大量報復戦略の代表的な批判者の一人でもあったマックスウェル・テイラー元統合参謀本部議長は、NSC5501 に感銘を受けたと述懐している。[122] ただし、アイゼンハワー政権は依然として通常兵器を重視せず、安全保障を核兵器に頼っており、通常兵力でソ連と対峙する具体的な方策を打ち出すことがなかった。このような背景から、小笠原への核配備は、核兵器による反撃に頼る大量報復戦略の延長として行われた、つまり核戦争の限定化を想定した措置であったと考えられる。大量報復戦略から柔軟反応戦略へのゆるやかな移行が、極東においてすでに始まっていたと言えよう。

太田昌克は「一九六一年一月にケネディ政権が誕生し、米核戦略が大量報復戦略から柔軟反応戦略へと一大転換を遂げ」たと主張する。[123] こうした見立てでは、米国の核戦略における小笠原の位置づけを適切に把握することができないと思われる。本格的に柔軟反応戦略に移行したのは、確かにケネディ政権からである。しかし一九五〇年代半ばに、すでに柔軟反応戦略の萌芽を小笠原に認めることができるのである。

国際情勢の変化とともに米国の核戦略は変容した。米国の核戦略に組み込まれていた小笠原の基地機能がどのように変遷したかについて考察するうえで、前述の過去の基地関係者の証言が示唆的である。元太平洋艦隊の核戦争プランナー兼レギュラス潜水艦元艦長は、父島がレギュラス潜水艦のミサイル補給基地であったと証言し、[124] また元空軍将校は、硫黄島が戦略空軍の補給基地であったということを明かした。[125] 一九五〇年代初期に、日本本土と沖縄基地はソ連による核攻撃に対して脆弱であると米国国防省が認識していたため、小笠原を核配備基地にしていたとノリスらは主張する[126]。米国の対外関係について研究する山田康博も、米国による小笠原への核配備は、日本国内の米軍基地がソ連や中国による攻撃を受けて壊滅的な損害を被る状況を想定し、予備の核兵器を貯蔵するための措置であったと考える[127]。

つまり、核による反撃力を強化する目的で核兵器を海外基地に広く配備する必要が米国にはあり、まさにその役割が小笠原に求められていたのである。日本本土から離れており、なおかつ外部から隔絶されていた小笠原は、それらの要求を満たす条件を備えていた。大量報復戦略の時代において、在沖縄米軍基地にはソ連による先制攻撃を抑止し、周辺同盟国に対して米国による庇護を保障するという「核の傘」の役割があった。米国は、当初から核戦争がソ連の先制攻撃から始まると主張し、自ら先制攻撃することはないと公言していた[128]。つまり、極東における米ソ核戦争は、日本や沖縄にある米軍基地への先制核攻撃から始まるということが想定されていたのである。そのため、核抑止能力を補完する核反撃能力も等しく重要であった。

一九五〇年代中頃に小笠原で行われた米軍による一連の訓練が、そのことを裏付ける。一九五四年三月二一日に、米国第七艦隊は、ソ連が北海道と本州北部を占領した後、次々に日本周辺の島嶼を侵略し、太平洋へ侵攻してくるということを想定して、母島と硫黄島において大規模な攻防および奪還のための訓練を実施した[129]。一九五五年五月には、米国空軍によって、硫黄島の地下壕に堅牢な核シェルターが建造された[130]。このシェルターは、強度を測定するテストにおいて実用に耐えうると判断され、硫黄島の軍事的重要性をさらに高めたのである[131]。

一九五六年二月には、七〇隻以上の軍用艦および数百機のジェット機と、海軍兵および海兵隊員のべ四万人以上を動員する、攻防と奪還のための大規模な訓練が聟島と硫黄島において実施された[132]。なお、この訓練で本物の核爆弾は使用されなかったようであるが、核兵器を模した爆弾が聟島やその周辺海域に投下されるなど、日本列島を越えて西太平洋まで侵攻するソ連との核戦争を想定した、実践的なものであった[133]。表2-2によると、硫黄島には非核弾頭部分が一九五六年二月から配備されており、この訓練中に硫黄島へ搬入された可能性が高い。搬入された核兵器は、前年に建造された核攻撃に耐えうるシェルター内に貯蔵されたと考えられる。

こうした訓練に英国海軍が参加することはあっても[134]、日本がこの一連の訓練に含まれることはなかった。それは、すでに日本がソ連に占領されているということを想定した訓練であったためであろう。核戦争を想定した小笠原における一連の訓練は、米国の核戦略や、米国が日米同盟をどのように捉えていたかを理解するうえで、多くを示唆する。日本本土や沖縄の米軍基地は、米国の核戦争に対する意思と能力を周辺地域に示すことで抑止力そのものを担ってはいたが、抑止が破れた場合に「ソ連による全面攻撃に対して非常に脆弱である」ということが想定されていた[135]。それゆえ、日本本土や沖縄の米軍基地に報復能力はあまり期待されていなかったと言えよう。ここに、国内に米軍基地を抱えることの問題の核心を見て取ることができるのである。この場合の抑止力とは、矛というより、むしろ盾であると言える。

極東における核報復力は、むしろソ連による先制核攻撃の対象となる可能性が低く、また高度な核配備能力を備えた小笠原などの太平洋島嶼群が担っていたと考えられる。表2-1で示したように、父島には射程約九二五キロメートルのレギュラス艦対地ミサイルが配備されていた。その射程距離は東京—父島間の距離にほぼ等しく、日本を占領し、太平洋に侵攻してくるソ連を意識した兵器と考えてよかろう。実際に戦闘が勃発した際に極東においてソ連の侵略を防ぎ切るための基地という役割が小笠原にあった。つまり、米国の反撃能力に寄与していたのである。小笠原への核配備を秘密裏に行った背景には、小笠原が敵の先制攻撃の対象になることを避けるという思惑があったためであろう。

大量報復戦略による抑止の理論は、米国を先制攻撃した場合に米国から核による反撃があるということをソ連に認識させることで成立する。在沖縄米軍基地などは、核兵器が配備されていたことが明白であり、米国の核抑止戦略を支えていた基地の典型であった。そのような基地は、NCND政策の例外として扱われていたようである。一九六七年一月二三日に開かれた米国上院軍事委員会において、マクナマラ国防長官は、沖縄に核兵器であるメースBが配備されているということを公然と認めた[136]。NCND政策の採用により、核配備に関するいかなる情報をも公言しないという方針である米国が沖縄への核配備を強調したという事実は、まさに沖縄が米国にとって極東における大量報復戦略の要であったということを裏付けるのである。『核兵器の保管と配備の歴史』の「付録B」において沖縄に該当すると思われる地点を表2-3に示した[137]。この地点が沖縄であるということは間違いなかろう。なぜならば、『核兵器の保管と配備の歴史』の「付録B」において、Midway と Puerto Rico の間にリストされた黒塗りの三地名は頭文字がM、N、Oあるいは Pとなるはずであり、この表の地点にのみメースが配備されていたということに加えて、全ての核兵器が沖縄返還の翌月である一九七二年六月までに撤去されているからである。米国による占領期、沖縄には核兵器が配備されていたのである。そして、そのことは公然の秘密で

表 2-3　沖縄の核配備

配備地点 O	配備期間
非核弾頭部分	1954 年 7 月～67 年 6 月
核弾頭	12 月-55 年 2 月～72 年 6 月
280 ミリ大砲	1955 年 12 月-56 年 2 月～60 年 6 月
8 インチ榴弾砲	1957 年 6-8 月～72 年 6 月
マタドール	9-11 月～60 年 6 月
核爆雷	12 月-58 年 2 月～72 年 6 月
オネスト・ジョン	12 月-58 年 2 月～72 年 6 月
ADM*	1958 年 2-5 月～72 年 6 月
ナイキ・ハーキュリーズ	1959 年 1-3 月～72 年 6 月
コーポラル	3 月～65 年 6 月
ホットポイント	7-9 月～60 年 12 月
ラクロス	10-12 月～63 年 12 月
メース	1961 年 4-6 月～70 年 6 月
ファルコン	7-9 月～72 年 6 月
リトル・ジョン	1962 年 4-6 月～68 年 12 月
アスロック	1963 年 1-3 月～66 年 4 月
テリア	1964 年 1-3 月～64 年 6 月
デイビー・クロケット	4-6 月～68 年 12 月
155 ミリ榴弾砲	1966 年 5 月～72 年 6 月

出所）表 2-1 に同じ。
注）＊Atomic demolition munitions（核破壊弾薬）のことであろう。Robert S. Norris et al., “Where They Were : How Much Did Japan Know?” *The Bulletin of the Atomic Scientists* (January/ February, 2000), 34 参照。

あった。在小笠原米軍基地における核配備の機密が徹底されていたこととは対照的である。[138] つまり小笠原は、沖縄のようにソ連に知らせることで効果を発揮する基地ではなく、ソ連に知られないことで効果を発揮する基地であった。

戦略を安全保障上の目的を達成するための全体的な展望であるとし、戦術をその戦略を達成するための部分的かつ具体的な戦力の使用法であると定義するならば、日本本土や沖縄の米軍基地には、核戦争の勃発を阻止するという大量報復戦略を成立させるための戦略的重要性があった。他方、小笠原諸島の米軍基地には、核による反撃によって、ソ連との核戦争を米国本土から遠く離れた太平洋地域に限定するという戦術的重要性があったと考えられる。このように基地機能が大きく異なるため、沖縄の基地は小笠原の基地よりも重要であるという類の議論をすることにさして意味はなかろう。いずれの基地も、米国の安全保障政策を構成するうえで不可分な要素であった。それらの基地機能の違いについて論考することなくして、その後の小笠原返還交渉における争点を適切に把握することはできないのである。

在小笠原米軍基地への装備の変更を考察することで、大量報復戦略は従来批判されてきたような抑止一辺倒の戦略ではなかったということが分かる。大量報復戦略の枠組みで実行された父島および硫黄島への核配備は、まさしく核戦力の非脆弱化ならびに核戦争の限定化を達成せんとする戦術的な試みであった。小笠原への核配備が抑止の失敗を念頭に置いているという点から、核戦争を核による報復の脅しによって抑止できるという大量報復戦略に対して、米国が一九五〇年代半ばからすでに限界を感じていたということが分かる。柔軟反応戦略への移行は、米国の安全保障政策における核兵器の重要性が相対的に低下しつつあったということを示唆するのである。

第3章　返還交渉を進展させた米国側の要因

1　技術革新による影響

在小笠原米軍基地の重要性は朝鮮戦争により再確認された。そして、米国の核戦略の変容にともない核貯蔵基地となると、小笠原の重要性および機密性はますます高まった。旧島民の帰島問題や戦没者遺族らの遺骨収集問題が小笠原の軍事基地利用に起因しているということは、前章までで述べた通りである。しかし、核配備が開始されてから十数年後に、小笠原の施政権は日本へ返還されることとなった。小笠原返還の背景には、この約一〇年間における極東情勢の劇的な変化があった。ベトナム戦争は米国をアジアに釘付けにした。また、中国の核保有は、東アジアにおけるパワー・バランスに決定的な変化をもたらしたと言える。こうした出来事による影響は日米関係にも波及し、両国関係を大きく揺るがすこととなった。さらに、この時期の科学技術の向上は目覚しいものであった。本章では、米国に小笠原返還交渉の開始を踏み切らせた諸要因について検討する。

海軍だけでなく制服組のトップでもあったアーサー・ラドフォードが獲得に情熱を注いだ父島は、占領中、潜水艦の基地として運用されていた。ハリー・トルーマン政権期は戦略空軍が米国の核攻撃力の主体であったが、ドワイト・アイゼンハワー政権期の一九五四年九月三〇日には、世界初の原子力潜水艦であるＵＳＳノーチラスが正式に就役した[1]。さらに一九五九年一二月三〇日には、ポラリス・ミサイルを装備した最初のポラリス原子力潜水艦であるジョージ・ワシントンが就役した[2]。潜水艦を浮上させることなく、潜行状態のまま長距離弾道ミサイルを発射させられるという点で、ポラリス原子力潜水艦は革新的であった。一九六一年一月に成立したジョン・Ｆ・ケネディ政権もまた、原子力潜水艦の開発を積極的に後押しした。その結果、一九六一年の段階で、建造済み、あるいは建造中のポラリス原子力潜水艦の数は二九隻にまで増加し、一九六三年の予算案は、ポラリス原子力潜水艦を太平洋方面に展開するための費用を要請したのである[3]。

ヘンリー・キッシンジャーは、快速空母や原子力潜水艦を主体とした海軍の機動部隊が、政治情勢に影響されない海外基地を米国にもたらすということを一九五〇年代後半に予期していた[4]。そして、それは現実となった。一九六三年四月一日に、ポラリス原子力潜水艦が地中海へ展開されることになり、同日、イタリアとトルコに配備されていたジュピター・ミサイルが撤去されたのである[5]。これらは、米国がその核抑止力において、敵の先制攻撃や反撃によって無力化されるリスクの高い地上配備型ミサイルや有人爆撃機発射型ミサイルから、潜行中の原子力潜水艦から発射させられるポラリス・ミサイルへと、その依存度を移行させていったことを意味する。

時を同じくして、米国は人工偵察衛星の開発にも着手していた。ジョン・ギャディスによると、一九五四年初頭にアイゼンハワーはマサチューセッツ工科大学のジェイムズ・キリヤン学長を委員長とする技術能力研究班（キリヤン委員会）を創設し、キリヤン委員会は人工偵察衛星の可能性について長期的に検討することを提言したという[6]。しかしながら、人類史上初めて人工衛星を宇宙へ送ったのはソ連であった。一九五七年一〇月のスプートニク・ショックである。スプートニクの打ち上げ成功に触発された米国は、一九六〇年六月のコロナ打ち上げにより、ソ連との人工偵察衛星の開発競争に勝利した[7]。その後、ソ連も一九六二年四月にソ連初の人工偵察衛星を軌道に乗せることに成功した。[8] 米ソ両国にとって、地表に露出した秘密基地はもはや筒抜け同然となったのである。

ポラリス原子力潜水艦の誕生や人工偵察衛星の開発により、ミサイルの陸上発射を目的とした常設基地や、小規模な潜水艦の停泊基地の重要性は低下したと考えられる。一九五七年六月二一日の日米共同声明において、「大統領は、日本がこれらの諸島に対する潜在的主権を有するという合衆国の立場を再確認した」と明記され、アイゼンハワーは戦後の米国大統領として初めて小笠原が日本に帰属しているということを認めた。[9] また、一九六〇年六月七日には、クリスチャン・ハーター国務長官が上院外交委員会において、「極東においてひとたび平和と安定が達成されれば」日本に対して琉球および小笠原諸島を返還すると証言している。[10] さらに、池田勇人総理大臣とケネディ大統領が一九六一年六月二一日にワシントンにおいて発表した日米共同声明のなかで、小笠原は次のように言及された。「大統領と総理大臣は、米国の施政権下にあるが同時に日本が潜在主権を保有する琉球および小笠原諸島に関連する諸事項に関し、意見を交換した」。[11] 米国大統領による、小笠原における日本の主権を認める一連の発言は、潜水艦技術および人工偵察衛星の発達にともなう在小笠原米軍基地がもつ機密の反撃拠点としての重要性の低下を念頭に置いたものなのであろう。

米国国防省が作成した『核兵器の保管と配備の歴史』によると、一九六四年一二月にレギュラスが、そして一九六五年一二月にタロスが父島から撤去され、一九六六年六月には硫黄島から核兵器が撤去された。そして、その翌月に、ポラリス・ミサイルがグアムに配備されている。[12] ポラリスが太平洋に展開される時期と、小笠原諸島から核が撤去され、小笠原諸島が緊急時の核再貯蔵先となることを定めた「密約」[13] とともに返還される時期は重なっている。科学技術の発展により、軍部は小笠原返還に同意しやすくなったのである。

2　安保条約延長への危惧

(1) ベトナム戦争による影響

すでに明らかであるように、沖縄および小笠原は、講和条約発効後に本土とともに独立を享受することはなかった。講和条約第三条が、米国による小笠原の軍事的統治を継続する根拠となっていたからである。ただし、小笠原諸島をめぐる歴代大統領の声明から、米国が国家的な方針としては小笠原を恒久的に占領する意思をもっていなかったということが分かる。サンフランシスコ講和会議において、米国は講和条約第三条が対象とする島々に対する日本の潜在主権を認めた。講和会議における演説で、ジョン・フォスター・ダレス米国代表は講和条約第三条に関して次のように言及した。

第三条は琉球と日本の南および南東の他の島々を扱っている。降伏以来、それらは合衆国の単独の管理下にある。

その条約が日本のこれらの島々に対する主権を合衆国に対して放棄することを求めるべきだと連合国のいくつか（Several）の国は主張した。これらの島々が完全に日本に返還されるべきだとその他の国々（Others）は提案した。

連合国の意見のこの不一致に直面し、最高の打開策は合衆国を施政権者とする国際連合の信託統治制度にこれらの島々を置くことを可能とする一方で、日本が潜在主権を維持することを許すことであると合衆国は悟った。(14)

講和条約第三条は、小笠原に対する日本の施政権を認めていない一方で、小笠原に対する日本の施政権の放棄を求めてもいない。原貴美恵は、日本の潜在主権を認めたダレスの発言は「あくまで口頭による、当時の米国見解の表明であり、調印された条約にあるような法的拘束力のある国際合意ではなかった」と主張する。(15) 確かにダレスの発言に法的拘束力はない。しかし、日本が小笠原に対して潜在的な主権をもっているということを講和会議の場でダレス代表が公言したということの政治的意味は大きい。米国は、それらの領土に対する日本の潜在主権を認め、将来的に日本に対して施政権を返還する可能性を残した。問題は、いつ返還することが米国にとって最も有利であるかということであった。少なくとも、リンドン・ジョンソン政権に至るまで、米国はその答えを出すことができなかった。

ジョンソン大統領のカウンター・パートであった佐藤栄作首相は、解決すべき共通の問題を抱えていた。折しも、米国はベトナム戦争の最中にあり、米国における反戦運動の波は、日本にも押し寄せていた。沖縄がベトナムに対する空爆に利用されていたためである。佐藤とジョンソンは、一九七〇年の安保条約更新期限を目前に、反戦および反基地感情により高まりつつあった反米感情を緩和する必要に迫られた。なぜなら、一九六〇年に発効した現行の日米安全保障条約第一〇条は、以下のように定めているからである。

　この条約は、日本区域における国際の平和及び安全の維持のため十分な定めをする国際連合の措置が効力を生じたと日本国政府及びアメリカ合衆国政府が認める時まで効力を有する。
　もっとも、この条約が十年間効力を存続した後は、いずれの締約国も、他方の締約国に対しこの条約を終了させる意思を通告することができ、その場合には、この条約は、そのような通告が行われた後一年で終了する。(16)

つまり、一九七〇年以降は、日本か米国のいずれかが条約破棄を通告すれば、日米安全保障体制が瓦解するのである。そのため、一九七〇年の時点で日本の世論が強く中立を志向するような事態を米国は避けなければならなかった。ジョンソン政権期に日本との領土をめぐる戦後処理問題が大きく動き出したことは、必然的であった。

ジョンソンは、ケネディの暗殺により急遽大統領へ昇格し、ケネディ政権下で未解決であった外交問題を引き継ぐことになる。日米関係においても、解決すべき問題が山積していた。一九六四年六月三〇日、ロバート・マクナマラ国防長官と、そのアドバイザーであったジョン・マクノートン国際安全保障問題担当国防次官補らは、福田篤泰防衛庁長官ら日本側代表と会合を開き、日米関係に内在する九つの諸懸案について討議した。それらは、東南アジア、大陸中国、アジアにおける共産主義拡大への懸念、日本国憲法、日本の防衛支出、日本の軍需生産、米国務長官の訪日、そして沖縄および小笠原についての問題であった。[17]

その会合において、日本と米国の代表者らは、東南アジアへの共産主義拡大に対する危機意識を共有した。マクナマラは福田に対して、東南アジアにおける米国の軍事作戦を直接的に援護するために、日本国憲法第九条を改定することができるかどうか聞いた。この直截な問いに対して福田は、日本の自衛隊創設には米国に対する助力になるためという側面があったということを認めつつも、日本の平和憲法が海外の戦地に日本の自衛隊員を派遣することを許すよう改定されることはないと言明している。[18] 海外の政府要人に対して改憲の意思を示す権限をもたない福田にとって、これは当然の返答であった。

対するマクナマラは、日本が自由主義陣営の一員として繁栄を謳歌している一方で、その防衛支出が少ないと主張した。[19] つまり、自由主義経済の受益者である日本が、その責任を果たしていないという指摘である。マクナマラの発言に、日本に対する「安保タダ乗り論」の萌芽を認めることができる。また、共産主義から保護すべき対象ではなく、むしろ共闘相手として米国が日本を認識し始めていたことの証左でもある。これらの議論は、ベトナム戦争が「アメリカ化」する以前に行われており、米国がすでに西側陣営に対する日本の軍事的貢献に不満を感じていたということが分かる。この段階では、沖縄および小笠原の問題が日米間の懸案事項として認識されてはいたものの、返還交渉へ向けた具体的な話し合いはほとんど行われなかった。

ただし、日本国内において予断を許さない状況が生じつつあった。一九六四年後半から始まった米国によるベトナム戦争への介入拡大は、米国本国のみならず、日本においても激しい反戦デモを引き起こしていた。しかも、学生反戦運動家のなかには、共産主義イデオロギーに感化された者が少なくなかった。皮肉にも、反戦運動は時として暴力的であり、また一部の学生は、反ベトナム戦争のみならず、日米安保体制の解体までをも訴えたのである[20]。エドウィン・ライシャワー駐日米国大使は、こうした日本の状況を重く受け止めていた。ライシャワーは、一九七〇年に日米安全保障条約が継続するか否かについて検討されうるということを念頭に置いたうえで、沖縄と小笠原の返還運動が日本国内において今後大きくなるということを予期していた[21]。そして、沖縄や小笠原の返還を求める運動が日米関係を危機的状況に陥れることのないよう国務省に対して警告した[22]。

ライシャワーは知日派であると同時に、熱烈な反共主義者であった。ライシャワーは「日本との途切れた対話」と題した論文において、日本の共産主義支持派はいかなる意味でも民主主義の信奉者ではなく、共産主義者は明白な民主主義の敵であり、その目的は日本における議会政治を利用して独裁を達成することであると主張した[23]。ライシャワーは、日本を非欧米諸国における民主主義の実験の場であると捉え、日本で起きることが非欧米諸国の先例になると考えていた[24]。ライシャワーのいわゆる親日的姿勢は、反共主義と不可分であった。ライシャワーは、「西太平洋全域における」米国の「支配権」を維持する必要性を認識しており、米国が「日本防衛の強力な公約を行ったおもな理由の一つ」は「アメリカの軍事的な立場」を守るためであったと主張する[25]。日本の安全保障と米国の安全保障を同一視するライシャワーは、一九七〇年という日米安全保障条約の時間的な制限を意識していたのである。

ベトナム戦争が段階的に拡大してゆく一九六六年七月七日、ディーン・ラスク国務長官とライシャワーは、椎名悦三郎外務大臣と京都で会合した。小笠原問題に関して、椎名はまず島民問題の実情を説明した。小笠原諸島から退去させられたおよそ七〇〇〇名の旧島民の大多数は、本土ですでに職を得ていた。そのため、一九五八年の時点で、少なくとも二六〇〇名の旧島民が生まれ育った島への恒久的な帰還を求めていたが、今やそのような人々は少数であったという。[26] ただし椎名は、「帰島を望まない人々でさえも、この問題に対する圧力に加わっている」と釘を刺すことを忘れなかった。[27] この問題とは、小笠原返還のことである。そして、ラスクとライシャワーに対して、帰島を求める旧島民を数百名単位で帰島させることが可能かどうか質した。小笠原諸島への早期の帰還が日本人にとって領土をめぐる戦後処理問題の解決へ向けた「精神的安泰」となり、領土返還運動を「鎮静」化すると椎名は考えていたからである。[28]

しかしながら、ラスクは領土をめぐる戦後処理問題が日米関係において進退窮まる問題になりつつあると認識していたものの、椎名の提案に対して明確な回答を与えることを避けた。[29] なぜならば、小笠原返還は米国にとって政治的な賭けとなりえたからである。小笠原の早期返還によって、沖縄返還を求める日本人の圧力が減少するという保証も、沖縄問題解決を先送りにしたいという米国の要望に日本が妥協するという保証も、全くなかったと言ってよい。米国にとって最悪のシナリオは、小笠原返還が沖縄返還を訴える世論を加熱し、さらには日本領土から米軍基地を一掃しようという動きにまで発展することであった。小笠原を早期に返還することの必要性を自覚してはいたものの、小笠原返還によって日本の世論にいかなる変化が生じるのか予測できないために決断しきれないというジレンマをワシントンの政策立案者らは抱えていた。したがって、ラスクは椎名の提案を棚上げするほかなかったのである。

小笠原返還交渉が日米政府間で遅々として進展しないなか、日本国内において小笠原返還を求める動きは活発化しつつあった。自民党政務調査会調査役の大熊良一は、南方同胞援護会から一九六六年に『歴史の語る小笠原島』という本を出版した。大熊は、そのなかで小笠原返還要求の正当性を主張し、「近代的意味における軍事的役割は殆ど無にちかく」、「近代的意味における基地的使命を喪失している」小笠原諸島を「日米親善友好の立場から」返還すべきであると広く訴えた。(30) 実際には、米国の核戦略に組み込まれていたからこそ小笠原の占領が続けられていたのであり、むしろ原爆という近代的兵器と、それにともなう米国の安全保障戦略の大転換こそが小笠原問題を複雑にしていた。しかしながら、大熊の見解は、小笠原が核基地化されていたことなど知る由もない一般的な日本人の思いを代弁したものであったと言えよう。

帰島問題は、軍事的事情から一筋縄ではいかなかった。もし七〇〇〇名を超える旧島民が帰島すると、決して広くはない父島や硫黄島の基地としての機能が著しく損なわれるということは、火を見るより明らかであった。それだけの数の島民に住居を提供すると、空港や貯蔵施設などの基地として使用できる土地が相対的に縮小してしまう。それは、有事の際にこそ必要な小笠原の基地において、まさに有事の際の柔軟性を損なうことであり、ひいては米国の安全保障を損なうことであった。つまり、旧島民を帰島させることは、秘密基地としての小笠原を放棄するに等しかったのである。

ベトナム戦争の只中にあった一九六〇年代、ベトナム戦争に直接的に利用されていた沖縄は、確かに小笠原よりも軍事的に重要であったと言える。しかし、軍部は小笠原の軍事的重要性の高さを依然として訴え続けた。統合参謀本部は正式に小笠原の軍事的価値を調査し、一九六七年六月二九日、その結果をマクナマラに報告した。(31)「統合参謀本部は、小笠原群島、火山列島および南鳥島の戦略的価値は米国の安全保障上無視できないほどであり、米国による排他的支配は継続されるべきであると考える(32)」。これが軍部の考えであった。実際には七〇〇〇名を超える旧島民全てが恒久的な帰島を求めているわけではなかった。しかしながら、一九六七年六月三〇日の段階で、小笠原諸島に配属されていた兵隊は海軍三三名と空軍四四名の合計七七名であった[33]。このような小規模な島嶼基地であったため、先行的に一部の旧島民を帰島させるという措置であっても、受け入れることができなかったのである[34]。

統合参謀本部は、太平洋地域の安全保障環境が不安定であると捉えていた。つまり、返還は時期尚早であると考えていたのである。軍部は、いずれ日本政府が本土と沖縄の米軍基地に対する米国の使用権に制限を課すのではないかと危惧していた。そのため、小笠原の米軍基地の戦略的価値が今後ますます欠くべからざるものとなるはずである[35]。これが軍部の主張であった。さらに統合参謀本部は、日本本土、沖縄およびフィリピンを後方支援する基地としての小笠原諸島の軍事的重要性を強調した[36]。軍部は、「通常兵器ならびに核兵器を貯蔵することが可能」であるばかりか、「ソ連および中国の潜水艦活動を監視するための、北東方面を見据える水中監視拠点を構築」することのできる海域に小笠原諸島が位置している点や、ミサイル発射拠点、通信施設および諜報活動に適した場所である点をも主張した[37]。前節で論じたように、一九六七年六月時点で、父島と硫黄島には核兵器が配備されていなかった[38]。ただし、小笠原に核兵器を再貯蔵しなければならない事態を軍部は依然として想定していたのである。

軍部は、軍事作戦における柔軟性を損なうことを避けようとした。軍部にとって、有事に備えて軍事的柔軟性を確保することは死活的な問題であった。ただし、軍部の主張はやや矛盾しているようである。なぜならば、日本政府が米国による在日米軍基地の使用に制限を加えるようなことがあるとすれば、それは国民による反米感情の高まりによって促されるはずであり、軍部の在日米軍基地に対する強硬な姿勢こそが、まさにその反米感情を高める要因であったためである。

制服組のトップである統合参謀本部が、同盟国である日本との外交関係よりも軍事作戦の柔軟性を優先したということは当然であろう。しかしながら、一九六七年にはすでに小笠原に貯蔵されていた核兵器が撤去されていたことに加え、常設基地としての在小笠原米軍基地の重要性は低下していた。したがって、軍部の主張には一理あるものの、現実的な軍事的有用性を求めただけでなく、海外に展開された基地の処遇について国務省に主導権を握られることを避けるための抵抗でもあったと見るべきであろう。つまり、国防省と国務省との間の安全保障政策をめぐる主導権争いの側面も指摘できるのである。国務省は小笠原返還という問題を解決するにあたり、軍部の主張を尊重しつつ、なおかつ日本の世論に受け入れられる手法を模索することとなった。

一九六六年春に退任したライシャワー駐日米国大使を引き継いだのは、戦前から日本との関わりが深いU・アレクシス・ジョンソンであった。ジョンソンは、小笠原と沖縄の返還交渉に最も深く関与した人物の一人である。ジョンソンが大使であるうちに小笠原返還問題が解決したことは、不思議なめぐり合わせのようであった。なぜならば、ジョンソンは、欧米系島民のみの先行的な帰島という人種差別的分断に最も責任のある人物の一人であったためである。[39]ジョンソンは任期中、ベトナム戦争に起因する反米感情の高まりに対処する必要に迫られ続けた。

もはや日本における反米感情の高まりは、一部の学生運動家や、ライシャワーの言う「熱烈な共産主義者」の間にのみ顕在化したものではなかった。図3-1は、全国二〇歳以上の男女を対象にした、一九六〇年代の日本人の対米感情に関する時事通信社が行った世論調査の結果である。図3-1から、ベトナム戦争が本格化した一九六五年から、米国を「好き」だという回答が急落し、一方で「嫌い」だという回答がほぼ倍増していることが分かる。この結果から、反米感情が高まったということを断定することはできないかもしれない。しかしながら、少なくともベトナム戦争以降に親米的な日本人の数が大幅に減少したということは間違いない。

さらに、図3-1は米国の危惧してきた日本国民の中立志向の高まりを示唆するとも言えよう。日本の中立化に対する米国の懸念は、根深いものであった。安保闘争の余波の残る一九六〇年一二月号の『中央公論』に、当時民

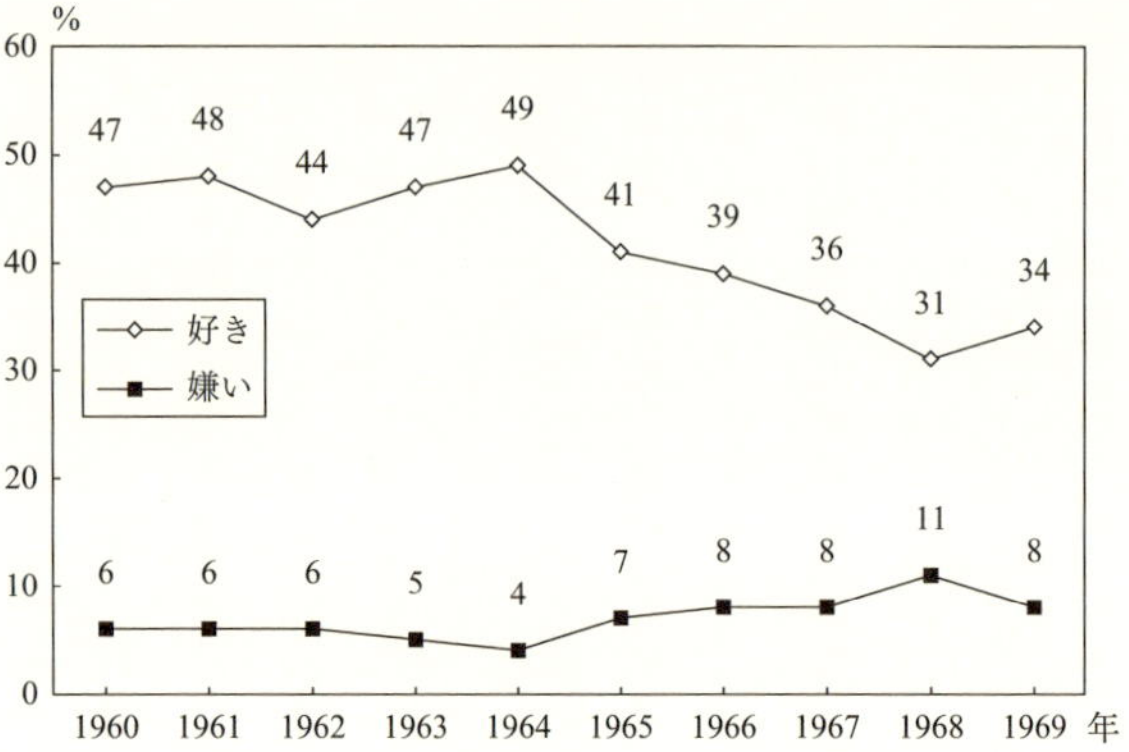

図 3-1　1960 年代の日本人の対米感情

出所）NHK 放送世論調査所編『図説戦後世論史』第 2 版（日本放送出版協会，1982 年）177 頁の「61-2 図」を基に筆者作成。

主党院内幹事であり、後に民主党上院院内総務となったリベラル派のマイケル・マンスフィールドの寄稿した「日本とアメリカの政策」という報告文書が掲載されている。議会において強い影響力をもつマンスフィールドは、以下のように報告している。

日本人の生活には、平和主義の強烈な気分が根をすえている。安全保障条約が批准されたにもかかわらず、この力は中立主義をますます強く求める趨勢にあらわれている。……アメリカに対する関心が薄れてゆく傾向が日本にみられる。……日本の外交政策は中立主義――正しい用語がないので一般にそうよばれている――の傾向を強めてゆくであろう。……最近、条約が批准されはしたが、いまのままでの米日防衛関係はプラスとともにマイナスの面ももっている。米日防衛関係は、日本国内一般の中立主義への志望と対立しているので、日本国内では政治上のマイナスの面を持っており、刺激を誘発しやすい。しかしながら、現在の不安定な極東情勢を考えるならば、米日両国間の防衛取り極めは、日本とアメリカのみならず、他の極東諸国の安全保障にとっても非常に重要である。[40]

米国のリベラル派にも見られた日米関係におけるこうした懸念は、ベトナム戦争の激化にともない現実味を増したと言えよう。

米国に対する好感度の低下と正比例し、在任中に米国を支持し続けた佐藤が率いた自民党に対する支持率も低下した。図3-2は、全国二〇歳以上の男女を対象にした、一九六〇年代の自民党への支持率に関する時事通信社が行った世論調査の結果である。図3-1および図3-2から、小笠原返還が合意された一九六七年の時点で、日本人の対米感情が悪化しており、なおかつ自民党への支持率が低下していたことが分かる。

ジョンソン大使もまた、他の戦後の駐日米国大使の例に漏れず、熱烈な反共主義者であった。そして、本国の政策立案者らと同様に、極東において米国のプレゼンスを維持するためには在沖縄米軍基地が不可欠であり、その基地を使用し続けるためには親米的な政党が与党でなければならず、またそれを実現するために日本国民の反米感情を緩和する必要があるということを十分に理解していた(41)。一九六七年の時点で、米国にとって、日米安全保障条約の更新期限である一九七〇年までに対米感情を好転させるということと、自民党への支持率を上昇させるということは、整合性のとれた政策であった。そして、この二つの難しい問題を同時に解決するためには領土をめぐる戦後処理問題の進展、つまり領土の返還が必要であった。

　その後も、沖縄と小笠原の問題について日米間で断続的に話し合われた。そして、一九六七年の夏から、ようやく領土の返還がワシントンで本格的に検討され始めた。米海軍は、将来の軍事作戦において柔軟性を確保する観点から、いかなる海外展開基地を失うことにも反対の姿勢であった。ただし、ジョンソン大使は、良好な日米関係を毀損

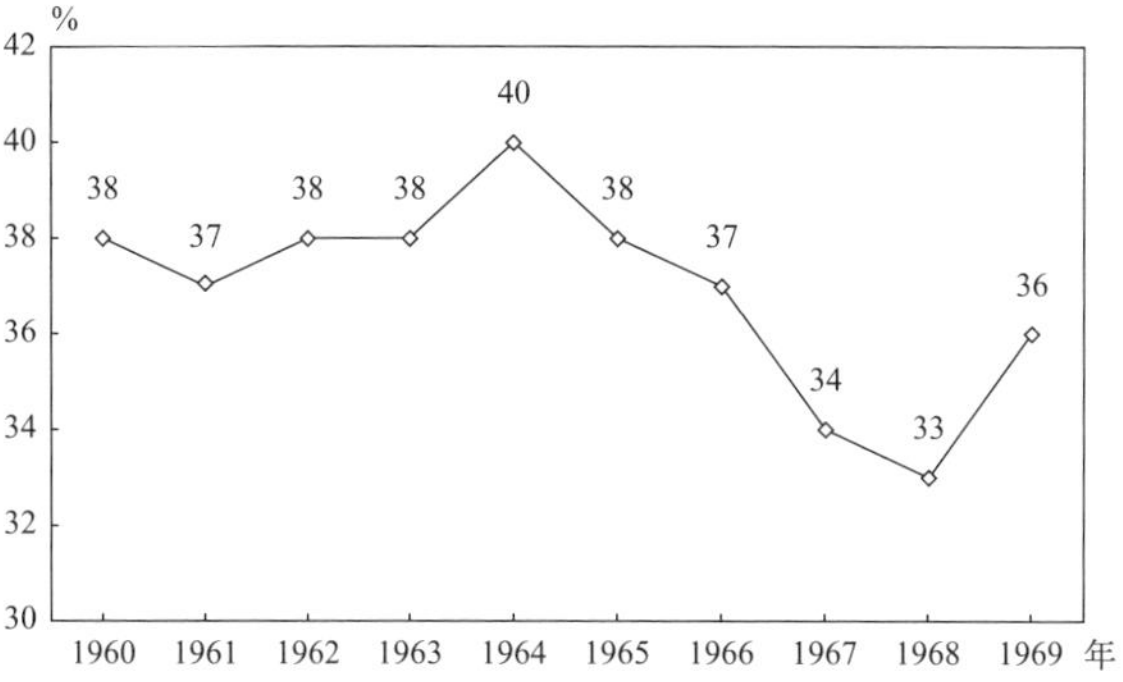

図3-2　1960年代の自民党支持率

出所）NHK放送世論調査所編『図説戦後世論史』第2版，153頁の「52-1図」を基に筆者作成。

することは、在日米軍基地の価値を損なうことであると考えていた。[42] 戦後の日米友好路線は、冷戦という時代に極東における米国の優位を確立するためであった。極東における唯一の工業国であった日本は、米国にとって見捨てることのできない同盟国であった。国務省であれ軍部であれ、米国の安全を保障することをその核心的利益と見なす根本的立場に、大きな相違はなかった。枝葉末節においておのおの意見が対立したが、幹の部分においては一致していたのである。ジョンソンは前任者であるライシャワー同様に知日派であったが、職業外交官として省庁間の意見調整に長けていた。潤滑油のような人物であるジョンソンは、長引く日米間の領土をめぐる戦後処理問題を解決するうえで、まさに適任であった。

ジョンソンが大使として日本に赴任した当時、日米間に内在する安全保障関連の問題は、主に在日米軍と外務省によって取り扱われており、「防衛庁はまったく蚊帳の外」であった。[43] このような仕組みでは日米間に内在する領土をめぐる戦後処理問題に十分に関与できないと考えたジョンソンは、佐藤首相、三木武夫外相および下田武三駐米日本大使に、沖縄と小笠原を含む広範な安全保障問題に関して私的に懇談することを提案した。[44] そして、一九六七年五月、外務事務次官のみならず防衛事務次官をも交えた日本側代表と、ハワイの米太平洋軍代表ならびにマクノートン国際安全保障問題担当国防次官補らからなる米国側代表による私的な会合が行われたのである。[45]

翌月の六月二九日、在日米国大使館のジョゼフ・オーウェン・ザーヘレン参事官が求めるかたちで東郷文彦アメリカ局長と懇談した。その席で、ザーヘレンは単刀直入に、沖縄と小笠原に関して「米側としては返還問題に付日本政府が本気であるかどうかを知りたいと思つており、本気で要請されるならどう対処すべきかを準備しなければならない」と切り出した。[46] これは、日本にとって渡りに船であったろう。東郷は「従来日本政府は返還を正面から要請したことはないが、この問題は最早いつ迄も放置し得ずと認め、返還問題を政府間で取り上げることを本気で考へている」[47] と伝えた。さらにザーヘレンは「最近小笠原に関する議論も活発になつたが、之には今秋の総理訪米に関し、沖縄はむつかしいから小笠原で成果を収めようと云う考があるのか」と日本側の意向を探った。[48] これに対し東郷は、「今御話しの如き考が在るかどうか知らないが、小笠原は今迄謂はゞ沖縄の陰にかくれた盲点のようなものであった」と率直に答えつつも、「軍事的価値ありとの説明はないし、之は早速返還して貰はなければ困る」と訴えた。[49] この東郷の発言に対するザーヘレンの反応は大変示唆的である。ザーヘレンは、

> 小笠原に軍事的価値がない訳ではない。……小笠原の基地を日本本土並みの基地では出来ないような使い方をしたこともある。[50]

と事もなげに披瀝したのである。日本本土では許されない基地の使い方とは、小笠原における核戦争を想定した演習や核貯蔵のことであろう。それでも「施政権保持を正当化する程の軍事的価値ありと云う説明は聞いたことなし」[51] と食い下がる東郷に対し、ザーヘレンは、

> 軍は依然強い立場をとつている。之を返還すると云うことになれば……返還の代償は何かと云うことを考へざるを得ない。[52]

と主張した。東郷は、「我方は本来返還されるべきものであるから余程の理由もなくして施政権を保持するのは injustice なりと考へるのは当然である」となおも訴えるも、ザーヘレンは「自分は明日から仕事を後任者に譲ることになつているが、離任前に沖縄小笠原の問題についての報告をまとめている」と告げて懇談は打ち切られた。[53]

領土をめぐる戦後処理問題は、米国にとって日本に切ることのできる非常に価値の高い外交カードであった。したがって、小笠原を返還するにしても、その見返りとして日本に何を求めるかという点が重要であった。一九六七年の八月から九月にかけて、ワシントンの政策立案者は、その「返還の代償とは何かと云うこと」について話し

合っていた。マクナマラとウォルト・ロストウ国家安全保障問題担当大統領特別補佐官は、ベトナム戦争への積極的な支援を含む、米国に対する日本からの財政的支援および経済的支援と引き換えに、沖縄と小笠原を返還することを支持していた。[54] さらに、沖縄の戦略的重要性がベトナム戦争のエスカレーションに比例して高まるにともない、状況は変化しつつあった。

(2) 高まる在沖縄米軍基地の重要性

在沖縄米軍基地は、米国がベトナム戦争を継続するうえで欠くことのできない戦略的拠点となっており、戦争の激化にともないその重要性がますます高まっていた。米国による東南アジアへの関与は、アイゼンハワー政権期およびケネディ政権期に拡大していった。そして、ジョンソン大統領により、後戻りできないほどベトナムへの関与が拡大していくのであった。ジョンソンは、社会保障、人種問題および環境問題など、数多くの国内的懸案事項を抱えていた。しかし何にもまして重視したことは、ベトナム戦争における米国の勝利であった。

一九六五年の春から、ジョンソンは、「私は戦争に負ける最初の大統領になるつもりはない」という決意のもとに空爆や海兵隊員の増援などによって戦線を拡大させていった。[55] トルーマンは、「中国を失った」との批判を保守派から受けたが、その批判は「我々がベトナムを失った場合に起こると思われる批判に比べれば鶏のクソ（chickenshit）」みたいなものだという焦燥感を、ジョンソンは抱いていたのである。[56] 皮肉にも、戦線拡大による支持率の低下から二期目を目指す大統領選挙への出馬を断念せざるをえず、結果的にジョンソンは「戦争に負ける最初の大統領」の座をリチャード・ニクソンに譲ることとなった。ともあれ、ジョンソン政権にとって、ベトナムにおける軍事作戦の遂行に欠くことのできない在沖縄米軍基地を失うことは、ベトナムを失うことをも意味していたと言えよう。しかしながら、沖縄問題ならびに小笠原問題の解決を先延ばしにすることは、日本人の中立志向を助長し、ひいては反米運動や反安保運動に直結しかねなかった。

ジョンソンは、ベトナム戦争の遂行に多大な影響を与えるということを懸念して、沖縄の早期返還を決断することができなかった。また、沖縄を含めた、日本領内の基地使用権を米軍に担保している日米安全保障条約[57]のいかなる変更も、ジョンソンは避けなくてはならなかった。ジョンソンは、一九六八年に大統領選挙を控えていたこともあり、それらの点で譲歩した場合に受ける国民や議会による反発を「非常に気にかけて」いたのである[58]。

ジョンソン政権内部において、同様の危機意識が共有されていた[59]。しかしながら、一九五三年一二月二五日の奄美群島返還以来進んでいない日米間の領土をめぐる戦後処理問題の進展は、佐藤首相の悲願であった。折しも、一九六七年一一月中旬に、ワシントンで日米首脳会談が予定されていた。領土返還という国民的期待を一身に背負って訪米する佐藤に対して何の成果も与えないで帰国させることは、佐藤自民党政権に大きな政治的打撃を与えかねなかった。親米保守政権への日本国民による不支持は、日本における米国の立場をみすみす弱めるようなものであった。つまり、親米保守政権の凋落は、米国の極東における安全保障能力の低下を招きかねなかったのである。こうした米国側の事情を背景に、日米間における領土をめぐる戦後処理が動き出しつつあった。

一九六七年七月一〇日、下田大使は、ウィリアム・バンディ東アジア・太平洋問題担当国務次官補およびサミュエル・バーガー東アジア・太平洋地域担当国務次官補代理とワシントンで会談した。その会談において、ベトナム戦争によって沖縄の早期返還が難しくなっていることを佐藤と三木は「誤解なく明白に」理解しているが、日本国内で沖縄返還運動が活発化しているため、一九六七年一一月の首脳会談において日本側が沖縄返還の話題を持ち出すつもりであると下田は伝えた[60]。また、下田は私見として、沖縄は返還までに「数日、数ヶ月、はたまた数年間を要する」であろうが、日米安全保障条約の延長期限が迫る一九七〇年までには、返還に「少なくとも合意すべきである」と述べている[61]。一九七〇年以降は、日本か米国のいずれかが条約破棄を通告すれば、日米安全保障体制が解消される。出口の見えないベトナム戦争の最中にあった米国は、一九七〇年という期限を重く捉えていた。

下田から示された意向に対して、バンディは沖縄返還に関する明言を避け、代わりに「日本政府が沖縄問題から小笠原を分離して、小笠原問題の早期解決を議論する」ことが可能であるかと切り返した。[62] 多くの旧島民が居住している東京都の知事に、社会党を支持基盤とする美濃部亮吉が就任していた。美濃部は、かねてから旧島民の帰島問題に取り組んできた。[63]「なぜおがさわらは今日まであまり問題とならなかったのか」と尋ねるバンディに対し、下田は「おきなわがまず左よく系の人々により取り上げられたのに対しおがさわらはおん健な保守系の人物により、せいかんに取りあつかわれてきたからであるが、最近革新系のミノベ知事自身が問題を取り上げるにいたり、がんらいおがさわらは東京都に属する地域でもあるからいつでも爆発的に重大問題化する危険があるのでおきなわと同様おがさわらについても速やかな処理をはかる必要がある」と訴え、小笠原返還の重要性を印象づけようと努めた。[64] 美濃部が東京都知事となったことにより、小笠原問題はいまや自民党保守派ばかりが取り上げる問題ではなくなっていたのである。[65] すでに国民の関心を集めていた小笠原返還および旧島民の帰島が「爆発的に重大問題化する」ことを、ジョンソン政権も危惧していた。[66]

国務省には小笠原の返還を先送りして旧島民の帰島を先行的に許可する処置は、沖縄における返還運動の激化と同様の事態を小笠原においても引き起こしかねないため、そのような面倒な問題を抱えるのであれば、むしろ小笠原全島を早期に返還してしまうほうが得策であるという考えがあった。[67] 小笠原問題は、米国にとって手に負えなくなりつつあったのである。国務省は、ベトナム戦争の激化にともなって沖縄返還運動が激化しつつある一九六七年一一月の首脳会談こそが、小笠原を返還する絶好の機会であると捉えていた。しかし、小笠原の返還が沖縄返還への圧力を鎮めるどころか、むしろ強化してしまっては元も子もない。バンディが沖縄と小笠原を別件として扱うよう下田に求めた背景には、小笠原返還を梃子に、日本政府が日本国民に対して、沖縄返還への期待を高めさせることのないように釘を刺す狙いがあったのである。

下田は、小笠原返還を沖縄返還から「独立した問題」であるとし、「現在、外務省の大多数が小笠原諸島の返還を強く望んでいる」と米側の提案を好意的に受け止めた。[68] なお、バンディは、日本が沖縄問題と安保延長の問題を結び付けているかどうかについても質している。[69] これに対し、下田は「一九七〇年の危機なるものは野党側がこ号することで、政府としてはそのような危機はあり得ずと考えており、また右期日とおきなわとの間にはなんら必然的な関係はないと考えている」と伝えた。[70] 米国側が一九七〇年問題と領土返還問題を結び付けて考えていたことに鑑みると、一九七〇年に迫った日米安全保障条約の自動延長の有無は、ベトナム戦争の泥沼化に苦しむ米国に対して切ることのできた日本の交渉カードであったと言える。しかしながら、一九七〇年問題と領土返還問題を結び付けて米国を揺さぶるという考えが下田にはなかったということが窺える。

下田は、旧島民を返還前に先行的に帰島させた場合、沖縄における返還運動と同様の事態が小笠原で生じかねないため、むしろ即座に小笠原返還に踏み切るほうが米国にとって得策ではないかと提案した。[71] これは、国務省の見解と一致していた。対するバーガーは、「沖縄の人々が日米の〔小笠原返還をめぐる〕取引の犠牲にされたと考える」可能性を指摘しつつも、すでに国務省が小笠原の早期返還に動き出していると下田に伝えた。[72] 米国が小笠原返還を沖縄返還から切り離して交渉することを強調した背景には、ベトナム戦争の激化にともない、沖縄返還に関するいかなる合意もできないという事情があった。日本もそのことを承知しており、領土をめぐる戦後処理問題に関する日本国内の圧力を鎮静化するために、ひとまず小笠原返還で手を打ったのである。

小笠原返還を沖縄返還に向けた第一歩だと誇示したくとも、日本には「分離するか」という質問に対して「イエス」という回答しか選択できない状況にあった。なぜならば、「イエス」と答えることで、少なくとも一一月に予定されていた日米首脳会談において、佐藤が手ぶらで帰国することはなくなるからである。佐藤は、一一月一五日の首脳会談に先立つ、ジョンソン政権中枢メンバーとの事前会談において、基地および領土の問題が進展しなければ、その「失敗（mishandling）」を社会主義者や共産主義者に悪用される恐れがあるという懸念を伝えている(73)。他方で、米国が沖縄問題を進展させた場合、ジョンソンは米国民から外交的に敗北したと捉えられたであろう。小笠原諸島の返還は、日米両首脳が自国内における面目を保つためには避けられない外交的措置であった。最も難しい問題は、それを国防省の面目を保ちつついかに実行するかであった。

下田がバンディおよびバーガーと小笠原の早期返還に向けてワシントンで折衝した五日後、日本においては小笠原の早期返還に向けて三木外相がジョンソン大使を説得していた(74)。一九六七年七月一五日、三木はジョンソンとホテルニューオータニで会合をした。その会合には、通訳のほかに、日本からは牛場信彦外務事務次官、東郷アメリカ局長および枝村純郎北米課長が同席し、米国からはルイス・パーネル大使館政治部参事官が同席した(75)。三木は、前日にジョンソン大使に渡した覚書を本国に提出するようジョンソンに申し入れた(76)。領土をめぐる戦後処理問題の早期解決を切実に訴えるその覚書には、以下のように書かれていた。少し長いが引用する。

沖縄、小笠原問題は夙に日本国内における反政府勢力の政府攻撃材料であつたが、最近一両年はこの問題は広く国内各方面の関心を集めるところとなり、既往のごとく単に反政府方面から全面返還と基地撤去を呼号するのみにとどまらず、若干の与党関係者を含む各界より、いわゆる施政権の機能別返還、地域別返還、あるいはさらに基地付全面返還等の意見が開陳されるに至つた。

このような傾向は、一九六〇年の安保条約改訂《ママ》後日米両国間の大きな問題は逐次解決し、沖縄、小笠原問題のみが残つて次第に全面に現れてきた事情もあるが、基本的には日本の領土及び国民の一部があたかも半永久的に外国の施政下におかれているという事情に発するところである。近年日本国民の国民的意識の伸張みるべきものあり、これに伴い自国の領土及び国民が二〇年以上の長きにわたつて外国の施政権下におかれている状態を放置すべきにあらずとの主張は、日本国民にとりその政治的立場のいかんに拘わらず広く支持されるところとなつてきた。殊に沖縄、小笠原問題をめぐる議論は、安保条約のいわゆる一九七〇年問題とも関連して今後ますます活撥化することが予想せられ、かかる動向を放置すれば、日米関係を離間せんとする勢力の利用するところともなるおそれあり、日米両政府間の率直な協議を通じてこの問題の打開を図ることが急務となつてきている。[77]

ここで特筆すべきことは、下田の私的な見解を打ち消すかのように、一九七〇年以降も日米安全保障体制を継続したい米国の意向を外務省が逆手に取って、米国に揺さぶりをかけている点である。こうした主張は、図3-1および図3-2の世論調査結果に照らすと、決して単なる脅しとは捉えられなかったであろう。さらに覚書は、小笠原について以下のように要望している。

小笠原の果たしている軍事的役割りが限られているやにみられることにかんがみ、米国が小笠原の施政権を保持し続けなければならない理由は容易に理解し難いところである。さらに米側が戦争直後西欧系住民のみに帰島を許したという事実もあり、小笠原の帰島ないし返還の問題について現状のまま推移することを日本の国民に納得の行くよう説明することはきわめて困難である。帰島実現はもとより歓迎するところであるが、帰島に伴い住民に対する施政について煩瑣な問題が生起することも予想されるので、この際一歩進めて早急に施政権を返還することとし、小笠原に存続すべき米軍施設の問題を含め、所用の措置を進めることとするのが時宜に適している。[78]

旧島民を帰島させることによって何らかの問題を抱えるならば、むしろ返還したほうが良いという国務省の考えと、この時の外務省の考えは軌を一にしていた。加えて、日本側から小笠原に米国の軍事施設を残す可能性を示唆している点も見逃すべきではなかろう。ただし、ジョンソンは、

小笠原については、施政権返還についてのアレンジメントができる前の帰島は望ましくないとの日本側見解に個人としては全く同感である。本日申し上げられることは、それだけである。(79)

と手の内を見せなかった。小笠原返還が沖縄返還運動にさらなる拍車をかけることを危惧していたジョンソンに対して、東郷は「総理は、小笠原について、強い希望を有しておられる」と訴え、

先日、山川〔泰邦琉球政府立法院議長〕、安里〔積千代沖縄社会大衆党委員長〕両氏が上京した際自分から小笠原返還の沖縄に及ぼす影響の問題を提起してみたところ、おどろいた様子を示していた。沖縄と小笠原とは、それほど関連づけられてはいないと考えている。(80)

と伝えた。この会談において、日本側の覚書をワシントンの政策立案者に提出し、検討させることをジョンソンは約束した。(81)

三日後の七月一八日、ジョンソンと東郷は再び対話をする機会を得た。沖縄返還後の在沖縄米軍基地の態様が主たる主題であった。ジョンソンは東郷に対し、

核兵器を撤去せよと言われるなら撤去するであろう。その代り最終兵器とも云うべきポラリスのようなものでない種類の核兵器も沖縄には置かないと云うことの結果として抑止力はそれだけ減殺されることとなる。核

の問題は別としても、前回会談の際申した如く現にB－52の給油機が沖縄から飛立っており、又在沖縄の米軍が通常兵器による戦闘に何時でも発進し得ると云うことが大きな抑止力なのである。

と発言した[82]。そして、「大使の言はれることは沖縄の基地は現状通り、即ちいわゆる完全な自由使用でなければならぬと云うことの様に聞こえるが、沖縄の現状は放置し得ず、他方『完全な自由使用』と云うことは国内事情から困難である」と食い下がる東郷に対し、ジョンソンは「本土並みなら米側は沖縄を引上《ママ》げるであらう」と揺さぶりをかけた[83]。ジョンソンは、沖縄の「核抜き・本土並み」返還のハードルが高いということを東郷に強調したのである。この時点では、沖縄返還の機はまだ熟していなかった。

他方で、小笠原返還の機は熟しつつあった。一九六七年八月一日、ジョンソン大使は東京から国務省へ電信を送り、一九六八年の琉球政府主席公選の前に、日本から在沖縄米軍基地の将来の態様に関する譲歩を引き出しておくために、小笠原返還を成し遂げたいという日本政府の悲願を利用すべき時が来たと主張している[84]。ベトナム戦争により在沖縄米軍基地の戦略的価値が高まるほど、相対的に小笠原返還の政治的価値が高まったのである。ただし日本において現実を直視してきたジョンソンは、日本で高まりつつある沖縄返還を求める圧力を小笠原返還が根本的に解決することにはならないという見解を付記することを忘れなかった[85]。つまり、沖縄と小笠原を区別するという言説に対する理解に、日米間で齟齬があったのである。米国は、日本人に沖縄の早期返還を期待させたくなかったために、沖縄と小笠原を区別したかった。そして小笠原返還が沖縄返還への圧力を低減させることを期待していた。他方で日本人の心情としては、小笠原返還は沖縄返還の必要性を低下させる措置ではなかった。実際の沖縄返還以外に沖縄返還問題の抜本的解決はなかったのである。ジョンソン大使は、沖縄と小笠原を区別するという解釈をめぐる日米間の齟齬にこの時点で気づいていた、あるいは楽観視せず現実を直視していた米国側で恐らく唯一の人物であった。

3　米国財政の斜陽化

この時代の日米間に内在する懸案は他にもあった。ベトナムにおける戦費の拡大が米国の財政を圧迫しており、ジョンソンは日本に対して財政援助の約束を取り付ける必要に迫られていたのである。日本は、一九六〇年代に急激な経済成長を達成した。一方で米国は、東南アジア地域への援助、ベトナム戦争にともなう膨大な支出および貿易赤字などで、経済的苦境にあった。米国は、ベトナムにおいて国力を浪費していた。つまり、自国の若者の命だけでなく、多額の資金をも失っていたのである。

対日貿易において、米国はベトナム戦争参戦初年の一九六四年にはおよそ一億三二〇〇万ドルの黒字を計上していた。しかしながら、翌年には大幅に赤字転落し、三億五七〇〇万ドルもの欠損を出すこととなる(86)。以来、対日貿易における赤字傾向が続き(87)、それは米国の懸案事項となった。経済関係の悪化は、日米関係そのものを悪化させる危険因子であった。一九七〇年の日米安全保障条約の更新期限を見据え、領土をめぐる日本との戦後処理の進展が急がれた一方で、貿易赤字の解消という経済的問題に対しても早急に対処する必要に米国は迫られていた。そして、その解決策として、小笠原返還が浮上してくるのであった。

一九六七年九月には一一月中旬の佐藤訪米に備えて三木がワシントンを訪問することになっていた。佐藤が、領土の問題を是が非でも進展させる覚悟で訪米することは明らかであった。そこで一九六七年八月三〇日、ジョンソン大統領、ヒューバート・ハンフリー副大統領、ラスク国務長官、マクナマラ国防長官、ヘンリー・ファウラー財務長官、ジョンソン大使およびバンディやロストウなどの政策アドバイザーら政権中枢メンバーらが、沖縄問題と小笠原問題を国家安全保障会議の議題とした。ジョンソン大使は、佐藤が領土返還を主張するということを想定する一方で、米国の求めるものは日本による財政および経済援助であるということを確認した[88]。ジョンソン大使は、佐藤が沖縄の早期返還を求めているわけではない点に鑑み[89]、小笠原の早期返還で手を打つことが得策だと考えていたのであろう[89]。ラスクもまた、「日本は間もなく世界第三位の工業国となる」ため、「日本を引き続き自由主義世界の積極的なパートナーとし、なおかつ多くの負担を背負わせることが我々の利益」であると発言している[90]。ただし、ジョンソン大使とは対照的に、小笠原返還が「沖縄問題から多くの熱を取り去るであろう」とラスクは事態を楽観視していた[91]。

こうした議論に対して、ジョンソン大統領は「我々はいつも他者にとって何が必要か、あるいは有利かということを考えているようだ」と冷水を浴びせた[92]。これに対してジョンソン大使は、日本との領土をめぐる戦後処理を進める見返りとして、日本からこれまで以上の安全保障上の責任および政治上の責任を担わせられるとした[93]。それは、大統領の望んだ答えではなかった。大統領は大使に対して、日本が米国の国際収支赤字解消のために、これまで以上の経済援助が可能かどうか質した[94]。しかしながら、それはジョンソン大使にも分かりかねる質問であった。「我々は日本が何を望んでいるかについてよく知っているが、私が知りたいのは我々が何を望んでいるかだ[95]」。これが会議の締めくくりに大統領が放った言葉である。

婉曲的な表現ではあったものの、この時点でジョンソン大統領が、日本による財政的援助さえ引き出せれば小笠原を返還してもよいと考えていたということを読み取ることができる。科学技術の発展は、小笠原返還に同意することに対する軍部のハードルを下げた。また、反米感情の悪化が、国務省に小笠原問題の解決を急がせた。さらに、ベトナム戦争の泥沼化による財政赤字の拡大を解決する手段として、ホワイトハウス内で小笠原返還が浮上したのである。問題は、日本に対して小笠原返還の対価をどれだけ高められるかであった。また、核配備基地を保持したいという軍部をいかにして納得させるかであった。

第4章　返還をめぐる米国内および日米間交渉

1　現行安保条約における核兵器の位置づけ

（1）非対称な同盟関係の維持

本章以降では、核問題を中心として、小笠原返還交渉について論じる。核問題をめぐる米国内における政策調整および日米間交渉を考察するためには、その議論の前提となった現行の日米安全保障条約について言及する必要がある。とりわけ、条約改定の経緯ならびに条約の中身について論じなければなるまい。極東において共産主義勢力に対抗するために、主権回復後の日本に米軍の常設基地を置くという米国の思惑は、旧安保条約[2]の発効を以ってひとまず達成された。講和条約[1]と旧安保条約により、アチソン演説において言明されたアチソン・ライン上の重要拠点である日本本土に駐留することだけでなく、沖縄と小笠原の自由な基地使用をも米国は許されたのである。

旧安保条約に明記されている「内乱条項」は、日本における共産主義革命を封じ込めることを意図しているとはいえ、あまりにも露骨であった。こうした条約の見直しに日本が取り掛かるのに時間はかからなかった。皮肉にも、米国の対日政策の転換によって公職に復帰した岸信介により、米国に有利な条約が改正されることとなる。ダグラス・マッカーサー二世駐日米国大使は、ドワイト・アイゼンハワー大統領やジョン・フォスター・ダレス国務長官に対して、親米保守の岸政権を存続させるために旧安保条約を改定する必要性があるということを強く訴え続けた[3]。ただし、マッカーサーは安保条約改定に後ろ向きであるダレスを説得する際、安保改定を通じて、極東における米軍への日本による後方支援協力や、在日米軍基地内における核配備許可のみならず、日本が防衛目的の核ミサイルをもつことまで見込めると主張した[4]。なお、国防省の主張を受け、安保調印後に、核兵器を搭載した艦船や航空機による日本への寄港（transiting）の権利を「密約」というかたちで岸首相に認めさせたのも、マッカーサーであった[5]。

岸は自身の政治生命と引き換えに新安保条約を成立させた。岸は一九七八年に行われたインタビューにおいて、新安保条約は「内容も旧安保条約と比べ、一〇〇パーセントいいもの」であるが、「安保改定が正当に評価されるには五〇年かかるだろう」などと述べたという[6]。岸は安保改定を高く自己評価していたが、他方で晩年、長女の安倍洋子に「生涯で三度死を覚悟した」と言い残しており、そのうちの一回が、安保改定反対派のデモ隊に首相官邸を包囲された時であったという[7]。この時の反安保闘争は米国に対しても多大なプレッシャーを与え、その経験は後の小笠原返還交渉に大きな影響を与えることとなる。

条約が改定され、第五条に以下の条文が記載された。

> 各締約国は、日本国の施政の下にある領域における、いずれか一方に対する武力攻撃が、自国の平和及び安全を危うくするものであることを認め、自国の憲法上の規定及び手続に従つて共通の危険に対処するように行動することを宣言する[8]。

「自国の憲法上の規定及び手続に従つて」という条件付きではあるが、米国による日本防衛の意思が明記されたのである。さらに、「内乱条項」は撤廃された。[9] 一方で、第六条には以下の条文が記載されている。

日本国の安全に寄与し、並びに極東における国際の平和及び安全の維持に寄与するため、アメリカ合衆国は、その陸軍、空軍及び海軍が日本国において施設及び区域を使用することを許される。[10]

つまり、日本を防衛するためだけではなく、「極東における国際の平和及び安全の維持に寄与するため」にも、米国は在日米軍基地を使用することが可能であるとされたのである。

日本は「自国の憲法上の規定」に従って米軍への協力を断ることが条文上可能である。しかしながら、当時の情勢に鑑みた場合、極東有事が日本の安全保障に一切の影響を与えないとは考えにくい。また、米軍からの協力要請を断った場合、外部による脅威から日本の安全を保障するうえで不可欠である米国との同盟関係を瓦解させる恐れがあった。憲法上の制約により十分な防衛力を整備できていなかった当時の日本にとって、米軍からの協力要請を断ることは、現実的にほとんど不可能であったと言えよう。「自国の憲法上の規定及び手続に従って」という条文は、むしろ米国に逃げ口上を許す文言であると考えられる。他方で、「いわゆる『密約』問題に関する有識者委員会」の一員である波多野澄雄は、日本国憲法第九条により集団的自衛権を行使することができないと日本政府は解釈しており、そのために海外に自衛隊を派兵することができないため、日米安全保障条約を根拠として「日本の与える支援内容は憲法の範囲内なることを明らかにするため」に、「自国の憲法上の規定及び手続に従って」という一文が挿入されたと主張する。[11] いずれの見解に立つにせよ、新憲法と安保改定により、米国に基地を提供することと引き換えに米国が日本を防衛するという仕組みが確立した。[12] 日本を大陸における共産主義勢力に対する西太平洋上の防波堤とする米国の構想は生き残ったのである。

さらに、新安保条約には追加条項がある。条約署名の同日、「条約第六条の実施に関する交換公文」（以下、岸・ハーター交換公文）が手交された。これは、日本における米軍の装備の重要な変更等に対して、事前に日米間で協議すること（事前協議制度）を定めたものである。[13] 以下に事前協議条項に該当する全文を示す。

合衆国軍隊の日本国への配置における重要な変更、同軍隊の装備における重要な変更並びに日本国から行なわれる戦闘作戦行動（前記の条約第五条の規定に基づいて行なわれるものを除く。）のための基地としての日本国内の施設及び区域の使用は、日本国政府との事前の協議の主題とする。[14]

（2）事前協議制度における許可と拒否

安保改定交渉において中心的役割を果たした東郷文彦は、「日本はアメリカの世界戦略に組み込まれ、日本の欲せざる戦争に捲き込まれる、と云う安保条約反対論」を抑えるために「補給や通信関係を主とする一般的な基地使用はともかく、在日米軍の行動が日本の和戦にかかわるような場合には、その都度日本の意志が反映されるような仕組み」を設ける必要があったと述懐している。[15] また在日米軍による日本への「核兵器持込みの問題」に関して、「日本がその安全保障上アメリカの核の傘の下にあると云うことは、日本に武力攻撃を仕掛けようとすればアメリカから核攻撃を受ける危険があり、この故にこれを差控えざるを得ない、と云う所謂核の抑止力の下にあると云うことであって、そのアメリカの核は何処に配置されていてもよいのである」が、「わが国ではそうした核兵器に関する軍事的評価の問題以前の問題として、広島、長崎以来の原子力に対する強い感情が存している」ため、「仮にもし核兵器が置いてあるなら、これは撤去して貰わなければならぬし、将来の情勢の推移によってどうしてもこれを持ち込むことが軍事的に必要であると云う事態が生じた場合も、わが国の同意なくしてはこれを行わないことと し得る仕組みを設けよう」と考えていたという。[16] これらの発言から、核を「持ち込む」ということを、単に核搭載艦船あるいは核搭載航空機による日本領における通過または寄港ではなく、むしろ核を「配置」や「置いて」おくことと同義であると東郷が理解していたふしがある。

さらに、東郷の回顧録には事前協議制度の運用に関して注目すべき言及がある。事前協議は、「米軍が該当する行動をとろうとする場合に日本側に協議を求めるもの」（強調引用者）であるというのである。(17) つまり、米国主導なのであって、日本が米国による在日米軍基地における作戦行動に対して「異議あり」として協議を開始することができるという類の制度ではないのである。さらに東郷は、「安全保障上の利害を共にする国の間の条約の運用上の問題であるから、条約の建前上からすれば協議の結果合意が得られるはずのものであり、また合意なきまま日本の意に反して米軍が行動すると云うのでは、条約の精神にも反する」と言いつつも、「日本側からすれば、条約の形としては米軍は協議の結果としての合意に基づいてのみ行動する、と云うことが望ましく、アメリカ側からすれば、防衛の責任を負っているものとして緊急事態にその行動が条約上日本の拒否権に拘束されると云う形では、国内を説得することが出来ない、と云う問題」があったということを認めている。(18)

東郷による一連の発言は、事前協議が「核アレルギー」をもつ日本国民に安保改定を納得させるためだけの形骸化した制度なのではないかという疑念を生じさせる。ことさら問題なのは、協議を行うか否かについて、完全に米国を信頼している点である。そして、その信頼の根拠が、日米は「安全保障上の利害を共にする国」であるとしている点である。戦後、在沖縄米軍基地を利用して行われてきた米国による極東における戦争が、常に日本の利害に直結するものであったかどうかは甚だ疑問である。

国際法学者である寺沢一は、事前協議が協議であって合意ではないこと、条約本文よりもレベルの低い交換公文に規定されていること、さらに「極東の平和」のために日本の基地を使用できるという規定が条約本文にあるにもかかわらずその抑制機能であるはずの事前協議制度が条約本文で触れられていないことなどを問題視し、事前協議制度の有効性に疑問を呈する。[19] また、事前協議条項があるために、条約改定前は「傍観者」でいられた日本が、法律上「共犯者」になってしまうと警鐘を鳴らす。[20] このように問題が山積している制度であるが、日本は国民向けに核持ち込みを拒否する必要があり、他方で米国は核持ち込みの許可を得る余地を残す必要があった。こうした双方の立場を反映して、「事前協議に対しては諾もあり否もある」ということを前提とした岸・ハーター交換公文が手交されたのである。[21]

では、事前協議において何が許可あるいは拒否とされうるのであろうか。東郷によると、安保改定交渉において、日本と米国の実務担当者らは、「米軍を特定地域にはりつけて置くことを約束することは出来ないから、配置の変更は日本から出て行く行動は含まないこと、装備の変更とは核弾頭及び中長距離ミサイルの持込み並びにそれらの基地の建設を意味すること、戦闘作戦行動とは在日の基地から直接戦闘行動を行うため出動する場合を意味すること」、さらに「戦闘作戦行動の事前協議は、日本が武力攻撃を受けた第五条の場合は除かれる」ということを相互に確認したという。[22] 核「持込み」が事前協議の対象事項であるとされているが、具体的にいかなる行為が「持込み」に該当するのであろうか。「装備の変更」を目的とした核「持込み」であるため、配備を意味していると文脈から捉えられる。しかしながら、日本政府は国民向けに、核持ち込みは通過や寄港をも意味するという解釈を示してきた。[23] そして、通過や寄港を認めないと国民に確約し続けてきたのである。[24] 通過や寄港をせずして配備することはできない。したがって、通過や寄港さえ日本は事前協議において拒否するのであれば、配備や貯蔵も当然拒否するはずである。

事前協議制度を付随させるということは、米国による在日米軍基地の「自由使用」ならびに日本領における核搭載艦船あるいは核搭載航空機による通過や寄港に対して、日本が主権国家として制限を課すということと同義であると日本政府から国民に対して説明がなされてきた。なお、「自由使用」とは、米軍が在日米軍基地に自国の望む

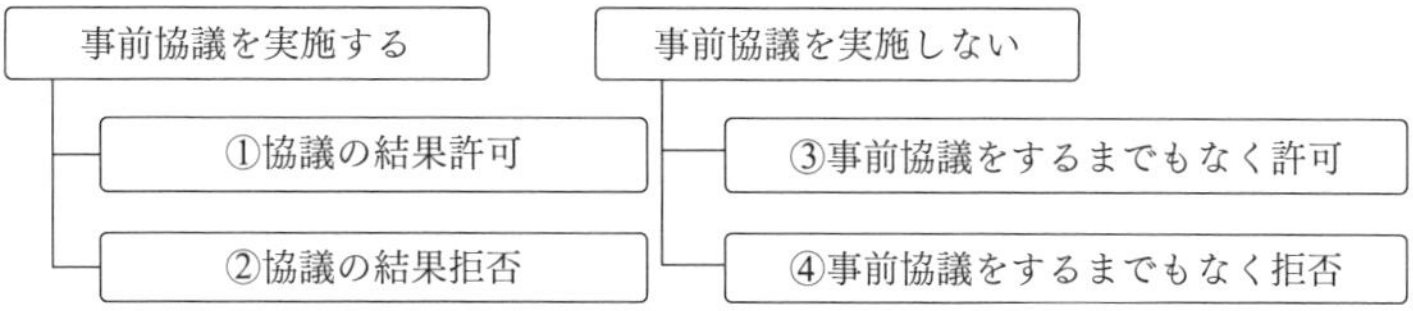

図 4-1　事前協議において日本のとりうる選択肢

兵器を自由に配備し、また在日米軍基地から他国へ出撃することである。事前協議制度における許可と拒否については、図4-1に示したように四つの選択肢が存在する。日本による対応を米国にとって不都合な順に並べると、④②①③となる。核搭載艦船あるいは核搭載航空機による日本領における寄港および通過は、日本政府の答弁に照らせば事前協議を実施する案件である。そのため、①もしくは②の結果となるはずである。③の対応が想定される案件は、通常業務としての基地使用である。そして④は、日本国憲法ならびに日米安全保障条約により認められた範疇を超える基地利用などの、事前協議の対象となってはいない事例を指すものである。

信夫隆司は、一九五九年に行われた事前協議制度の適用事項をめぐる藤山愛一郎外相とマッカーサー二世駐日米国大使による交渉について主に米国の外交文書から考察した。信夫によると、事前協議の対象となるのは核兵器のintroductionであり、核搭載艦船による通過や寄港は事前協議の対象事項とはならないというマッカーサーの見解を、藤山は「受け入れ、なんら困難はないと思う、と述べ」、「明確に受諾」したという。[25] そして、後継内閣にその了解が引き継がれるよう、非公開の交換公文として残したとしている。[26] さらに、外務省が二〇一〇年に公開した「密約」関連文書である「報告対象文書一-三」によると、introductionは持ち込みと同義であり、事前協議制度が対象とする「装備における重要な変更」とは、核持ち込みを意味するようである。[27]「報告対象文書一-三」は、岸政権期に米国との間で、核搭載艦船および核搭載航空機が一時的に日本へ立ち寄る場合は持ち込みに該当しないため、事前協議の対象事項ともならないという機密合意が存在していた可能性を示唆する。[28]

他方で波多野は、通過および寄港を事前協議の対象として扱わない、つまり③として扱うということを規定した記録が外務省にはないと主張する。[29] しかしながら、日米間に「装備にかかわらず、合衆国の船舶および航空機による日本における港または空港の通過」は「日本との協議が不要」という合意（agreements）ないし協定（arrangements）のあったことを示唆する米国側の史料がある。[30] 波多野は「日本側は交渉全体を通じて、艦船の寄港や領海通過はどのような場合にも事前協議の対象となる、という認識に変更を余儀なくされたとは受け止めなかった」として、持ち込みという言葉の定義をめぐって「双方に認識の乖離があった」と結論づけている。[31] しかし、米国側に「合意」の存在を裏付ける史料があるのに、外務省に史料がないからといって「日本側」が米国の解釈に合意していなかったと言い切ることができるであろうか。むしろ、波多野と同じく「いわゆる『密約』問題に関する有識者委員会」の一員である坂元一哉が主張するように、通過や寄港は事前協議の対象事項ではないという米国政府の解釈を熟知し、なおかつ米国のＮＣＮＤ政策[32]を理解していながら、事前協議制度を通過や寄港にも適用していると日本政府が一方的に宣言することにより、「事前協議がないから核兵器が搭載されていない」と日本政府が「米国に責任を転嫁」することができたという指摘が妥当であろう。[33] つまり、万が一、通過や寄港が明るみに出たとしても、日本は「『ごまかしたのは米側だ』と無実を主張する安全な立場に身を置けた」のである。[34] 日本と米国の政府間で、事前協議の対象とする持ち込みは、通過や寄港を含むものではなく、配備を意味していた。つまり、多くの日本人の国民感情に反して、日本領への核搭載艦船および核搭載航空機による通過ならびに寄港が、日米双方の「合意」のもとに③として扱われていたのである。

「日本側の意思を確認し同意を得る仕組みが整備されたこと」に事前協議制度の意義があり、「以後、在日米軍基地は、日米両国の共同の意思の下に運用される」ようになったという好意的な見方がある。[35] また、「ホスト国の日本が嫌がることを、アメリカが無理やり行うことができる」わけがないため、事前協議制度の「実態は拒否権とそう違わない」という楽観的な見方もある。[36] これらの主張は、一九六〇年一月一九日の新安保条約調印の後に披瀝された日米共同コミュニケにおける、アイゼンハワー「大統領は、総理大臣に対し、同条約の下における事前協議にかかる事項については米国政府は日本国政府の意思に反して行動する意図のないことを保証した」という文言を根拠にしていると考えられる。[37] しかし、米国が在日米軍基地の運用において日本との「共同の意思の下に運用」することを望んでいたとは考え難い。同盟国への核配備を秘匿するためにNCND政策を採用し、核配備に関して肯定も否定もしないという方針[38]の米国が、核搭載艦船を日本領海に進入させる度に、その艦船が核を搭載していることを肯定して事前協議を申し込むであろうか。しかも、事前協議制度は日米両国が合意することまでを定めていないのである。

坂元が指摘するように、核兵器を「積んでいる船は事前協議を求められるが、事前協議をすれば積んでいることが明らかになる」一方で、「積んでいない船は事前協議の必要がないが、事前協議をしなければ積んでいないことが明らかになる」ため、NCND「政策を変えることなしに核搭載艦船の一時寄港を事前協議の対象にしようとすれば、米国の艦船はどの艦船（核兵器を積んでいない艦船も）日本に寄港できなくなったはずである」。[39] つまり、米国がNCND政策を日本に対して放棄しない限り、日本にとって②の選択肢は実際上ないということを見落としてはならないのである。むしろ、日本は米国のその方針を利用して、日本領における核搭載艦船ならびに核搭載航空機の通過および寄港に黙認を与えてきた。[40] したがって、米国による核の通過および寄港を日本が黙認する仕組みとなり、小笠原返還交渉時や沖縄返還交渉時に結ばれた核「密約」や、横須賀における米海軍第七艦隊航空母艦の事実上の「母港」化の伏線になったという事前協議制度に内在する問題点を強調すべきではないか。むろん、それらは多くの日本人の「意思」に反した基地の運用であろう。

「拒否権」がないということこそ、事前協議制度の「実態」なのである。安保改定により、「日米の安全保障協力が制度として強化された」という意見がある。[41] しかし、むしろ強化されたのは制度化された米国主導の同盟関係であった。坂元はいみじくも、「一九六〇年の安保改定は、旧条約をいわば化粧直しして、この条約に対する日本人の不満を取り除くこころみ」であったに過ぎず、「改定された安保条約もその本質は旧安保同様」であると指摘する。[42] 事前協議制度は、まさに「化粧」のようなものであった。

2 「硫黄島分離返還」路線の案出

小笠原返還交渉における最も重要な争点の一つとして、第二次世界大戦以来、米国海兵隊の勝利の象徴であり続ける硫黄島の処理を挙げることができる。占領期間中、硫黄島は、核貯蔵施設、核戦争を想定した米英合同軍事演習場および緊急避難場などとして米国の軍事戦略に貢献していた。また「硫黄島の戦い」において海兵隊員が摺鉢山に星条旗を掲げる有名な場面は、現在でも多くの米国人に、太平洋戦争における勝利と犠牲を想起させるものである。U・アレクシス・ジョンソン大使は、摺鉢山には「一日二四時間、星条旗が掲げられているが、ほかに星条旗が二四時間はためている場所は世界にただ一つ、アメリカ国会議事堂である」とその象徴的重要性を自身の回顧録において強調したうえで、硫黄島の返還が米国民の感情的反発を生み、小笠原問題の決着に悪影響が出るのではないかと危惧していたということを認めている。[43] 日本と米国の政策立案者らによる慎重な交渉の末、返還後も摺鉢山山頂にブロンズ製の星条旗を残すということが妥結された。[44] 二万柱を超える日本人戦没者の遺骨が取り残されている硫黄島を分離したうえで小笠原を返還していたならば、ほとんどの日本国民が納得しなかったに違いない。そのような不完全な帰結は、小笠原返還の政治的意味を大きく後退させるものであった。そのため、米国は日本国民に配慮して小笠原諸島を全島一括で返還したのである。しかし、平和裏な全島一括返還であったという言説は、米国政府が硫黄島の真の重要性をカモフラージュするためのものであった。

一九六七年八月七日、リンドン・ジョンソン政権下でアジア太平洋問題担当国務次官補を務めたウィリアム・バンディは、ディーン・ラスク国務長官やジョンソン大統領らに対して、沖縄返還問題と小笠原返還問題に関する意見書を提出した。この意見書は、小笠原諸島には差し当たってベトナム戦争を遂行するうえで重要な軍事基地がないため、一九六八年の琉球政府主席公選における左派勢力による暴動の抑制、自民党政権の存続、および一九七〇年の安保延長などの、米国の極東における安全保障政策に直結する問題を避けるために、一九七〇年までに返還すべきであると提言していた。[45]これは、前月である一九六七年七月に行われた下田武三大使との会談を反映した提言であった。[46]「コールド・ウォーリアー」と称される冷戦期タカ派の急先鋒、ロバート・マクナマラ国防長官はその提言を受け入れたものの、小笠原返還に対して米国が「適正価格（the right price）」を受け取るという条件を付けることを忘れなかった。[47]

一九六七年九月一五日に、第一回日米関係民間会議（以下、下田会議）が開催された。その場で、日本側を驚かせる発言が米国側の出席者よりなされた。最も発言力のある出席者の一人である民主党院内総務、マイケル・マンスフィールド米国上院議員が、小笠原返還を支持したのである。[48]マンスフィールドは日本へ向けてワシントンを飛び立つ前に、小笠原諸島の軍事的重要性は小さいが、マンスフィールドから小笠原返還問題について話を持ち出すべきではなく、日本側から問題提起されるのを待つようにと国務省から忠告されていた。[49]この一件の後、ラスクは日本の記者からマンスフィールドの発言に対する見解について問い質され、「小笠原返還は検討中」であると言わざるをえなかった。[50]なぜマンスフィールドが国務省の意に反する発言をしたのかその確たる理由は分からない。しかし、翌九月一六日付の『シカゴ・トリビューン』紙によると、マンスフィールドは「早期返還の主要な障壁となるものはない」ため、「遅滞なく」小笠原諸島を日本に返還すべきであると考えていたようである。[51] 院内総務であるマンスフィールドの一連の発言は、小笠原返還に対する日本人の期待感を高めただけでなく、[52] 小笠原返還の米国議会における政治的なハードルがそれほど高くないということをジョンソン政権に意識させたであろう。

マンスフィールドが日本において小笠原の早期返還に対する日本人の期待を高めていた頃、ワシントンにおいて三木武夫外相がラスク国務長官やマクナマラ国防長官らを相手に息詰まる交渉を繰り広げていた。九月一四日、三木はラスクと午餐を含め約四時間あまり会談した。日本側からは、通訳の他に下田大使、近藤晋一外務審議官、東郷アメリカ局長および鶴見清彦経済局長が同席し、米国側からはジョンソン大使、バンディ次官補、ロバート・バーネット国務次官補代理およびリチャード・スナイダー日本部長が出席した。三木はラスクに対し、「大多数の国民は、小笠原は米国が決定さえすれば帰る《ママ》のではないか、基地は安保条約、地位協定の下で使用することで差支えないのではないかと考えている」と述べ、早期返還を訴えつつも、返還後も米軍基地を残すことに前向きな姿勢を見せた。[53]「クリーン」や「ハト派」というイメージのある三木の現実的な安全保障観が垣間見られ、興味深い。三木の訴えに対し、ラスクはいかなる言質も与えなかった。代わりにラスクは「一九四一年以前に硫黄島には住民がいたか」と質し、東郷から「約一、〇〇〇名が硫黄島に居住していた」という回答を得ている。[54]

翌日の九月一五日、三木はマクナマラ国防長官と約四五分間会談した。鶴見を除き、日本側の同席者は昨日のラスクとの会談と同じであった。他方で、米国側の参加者は、通訳のほかはモートン・ハルペリン国防次官補代理とジョンソン大使であった。三木はマクナマラに対し、「沖縄の軍事的重要性は分かつているが、日本人は小笠原は別だと感じて」おり、「日本人は従つて、小笠原の方が軍事的には、沖縄より早く解決しうると感じている」ため、「この点で小笠原に関する戦略的問題についても、くわしくうかがつておきたい」と伝えた。[55] 日本人の総意を代弁しているかのような三木の訴えに対してマクナマラは、「小笠原の方が問題は簡単であろうことは認識している」

としつつも、「これについては話合いを続けたい」と述べた[56]。ただし、「いつ、いかなる形で解決しうるかはまだ分からない」という姿勢を示し、小笠原諸島の全島一括返還とは別の帰着点のあることに含みをもたせている[57]。

マクナマラが三木に対して小笠原返還の言質を与えられなかったのももっともであった。小笠原返還は日米二国間の問題ではあるものの、極東情勢を無視して決められることではなかったからである。下田会議の翌日である九月一六日、三木と下田は、ラスクおよびジョンソン大使と二度目の会談を行った。その場でラスクは、小笠原返還について一定の前進を示す必要性のあることを認めつつも、「いおう島につき米国の国民感情、および中共の核きょういが増大しつつある現状での戦略的考慮のそう方から困難がある」として、中国を念頭に置いた米国の核抑止戦略と在硫黄島米軍基地との関連を示唆した[58]。そしてラスクは、米国が三カ月あるいは半年以内に中国と戦争することはないと日本に保証することはできないとして、その時のために米国は硫黄島を保持すべきであると主張した[59]。ラスクは三木と下田に対して次のように発言している。

日本と同様に、合衆国とソビエト連邦はともに、北京の現政権による合理的ではない行為の可能性を憂慮している。合衆国が太平洋地域における地位を撤回し、決意を取り下げるといういかなる印象も北京の人間に与えないということが重要である。……我々は、ソビエト連邦が今度の国連総会において合衆国による韓国からの撤退を求める意向であると理解している。我々は、我々の諸決意に対して北京に誤解を生じさせないでは済まない[60]。

この会談におけるラスクの発言は、次の二つのことを示唆する。一つは、ラスクが小笠原返還それ自体には賛成していたということである。それにもかかわらず右記の発言をした背景には、核保有国となった中国を脅威視する日本の不安を逆手に取って、日本から領土返還交渉において譲歩を引き出そうという思惑があったためであろう。

もう一つは、ラスクが小笠原諸島の全ての島々を一括で返還するのではなく、硫黄島のみを小笠原から切り離して返還する方式（以下、硫黄島分離返還方式）をすでに日本に対して打診していたということである。ソ連および中国という核保有国と対峙する日本の安全保障は、米国に握られていたと言ってよい。ラスクの発言は、まさに日本側の交渉者の急所を突くものであった。こうした発言は、交渉の最終段階で結ばれる小笠原核「密約」の伏線であった。

三木の訪米後の一九六七年九月二八日、一時帰国の訓令を受けた下田大使はバンディ国務次官補と会談した。その際、下田は「帰国する前に米側事務当局の責任者としての貴次官補の見解を再応確かめて置きたかつたから」と前置きしたうえで、「小がさわら諸島については、オキナワと関連する問題の一部ではあるが、同諸島の軍事的重要性がオキナワに比して軽微であるため、その取扱いはオキナワのそれよりは比かく的容いであり、従って現時点において、より進んだ米国政府の決定がなされる可能性がある」という「個人的印象……に誤りがあれば訂正願いたい」と述べた。[61]下田の見解に対し、「貴大使の述べられた……印象はことごとくCORRECTなものである」とバンディは返答した。[62]他方で沖縄に関して、「特に米国にとつては大統領選挙を明年にひかえているとの事情があるところ、元来米国には長期にわたつて米国をこう束する極めて重要な対外的約束は大統領の在期の末期に行うべきものではないという憲法上のかん習があるが、オキナワの施政権返かんを約束することはまさに極めて重要な対外約束に該当する」ため、「大統領といえども本件について何らかの具体的措置（REAL MOVE）をPUBLICLY AND FIRMLYに述べることが出来るかどうか自分個人としては疑いなきを得ない（DOUBTFUL）」と付け加えた。[63]こうした国務省の立場は外務省に伝えられており、日本側は一九六七年一一月の首脳会談において日本が前進させられる案件は沖縄よりもむしろ小笠原であるという示唆を十分に得ていた。問題は、小笠原がいかなる条件で日本に復帰するかであり、そのボールは米国側にあった。

小笠原返還の方途についてまだ米国内で合意が形成されていなかったものの、一九六七年一一月の佐藤栄作訪米時に小笠原返還に何らかのかたちで同意することは、すでに既定路線であった。一九六七年一〇月一一日に三木外相はジョンソン大使と会談した。外務省からは、通訳の他に、牛場信彦事務次官と東郷アメリカ局長が同席し、国務省からはルイス・パーネル参事官が同席した。[64] 来たるべき日米首脳会談において領土をめぐる戦後処理を前進させたいと訴える三木に対し、ジョンソンは「小笠原の返還が沖縄について、時間をかせぐため日米双方の助けとなるか否か」を質した。[65] ジョンソンによる問いに対して三木は、「沖縄について時間をかけるのにこれは有用である」と明快に答えている。[66] ジョンソンは、「大臣は、日本政府が小笠原問題を沖縄について時間をかせぐために使いうるし、また使うであろうと御感じか」と用心深く尋ね、三木は「然り」と明言した。[67] ジョンソンは「総理も同様と期待してよいか」とさらに注意深く念を押し、三木は「然り」、「直接確かめてもらっても結構である」と言質を与えた。[68] この段階で、小笠原返還により日米関係を傷つけることなく沖縄返還を先延ばしにするという政治的意図が、すでに日米間で共有されていたと言える。

三木との会談において、九月に三木が訪米した際にラスクから提案された硫黄島分離返還の可能性についてもジョンソンは探っている。「硫黄島の取扱いはどうか」というジョンソンからの質問に対し、三木は「分離するのでは小笠原返還全体の効果が減殺されてしまう」ため、「日米間で方法を考えることにしたいが、分離は駄目である」と回答した。[69] 「どのような方法があろうか」とジョンソンが問い質すと、三木は「基地は安保条約上の基地として残」すと、返還後も硫黄島に米軍基地が維持されることを示唆した。[70] 国務省は外務省に対し、再三にわたって硫黄島のみを特別に扱う必要性のあることを日本側に印象づけている。この三木とジョンソンの会談記録は帰国中の下田大使の手に渡り、下田は翌日の帰任に携行した。[71]

日本における一時滞在を終えた下田は、一九六七年一〇月一七日に早速バンディと会談した。下田はバンディに対し、再び「オガサワラについてはオキナワと異なり軍事的価値のきん少なるにかんがみ施政権返かんの方針をこの際明確に打ち出し、これがため直ちに両国政府間の協議を開始することと致したき」と述べ、佐藤訪米の成果として小笠原の返還合意を発表するよう訴えた。[72] 下田の働きかけに対し、バンディは「ユオウ《ママ》島については、その特殊な地位（PARTICULAR SITUATIONS）にかんがみ SLIGHTLY DIFFERENT な表現を用いることと致したい」と、前回の会談よりも踏み込んだ見解を披瀝した。[73] 下田が「施政権返かんを保留するとの意味か」と確認したのに対し、バンディは「然らず、ユオウ《ママ》島については特別の考慮が払われるべきことを BY IMPLICATION で示されれば十分」と述べた。[74] しかしながら、この時バンディは必ずしも国務省の見解を代弁していたわけではなかった。小笠原をいかなる条件で日本に返還すべきかについて、米国の政策立案者らのなかでまだ合意が形成されていなかったからである。

佐藤による訪米が翌月に迫る一九六七年一〇月二七日、ウォルト・ロストウ国家安全保障問題担当大統領特別補佐官はジョンソン大統領に、来たる日米首脳会談において米国がとるべき交渉態度について書かれたラスクによる覚書を提出した。その覚書はすでにマクナマラから承認されており、後は大統領の決断を待つのみであった。覚書によると、ジョンソンには次の二つのことが提案された。それは、硫黄島分離返還方式による小笠原諸島の早期返還と、沖縄返還の期限を定めないということであった。[75] この頃すでに統合参謀本部は、父島と硫黄島さえ確保できれば、小笠原諸島の他の全ての島々を返還してもよいと考えていた。しかしラスクは、最も多くの旧島民が暮らしていた父島を引き続き占領することは非現実的であると考え、硫黄島のみを確保することが最もバランスのとれた選択肢であると主張している。ただし、覚書には、硫黄島を返還しなければ、日米関係における小笠原返還の外交的価値が損なわれるというジョンソン大使の危惧も記されている。[76] 返還オプションを整理すると表4-1のようになる。

ラスクによる覚書は、その他の問題も提起している。それは、米国が極東地域において担っている政治的責任および経済的責任を日本に多く分担させるべきであるということであった。小笠原返還と引き換えに佐藤が東南アジアにおける米国の財政負担を軽減し、さらに米国の国際収支赤字を緩和する用意もあるとジョンソン大使が見ていることも覚書は伝えた[77]。ラスクもまた、小笠原返還によって、極東におけるこれまで以上に大きな防衛責任を日本に分担させられると考えていた[78]。さらに、小笠原返還を米国が決断しなければ佐藤の政治生命を大きく傷つけ、それは結果的に沖縄情勢のみならず日米関係全般にも悪影響を与えかねないという懸念も示された[79]。ラスクはジョンソン大統領に対して、「ジョンソン大使の見方では、小笠原返還交渉を開始するという我々の意思が鍵となる」と伝えた[80]。大統領は、ひとまず決断を保留した[81]。

表4-1　小笠原返還オプション

統合参謀本部案	父島と硫黄島以外を返還する「父島・硫黄島分離返還」
ラスク案	硫黄島以外を返還する「硫黄島分離返還」
ジョンソン大使案	全ての島を返還する「全島一括返還」

ワシントンにおいて小笠原の返還方式をめぐる議論が平行線をたどっていたちょうどその頃である一九六七年一〇月二八日午前、東京では、三木の招請に応えてジョンソン大使が三木や東郷らと会談をしていた。米国側の史料からジョンソン大使が小笠原の全島一括返還を支持していたということは明らかである。しかしながら、ジョンソンが、日本側に対してその手の内を見せることはなかった。ジョンソンは三木に対して、

硫黄島の問題が、米国国内政治との関係で最大の困難を生じているとの印象を得ている。日本側の記念碑等に関する提案作成の努力は多とするが、……硫黄島が他から分離しうれば米国政府にとり、最も助けとなる[82]。

と主張し、この場においても小笠原全島一括返還のハードルの高さを印象づけている。対する三

木は「日米共同管理の記念碑等が理想的ではあるが、最大限譲歩して米側の単独管理による米側の記念碑を認めることは考えうる」としたうえで、「硫黄島のために、沖縄、小笠原全体に関する両国の大きな目的を失ってはならない旨ワシントンを説得してほしい」と「強く要望」した。[83] ジョンソン大使は、硫黄島分離返還方式の必要性を米国の国民感情から訴えた。しかしながら、軍部が父島や硫黄島を分離することを主張したのは、主として軍事的観点からであった。記念碑の問題は、硫黄島の軍事性をカモフラージュするためのものであったと考えられる。

ワシントンの政策立案者らは小笠原を返還することに概ね合意していたが、[84] 統合参謀本部を納得させなければならなかった。佐藤との首脳会談が間近に迫る一九六七年一一月三日、ロストウは、日本の同意なしに父島および硫黄島に核兵器を貯蔵することに対する許可を日本から引き出すまでは、小笠原諸島を日本に返還すべきでないという統合参謀本部の主張をジョンソン大統領に伝えた。[85] 沖縄返還交渉において日本に対して核問題で譲歩させることを統合参謀本部は望んでおり、小笠原返還交渉においてその先例を作っておくことを企図していたことが、その一因であった。[86]

ロストウの報告には、同日付のラスクによるジョンソン大統領に対する覚書が添付されていた。ラスクはジョンソン大統領に対して、マクナマラ、統合参謀本部、そしてラスク自身が、小笠原諸島の日本への早期返還に「完全に合意している（fully agreed）」と報告している。[87] 軍部を説得するために、小笠原への核貯蔵を日本に認めさせるということを国務省が軍部に約束し、その見返りとして軍部に全島一括返還を認めさせたからであろう。その翌日、一一月四日の大統領ら政策立案中枢メンバーを交えた会合において、マクナマラは、返還後も小笠原に核兵器を貯蔵したいと訴えている。[88] またアール・ウィーラー統合参謀本部議長は、将来起こりえる中国との核戦争を想定し、その際に戦術上重要な拠点に位置する小笠原への核貯蔵について交渉する権利があると日本に伝えるよう主張した。[89] ウィーラーはさらに、核問題の処理に関して、日本人は小笠原返還交渉における手法を沖縄返還交渉においても踏襲しようとする可能性があるため、小笠原返還交渉が沖縄返還交渉の前例になるという認識をもつべきであると訴えた[90]。統合参謀本部が小笠原返還に「完全に合意」した翌日にこのような話し合いが行われていたという事実から、小笠原への核貯蔵を日本に認めさせることが全島一括返還の条件であったと考えられる。

翌一一月五日、前日の会合に出席していたラスクは東京のジョンソン大使に電報を送り、前日のウィーラーの主張をなぞるように、小笠原への核貯蔵について話し合う権利が米国にあるということを佐藤と三木に伝え、小笠原返還交渉に際し核の問題が触れられるということを念押しするよう求めた[91]。その際、さらに踏み込んだ見解として、小笠原への核貯蔵に対する事前協議の権利を日本に放棄させる書面を残すという案まで出している[92]。さらに、「我々の側が核施設を排除するといういかなる含意も避けることだ」と慎重に日本との交渉を進めるようジョンソン大使に注意を促した[93]。こうした米国の意向に対して、日本が具体的にどのような返答をしたかについて明らかではない。しかし、翌一一月六日にバンディがラスクに提出した覚書には、「太平洋戦区において我々の他の施設〔の使用〕が拒否されない限り〔小笠原の〕基地を核貯蔵施設として利用する計画はない」が、小笠原返還交渉中に「日本とこの問題について交渉する権利を守った」とある[94]。「この問題」とは、核貯蔵のことである。事実、同じ日に、ジョンソン大使は三木に会い、交渉内容を漏洩しないよう念押ししたうえで、米国政府が小笠原全島の返還を共同声明に盛り込むことと引き換えに、日本政府から「核についての同意（agreement）を求めているわけではない」が、「現行の安全保障条約の枠組みでこの問題を提起し、彼ら〔日本政府〕と議論し、願わくば日本政府と合意に達する権利を我々が留保するということを日本政府に通知している」と伝えていた[95]。三木はジョンソンから小笠原と核兵器との関連を聞いて動揺し、ジョンソンの主張に対して態度を保留したものの、明確に否定しなかったことから[96]、「日本とこの問題について交渉する権利を守った」とジョンソンは捉えたのであろう。軍部の主張が通されたのである。翌一一月七日の佐藤の日記には、「三木外相と日米交渉の方向を指示」と記されており、佐藤と三木がジョンソンの提案について話し合ったということが窺える。[97] 以上の事実を総合すると、小笠原返還と引き換えに日米首脳会談において核問題について持ち出されるということが佐藤に事前に通知されていたと考えざるをえないのである。

小笠原返還交渉の当事者であったジョンソン大使は回顧録のなかで、小笠原の軍事的な重要性に否定的であり、その点において軍部とは異なる立場をとっていたと主張する。[98] たとえそうであったとしても、ジョンソン大使も小笠原返還交渉が沖縄返還交渉の前例になると考えていた。[99] そして、そのために小笠原における米国の権益、つまり核貯蔵施設を確保しておくことの政治的な重要性を認識していたのである。ジョンソン大使は、小笠原におけるすべての権利までをも日本に返還する気はなかった。それは結果的に、返還後の小笠原への核貯蔵を日本に認めさせるべきであるという軍部の主張に力を添えることになったのである。

後に、日米間で小笠原核「密約」が結ばれたことに鑑みると、一一月三日の時点で、国務省と国防省は後の沖縄返還交渉を見越して、小笠原への核貯蔵を日本側に認めさせる方向で交渉を進めていくということで意見が一致していたと考えられる。ただし、多くの旧島民の帰島が予想される父島を核貯蔵基地として利用し続けることが現実的ではないということは、軍部と国務省の間で理解されていたのであろう。硫黄島以外に核貯蔵基地としての条件を満たしうる島はなかった。ただし、旧島民が硫黄島に帰島しないという条件下においてである。マクナマラの言う、海兵隊史上最大の死傷者を出した小笠原を取り戻すために日本人が払うべき「適正価格」とは、硫黄島において米国に核貯蔵の権利を認めることであった。つまり、一一月三日の時点で、「全島一括返還」をやむなしとしつつも「硫黄島分離返還」に限りなく近づけるという方針のもと日本との小笠原返還交渉に臨むという合意が、すでに米国の政策立案者の間で形成されていたのである。問題は、いかなる形式で日本に対してそれを認めさせるかであった。

一一月八日、ジョンソン大使はワシントンに到着した。しかしジョンソンは、そこではじめて重大なことに気がついた。上下両院軍事委員会の重要メンバーの誰もが、間近に迫った日米首脳会談において発表される共同コミュニケのなかで、小笠原返還に米国が合意したとアナウンスされることを知らされていなかったのである。[100]そのため、ジョンソンは明くる日、ポール・ウォンケ国際安全保障問題担当国防次官補とともに、一日がかりで議会議事堂にある重要議員の事務室を訪ねまわり、小笠原を返還するという政府方針を説明しなければならなかった。

ジョンソン大使を驚かせたことは、議員らが一様に、小笠原問題を取り扱う難しさに理解を示したということである。[101]硫黄島は軍事的に難しい問題であるばかりか、太平洋戦争における勝利の象徴として米国民の心に刻み込まれている。したがって、国民感情の面でも難しい問題であった。そのようなデリケートな問題であるにもかかわらず、「議員たちは、海軍内部にはっきりとある『基地のすべてを永久に保持しなければならない』という感情をまったく示さなかった」とジョンソンは回顧している。[102]さらに続けて、「とはいえ、議員の反対を避けるため、最終的にどのような合意を得ようとも日本側には硫黄島の戦跡での星条旗掲揚を認めさせると約束した」[103]。日米首脳会談に向けた最終調整は、ここに完結したのである。

3　第二次佐藤・ジョンソン首脳会談

（1）首脳会談に向けたすり合わせ

一九六七年一一月一五日、佐藤首相は、ホワイトハウスでジョンソン大統領との日米首脳会談を行う前に、ブレア・ハウスにおいてジョンソン政権の中枢メンバーと打ち合わせを行っていた。日本側の出席者は、佐藤、三木外相および下田大使ら、そして米国側の出席者はラスク国務長官、ジョンソン大使およびバンディ東アジア・太平洋問題担当国務次官補らであった。一九六八年に大統領選、参議院議員選および琉球政府主席公選などの重要な選挙が迫っていたことから、日米双方の交渉従事者らは首脳会談が自国の有権者に与える影響について関心があった。佐藤は、沖縄問題におけるいかなる失敗であっても、社会党および共産党に政治利用されると考えていた[104]。他方でラスクは、米国民および議会が、ベトナム戦争における米国の立場を損なうと判断しかねない決断はできないとして、沖縄返還交渉に早期に着手することに難色を示した[105]。さらにラスクは、大統領選挙の前には外交上のいかなる約束もできないというこれまで通りの説明を佐藤にしたのである[106]。

中国脅威論を振りかざして日本に譲歩を迫ることが対日外交におけるラスクの常套手段であった。そして、首脳会談に向けた打ち合わせの席においても、こうした姿勢は披露された。極東における中国の核の脅威のために、議会指導者らは沖縄の早期返還に否定的な反応を示す公算が高く、よってジョンソン大統領が首脳会談において沖縄返還について話を進めることは望み薄であるともラスクは日本側交渉者に対して伝えたのである[107]。

これに対して、佐藤は沖縄の早期返還を求める意思はないということを強調したうえで、しかしながら日本国民から手ぶらで米国から帰ったという印象をもたれるわけにはいかないと訴えた[108]。佐藤は、日米首脳会談のために渡米する直前、羽田空港において訪米を激励する国民だけでなく、激しい暴力的なデモにも遭遇していた。第二次羽田事件である。佐藤は、「国民の期待が大きいだけに、余も亦緊張する」と渡航日の日記に記しており、成果を上げずに帰国することはできないという思いを強くしていた[109]。そのため、会談後に発表されることになっている日米共同コミュニケに「大統領と総理大臣は、両国政府がここ両三年内に双方の満足しうる日本への〔琉球諸島の〕施政権返還の時期につき合意するため努力することを合意した[110]」という文言を挿入することを佐藤は提案した。

小笠原返還によって、沖縄返還の日が近づいているということを米国民が予期するのではないかとラスクは考えていた。こうした誤解を米国民に対して与えることは、ベトナム戦争の最中にある米国にとって何としても避けなくてはならないことであった。ラスクは佐藤の提案に応じる代わりに、米国案を提示した。それは以下の通りであった。

総理大臣と大統領は、沖縄および小笠原諸島について隔意なき討議をとげた。総理大臣は、沖縄の施政権の日本への返還に対する日本政府および日本国民の強い要望を強調し、日米両国政府および両国民の相互理解と信頼の上に立って妥当な解決を早急に求めるべきであると信ずる旨を述べた。総理大臣は、さらに、両国政府がここ両三年内に双方の満足しうる返還の時期につき合意すべきであることを強調した。大統領は、これら諸島の本土復帰に対する日本国民の要望は、十分理解しているところであると述べた。同時に、総理大臣と大統領は、これら諸島にある米国の軍事施設が極東における日本その他の自由諸国の安全を保障するため重要な役割を果していることを認めた。

討議の結果、総理大臣と大統領は、日米両国政府が、沖縄の施政権を日本に返還するとの方針の下に、かつ、以上の討議を考慮しつつ、沖縄の地位について共同かつ継続的な検討を行なうことに合意した。(三)

米国側の提案において、ジョンソン大統領は、琉球諸島の返還時期について「両三年内」に合意するとは明言していない。あくまで、ジョンソンは佐藤の要望に理解を示しただけである。しかしながら、佐藤は妥協し、米国側の提案を受け入れたため、上記の文言はそのまま当日発表される共同コミュニケの第七項に盛り込まれることとなった。これは、佐藤がジョンソンから、沖縄の早期返還に対する確約を得ることができず、沖縄返還交渉の開始時期についてすらも合意を得られなかったことの証左である。沖縄返還を求める強い国内的圧力を双肩に受ける佐藤にとって、沖縄の返還時期を決める時期についてさえ日米共同コミュニケにおいて言及しないということだけで

も、政治的な覚悟のいる譲歩であった。他方で、ラスクは小笠原に関して、

我々は交渉を遅らせる意図はなく、今や詳細を詰める段階にある。……ある議論の後、我々は一年以内、あるいはできるだけ早く交渉を終えることを望んでいると公式に声明することになっている。(112)

と付言した。「ある議論」とは、小笠原核「密約」に関する議論であった。

打ち合わせの終盤に、三木は沖縄返還を達成する道筋を検討するための小委員会を設立したいという意向を示した。(113)しかしながら、そのような申し出が取り合われることはなかった。なぜならば、日米首脳会談の主題は、いかに沖縄返還にこぎつけるかではなく、むしろ沖縄返還をいかにつつがなく先延ばしにするかであったためである。つまり、小笠原返還は、米国がベトナム戦争を継続するために今しばらく沖縄基地を利用するための措置であった。

小笠原諸島の返還合意は、日米両首脳の顔を立てるという役目を果たした。佐藤は日本の有権者に対して、小笠原を米国から勝ち取ったという印象を与えることができた。一方で、ジョンソンは米国の有権者に対して、ベトナム戦争を継続するうえで欠くことのできない沖縄の返還を食い止めたという印象を与えられたのである。次項からは、実際の首脳会談における佐藤とジョンソンの交渉内容について検討していく。米国は、佐藤の要望通り、小笠原の早期返還に合意するという譲歩をした。次は、ジョンソンが佐藤に対して米国の要求を突きつける番であった。

（2）佐藤・ジョンソン間交渉

①広告塔としての日本

ジョンソン大統領は、米国国内におけるベトナム戦争への支持率の低下を憂慮していた。それは、ジョンソンの支持率の低下に直結していたからである。一九六八年に二期目の大統領選挙を控えていたジョンソンにとって、それはまさに死活的な問題であった。そこで、一九六七年一一月の佐藤との首脳会談において、領土をめぐる戦後処理問題を進展させる条件の一つとして、ジョンソンはベトナム戦争への支持を佐藤に表明させることにした。すでに親米的な態度をとっていた佐藤にとって、これは痛みのともなわない条件であった。しかし、ベトナム戦争への支持表明は、ジョンソンが何にも増して得たいものであったようである。

写真11　ジョンソンと対面する若泉敬

左から若泉敬，ウォルト・ロストウ，リンドン・ジョンソン。

一九六七年一〇月二五日、若泉敬は佐藤の指示で、米国の動向を探るためにハルペリン国防次官補代理と接触していた。ハルペリンは、佐藤が「ジョンソン大統領のベトナム政策に理解を示すのみならず、できるだけ高く評価し、それを公の場で発言する」ことこそ「米国内での一般的な不評にいささか参っている」ジョンソン大統領にとっての「大きな『贈り物』になるだろう」と、佐藤の「密使」である若泉に助言していた[114]。若泉は、二日後の一〇月二七日に、ロストウ大統領特別補佐官とも面談している。その際にロストウは、沖縄の「返還時期を明示することは難しい」としつつも、大統領には佐藤を「まったく『手ぶら』で帰国させるつもりはない」との言質を与えていた[115]。

ハルペリンとロストウはともに、沖縄の返還は難しいが、小笠原の早期返還は可能であると若泉に明言しており[116]、さらにジョンソン大使は回顧録において、小笠原の早期返還こそが「佐藤が日本の有権者へのおみやげとして持ち帰れる成果だった」と一九六七年一一月の首脳会談を結論づけている[117]。一一月一四日の首脳会談に関する外務省記録によると、佐藤は自ら沖縄返還問題を切り出し、沖縄を「すぐに返せ」というのではなく、「即時返還を要求しているのは社会党だけであり、自分はそういうことは言わない」とジョンソン大統領に伝えている[118]。

これらを照合すると、佐藤は、沖縄の代わりに小笠原が「おみやげ」として返還されるということを事前に知らされており、一九六七年一一月の首脳会談においてジョンソンから提示された諸条件こそが、小笠原の早期返還と引き換えに日本が米国に対して認めなくてはならないものであったと認識していたことが分かる。翌一一月一五日のラスクとの会談で、佐藤は「小笠原はいつ頃の見通しか」と質問し、ラスクから「小笠原については、遅らせる意図は全く」なく、「一年以内」に返還するという言質を取ったのである[119]。

首脳会談においてジョンソンは、佐藤が若泉を通じて予め知らされていた通り、小笠原返還の条件の一つとして、ベトナム戦争への支持を表明することを求めた。佐藤は、会談後に「出会う人すべて」に、「アジア人が東南アジアで戦っているのは、自らの自由を守るためである」と伝えるように求められた[120]。これは、ジョンソンが米国国内の反戦運動を意識してのことであった。ジョンソンは、アジアの国の指導者からベトナム戦争に対する直接的な支持を得ることで、米国が帝国主義的であるという国内外の批判をかわすことを企図していたのである[121]。

一一月一五日の会談前のナショナル・プレスクラブにおける演説で、佐藤は、

私は今回のアジア諸国歴訪を通じて米国のヴィエトナムにおけるこのような努力がよく理解され、正当な評

価を受けていることを痛感いたしました。現在の状態で米国がアジアに対する関心を失なえば、アジアの平和と安定のみならず、世界の将来に重大な影響を及ぼすこととなることがよく理解されているのであります。[122]」と発言し、米国のベトナム政策への明確な支持を表明した。翌一一月一六日付の『ニューヨーク・タイムズ』紙は佐藤の上記の発言に触れ、「首相は国名を挙げなかったが、最近の地域全域の歴訪で、インドネシア、ビルマ、ラオス、フィリピン、タイ、シンガポール、南ベトナム、中華民国、オーストラリア、そしてニュージーランドを訪れている」と報じた[123]。

ジョンソン大統領の狙い通り、佐藤は米国の極東戦略の広告塔として、アジアの各国が米国の極東における軍事的プレゼンスの維持を望んでいるという印象を、米国のメディアに与えることに成功した。ジョンソンは、佐藤のナショナル・プレスクラブにおける演説に満足し、「このうえもなく上機嫌だった」という[124]。佐藤の演説後にジョンソンは、ホワイトハウスのロビーで急遽会見を開き、「ベトナムについても話し合ったが、米国はアジアにとどまるべきであり、もし米国が侵略撃退に失敗すれば、悲惨な事態が起きるだろうということをこれほど強く感じているアジアの指導者と話し合ったことがない」と述べた[125]。小笠原諸島は、日本がアジアにおける米国のプレゼンスを肯定する政治的取り引きにも利用されたのである。ただし、そのような取り組みがジョンソン政権およびベトナム戦争に対する支持率のさらなる低下を食い止める特効薬となることはなかった。米国によるベトナムへの介入は、すでに後戻りのできないほど泥沼化していたからである。

②日本の独自核武装への警戒

一九六七年一一月の日米首脳会談において、他にも重大な日本の安全保障上の懸念が議題に上った。中国は一九六四年一〇月一六日に初の原爆実験に成功し、核保有国になっていた。極東には、日本を取り囲むように、ソ連と中国という二カ国の核保有国が存在していたのである。このことは、日本にとって安全保障上の大きな脅威であった。中国の核保有を受け、自民党内部でも独自核武装の必要性について検討されるようになったのである。[126]

一方、日本の独自核武装の可能性に対する米国の警戒感は根深かった。一九五七年八月二日付の、国務省極東調査部が作成した『日本の核兵器生産の見通し』という極秘文書には、米国の抱く日本に対する不信感が克明に記されている。この文書は、「今日、日本には、核兵器とのかかわりをいっさいもつべきではないという圧倒的な大衆感情が存在している」ということを認めつつも、日本の「防衛当局自身、国会と与党自民党内の同志たちともども、究極的には日本の自衛隊に核装備させることを、どうもねらっているようだ」と指摘している。[127]さらに興味深いことに、「アジアの他の国が核兵器を保有することになった場合、日本にとっては同じ事をしようという、より大きな誘い」となり、「これは、とりわけ共産中国の場合にはそうだろう」と、自民党における独自核武装論の高まりを予見する記載を確認することができる。[128]

核不拡散を標榜するジョンソン大統領は、その体制づくりのため、一九六四年一一月に「核拡散タスクフォース」という委員会を立ち上げていた。[129]一九六五年一月二一日に出された核拡散タスクフォースの報告書は、もし「インドあるいは日本」が「核製造」を決定した場合、「パキスタンやイスラエル、アラブ連合共和国といった他の国に連鎖反応を引き起こすだろう」という懸念を表明し、日本の核武装を阻止するために「米国は日本防衛へのコミットメントを再確認し、必要ならば強化す」べきであると結論づけた。[130]一九六五年一月一二日、佐藤とジョンソンによる初めての首脳会談において、佐藤は「米国があくまで日本を守るとの保証を得たい」と直訴している。[131]その直後の椎名悦三郎外相やラスク国務長官らを交えた拡大会合において、佐藤は「一個人としては」と前置きしたうえで、「中共が核兵器をもつならば、日本ももつべきであると個人的に」感じると発言した。[132]

日本に対して米国による「核の傘」を保証する必要性は、米国とソ連の外交的駆け引きによってさらに高められることになった。一九六六年二月二日、ソ連のアレクセイ・コスイギン首相は、核拡散防止条約交渉において、核兵器を生産せず、保有せず、持ち込ませない国に対して、核保有国が核攻撃を行わないという義務を負う、という条項を加えることを呼びかけた。[133] これは日米関係の瓦解を意識したものではなく、むしろ欧州における米国の同盟諸国を意識したイデオロギー的発言であったと考えられる。しかし、コスイギン提案の日米関係に与えた影響を無視することはできない。

コスイギン提案を受けて、ラスクは一九六六年二月二四日に在日米国大使館に宛てて、「コスイギン提案を採り入れることは、日本ならびに他のどこにおいてでも、米国の安全保障上の立場に深刻な否定的影響をおよぼすことになろう」（強調引用者）と注意を喚起した。[134] これは、コスイギン提案が採用された場合に、日本は少なくともソ連による核攻撃からの安全が保障されるからであった。それゆえ、国務省はコスイギン「提案が日本国民にたいしてもつ魅力を認識して」おり、「日本政府が有事のさいに核兵器の持ち込み（イントロダクション）に同意する可能性」が「もっと小さなもの」になるということを不安視した。[135] このように、日本に対して「核の傘」を保証するということは、日本の安全を保障するためというよりも、むしろ極東において共産主義勢力を牽制するという米国の安全保障戦略のために重要な政策であった。

ジョンソン大統領とは異なり、ラスクは、日本が核兵器をもつこと自体に反対してはいなかった。国際政治学者である黒崎輝によると、ラスクは、日本やインドが、自らの責任で核兵器を使用することにはむしろ賛成であったが、その核兵器はあくまで独自開発されたものではなく、米国から提供されたものでなければならないと考えていた。[136] ジョンソンと同じく、ラスクは日本が独自に核兵器を開発することに反対であったが、核不拡散条約の有効性には疑問を抱いており、NATO（北大西洋条約機構）の核備蓄制度のような、米国が提供する核兵器による極東核備蓄制度の設立を検討していたという。[137]

結局、欧州におけるＮＡＴＯのような、地域的な集団防衛機構がアジアに存在していなかったために、極東核備蓄制度が実現する可能性は疑われ、ラスクの構想は頓挫したと黒崎は指摘する。[138] 仮に極東核備蓄制度が実現していたならば、米国にとってまさに一石二鳥の制度であった。なぜなら、日本に核兵器を提供することで、日本が独自に核兵器の開発へ向かうことを阻止することができるためである。さらに、極東における共産主義国への核抑止力の責任を日本が担い、有事の際は日本の責任において核兵器を発射するため、米国が敵国から核による反撃を受ける可能性が低減するからである。つまりラスクは、日本を極東における米国の盾とすることを企図していたのである。

一九六六年四月二九日付の、「安全保障政策を再考する日本」と題されたＣＩＡ（中央情報局）特別報告書において、防衛庁のなかに日本の核武装を求める声が高まりつつあるということが指摘されるとともに、「佐藤首相は、将来の核兵器計画への道を閉ざさないよう、注意深い態度をとっている」と記されている。[139] 一九六七年一一月の日米首脳会談で、佐藤は改めて中国による核の脅威について言及し、「天皇によって懸念が表明されたために」、二年前の日米首脳会談において大統領から得た「いかなる形式の攻撃に対しても」日本を守るという保証の再確認を求めたいと申し出た。[140] 日本による核開発および核武装を阻止したいと考えていたジョンソン大統領にとって、これは渡りに船であった。佐藤の申し出に対し、ジョンソンは、「アメリカは言質を与えており、私が大統領であるうちは、我々はこの約束を果たすつもりだ」として、再び佐藤に、米国の「核の傘」による日本の庇護を確約したのである。[141]

小笠原諸島の返還交渉過程における、両首脳の中国抑止を念頭に置いた「核の傘」の保証は、以下のことを示唆する。すなわち、日本は米国による「核の傘」の保証を得ることによって、中国の核攻撃から自国の安全を保障することを企図したということである。対中国を念頭に置いた「核の傘」は、コスイギン提案では得られないものであった。ただし、ラスク自身が、日本に対して再三中国の脅威を誇張し、日本の不安を煽り続けていたということも見落とすべきではなかろう。日本の中立化は極東における米国の立場を著しく弱めるものであり、日中離反は米国の当時の極東における安全保障政策において不可欠の条件であった。

米国が極東においてプレゼンスを発揮し続けるためには、日本に対して「核の傘」を提供することによって、日本列島をアチソン・ライン、つまり極東における米国の不後退防衛線に組み込み続けることが不可欠であった。そのためには、極東におけるパワー・バランスおよび米国の極東安全保障政策を根底から覆しかねない、日本による独自核武装を何としても阻止しなければならなかった。一九六九年二月に、日本の外務省幹部が、西ドイツの外務省高官と、核兵器開発の可能性を探る目的で秘密裏に公式協議を行っていた事実に鑑みると、佐藤政権の核開発に対する米国の不信感は杞憂ではなかったようである。[142] 国際政治学者である石川卓が指摘するように、この時期に「日米同盟の核不拡散措置」として確立された「核の傘」は、極東における共産主義勢力だけでなく、日本の核武装や軍事的台頭を防ぐための「瓶の蓋」としての機能をも含んでいたのである。[143]

③財政援助の行方

ジョンソン政権にとって焦眉の課題であった財政問題はどうであったか。米国の圧勝に終わるかに見えたベトナム戦争への介入は、すでに泥沼化していた。出口の見えない戦況に喘ぐ米国を軍事的に支えることのできない日本にとって、可能な支援は明白であった。首脳会談翌日の一一月一六日付の『ニューヨーク・タイムズ』紙は、「佐藤が小笠原諸島返還の言質を勝ち取った」や「小笠原をめぐる米国との対話が間もなく始まるだろう――沖縄は影響を受けず」などの見出しで、領土をめぐる戦後処理問題の進展が首脳会談の中心議題であるかのように報道した。[144] しかしながら、小笠原返還の枠組みは、会談初日にすでに合意されており、あとは大統領による最終確認を待つのみという段階にあった。一五日の首脳会談においては、「我々が何を望んでいるか」を日本側に提示すること、つまり、米国の極東政策や貿易赤字に対して、小笠原返還の見返りに日本がどれだけ財政的に援助できるかということについて中心的に話し合われた。

佐藤とジョンソンは、アジア開発銀行、ベトナム戦争およびドル・ポンド防衛に対して、日本がどれほどの財政的貢献をなしえ、また貿易赤字解消に向けていかなる経済的取り組みを日本がなすべきかについて議論した。アジア開発銀行は、アジア・太平洋諸国が世界経済の枠組みに入っていけるよう経済援助および技術援助をする国際機関として、首脳会談前年の一九六六年に発足していた(145)。日本は、軍事面で直接的に東アジアに関与することが憲法の制約により不可能であった。しかし、極東地域を日本が政治的および経済的に牽引していくことは可能であり、それはアジア開発銀行におけるリーダー的な役割を通してなされるべきであるとジョンソンは考えていたのである(146)。

アジア開発銀行の取り組みは、米国の極東における安全保障政策と軌を一にしていた。東側諸国との勢力均衡で優位に立つためには、アジアにおける経済援助を欠かすことができない。こうしたトルーマン・ドクトリン的発想は、ジョンソン大統領にも継承されていた。ジョンソンは、極東に強い利害関係をもち、かつ経済成長著しい日本こそが、アジアに対する経済援助の責任を多く負担すべきであると考えていた。そのため、ジョンソンは佐藤との首脳会談において、米国がすでにベトナムを「守る」ために二五〇～三〇〇億ドルを拠出しており、なおかつ一〇万人を超える死傷者を出していることを、佐藤に対して強調した(147)。日本は、他の米国の同盟諸国とは異なり、ベトナムにおいて人的損失を出していなかった。他方で、一九六四年から六七年の四年間のベトナムにおける米国人の死者数は、一万九八五七名に達していた(148)。したがって、アジア開発銀行特別基金への拠出金を日本が増額することを、ジョンソンは当然視したのである(149)。ジョンソンにとって東南アジア地域への財政支援および経済支援を日本から引き出すことは、喫緊の課題であった。対する佐藤は、具体的な数字への言及を避けつつも、最大限の努力を約束した。[150]

ジョンソンは佐藤に対して、米国が一九六七年度の国際収支において、三〇〇億ドルの赤字を計上するという見通しを立てていると説明した。[151] その解決策として、日本が中期的に五億ドル相当の安全保障関連製品を米国から購入し、ベトナム、インドネシアおよびアジア開発銀行特別基金への援助として、二億ドル以上を支出すべきであるとジョンソンは主張した。[152] 米国はアジア開発銀行特別基金に二億ドルを拠出する計画であり、ジョンソンは「もし日本が特別基金に一億ドルしか拠出しなければ、議会が当然我々の抱えている膨大な赤字を引き合いに出す」ことになり、政治問題にまで発展しかねないと佐藤に釘を刺した。[153]

それに対して佐藤は、「今会計年度で割り当てる二〇〇〇万ドルは日本がすでに合意していた一億ドルの拠出金の最初の分割払い」であるとし、それ以上の金額を拠出することについて「一〇〇%の保証」ができないため、現時点で増額の「約束をすることはできない」と述べるにとどめた。[154] 佐藤は、自身が「できることについて誤った印象を与えたくない」と歯切れ悪く弁明し、「最善を尽くす」と答えて乗り切ったのである。[155]

このままでは小笠原返還に合意しただけで首脳会談を終えてしまう。ジョンソンは、すでに多くの国民から支持されておらず、また自身の支持率低下の最大の要因の一つであるベトナム戦争から抜け出すことができず、それゆえ国内における政治基盤が脆弱になりつつあった。そこでジョンソンは、南ベトナムにおける農業開発および漁業開発ならびに通信および交通等のインフラ整備で追加援助をするように、佐藤にさらなる圧力をかけた。佐藤は、日本がすでに南ベトナムのカントーに農業学校を建て、日本から農業の専門家を派遣していることや、すでに日本独自で南ベトナムにおける医療プログラムを始めていることを伝えた。[156] しかし、新たな支援の約束を佐藤に取り付けるまでジョンソンは引き下がるわけにいかなかった。そこで、米国が「専門家とノウハウ」を提供する代わりに、日本が「テレビの受信機」を提供することで、ベトナムにおける「テレビ教育システム」を立ち上げてはどうかとジョンソンは提案した[157]。

これは、思いつきとも取れる提案である。しかし、ジョンソン大使によると、ジョンソン大統領は、米国領サモア諸島訪問時に、同様の取り組みが教師不足を解消しただけでなく、「政治的かつ文化的に島民を統合」する可能性を感じ、これこそが日本が憲法第九条を護りつつ南ベトナムに貢献しうる手段であると考えたようである[158]。「テレビ教育システム」の立ち上げは、日本に対する単なる開発援助の要請ではなかった。すなわち、民主主義という米国的価値観を広めるという、米国の極東戦略に対する貢献を日本に対して求めるものであった。佐藤は、フィリピンやタイにおける日本独自の同様の取り組みが、現地の技術基盤の不足により成果を上げていないことから、ジョンソンの提案に懸念を示した[159]。しかしながら、最終的にはジョンソンに強く推され、佐藤は共同の「テレビ教育システム」の立ち上げに同意したのである[160]。

財政問題および経済問題におけるジョンソンの最後の要求は、赤字に転じた米国の国際収支を一時的に緩和するために、日本が米国から安全保障関連の製品を五億ドル相当購入すべきであるというものであった[161]。これには、米国の赤字を埋め合わせるというだけでなく、日本に実費で自国の防衛力を強化させ、米国の極東における安全保障政策に貢献させる狙いもあったのであろう。しかしながら、その年の日本の外貨準備高約二〇億ドルのうち、使うことのできる金額は五億ドルであった。そのため、日本はその全てを米国の兵器を買い支えるために拠出するわけにはいかなかった。佐藤は「守れる確信のない約束をしたくない」として、すでに日米間で合意している三億ドルの拠出金に、さらに二億ドルを追加することを拒否した[163]。最終的にジョンソンは折れ、この件については閣僚への最終報告に盛り込まれず[163]、経済援助および財政支援を求める大統領による度重なる圧力に、佐藤は耐えたのである。

ジョンソン大使が後に証言しているように、経済成長による輸入超過により当時の日本の国際収支赤字は拡大しており、国民は社会保障に財政資金を支出すべきであると要求していたため、日本側閣僚は東南アジア地域に対する経済援助に躊躇せざるをえない状況であった。[164]事実、首脳会談が行われた一九六七年度の日本の貿易額は、前年度の約九一〇億円の黒字から一転し、約四四〇〇億円の赤字を計上していた。[165]佐藤にとって、領土返還交渉の進展という成果を霞ませてしまうようなそれらの要求は、受け入れることができなかったのである。

佐藤が財政面で約束したことは、南ベトナムにおける教育支援および医療支援を拡充することと、アジア開発銀行特別基金への援助増額に努めることの二点であった。[166]なお、ジョンソン大使によると、ジョンソン大統領はインドネシア援助の約束を取り付けた気でいたが、佐藤はそのことに合意したという認識をもっていなかったようである。[167]日米両政府の、この首脳会談の議事録においても、この件について佐藤が明確に合意したという記録はない。[168]『米国外交文書史料集』(*Foreign Relations of the United States*)によると、日本が追加支払いに合意した唯一の経済支援がインドネシアへの援助となっている。[169]しかし外務省の公表資料によると、対インドネシア援助額は一九六七年から六九年にかけて、むしろ減少している。[170]佐藤が対インドネシア援助の約束を肯定も否定もしなかったため、ジョンソンは、首脳会談において日本に南ベトナムおよびインドネシアへの援助を取り付けることに成功したと米国民にアピールすることができ、象徴的重要性をもつ硫黄島を何の見返りも得ずに返したという国内からの批判を回避することができたのである。佐藤とジョンソンは、敢えてこの件を曖昧にすることによって、会談の結果に起因する政治的ダメージを避けたのであろう。

その場に立ち会ったジョンソン大使によると、会談後の佐藤首相とジョンソン大統領は、冗談を言い笑い合っており、両首脳が会談によって親密度を深めたという印象をもったという。[171]佐藤とジョンソンが和やかな雰囲気で会談を終えたことに鑑みると、首脳会談は双方にとって満足のいく結果に終わったようである。佐藤は会談後の日記に「まずまずの」成果であり、「陛下への報告が出来る事を悦ぶ」と記した。[172]また、佐藤の主席秘書官として首脳会談に同行していた楠田實によると、「やるだけのことはやった、という感じが総理の全身からにじみ出て」おり、

「総理はかねての厳しさが影を潜めて、なんともいえぬ柔和な顔になっていた」という。[173]

一九六〇年代後半、日米双方にとって、領土返還交渉を進展させることが避けられなかった。沖縄のみならず、小笠原の占領も日本国民の反米感情の火種となっていたためである。人種差別的な小笠原占領政策は、米国内における人種闘争とともに、共産主義者にとって恰好の批判の的であった。軍部は小笠原の戦略的重要性を強調したが、国務省のなかには日本を失った場合の小笠原の戦略的価値を疑問視する見方があった。ベトナム戦争の激化にともない、沖縄の早期返還が事実上不可能となったため、米国は小笠原を返還する必要があったのである。

ただし、ジョンソン政権は、沖縄返還交渉を先送りすることとの取引であるはずの小笠原返還と引き換えに、米国の極東における安全保障政策へのさらなる貢献をも佐藤に要求した。沖縄の返還時期を決定する日取りすら決められなかった佐藤は、小笠原返還を「おみやげ」にせざるをえず、ジョンソンの政治的要求、財政的要求ならびに経済的要求に対して合意、または一定の努力を約束したのである。

④経済および財政問題に対する佐藤の取り組み

小笠原返還交渉時に日米間で交わされた財政援助および経済援助の約束を、佐藤がどの程度履行し、米国はそれをいかに評価したのであろうか。ジョンソン大統領は首脳会談において、赤字に転じた米国の国際収支を問題にした。そして、日本が米国製の兵器を輸入し、また南ベトナムを援助することによって、合憲的にベトナム戦争を後方支援するという解決策を望み、それを実行に移すよう佐藤首相に迫った。結論を先取りすると、日本は米国を支援するという名目で、むしろ戦争関連品の対米輸出高を伸ばした。首脳会談の翌年である一九六八年、米軍からの直接調達品により二億五一〇〇万ドル、そして、米国への戦争関連商品およびサービスで三億六九〇〇万ドルの利益を日本は生み出している。[174]

他方、泥沼化するベトナム戦争に起因する出費がかさみ、米国の対日貿易赤字は、一九六七年の三億四〇〇〇万ドルから一九六八年の一一億ドルへと、三倍を超える額にまで膨らんでいた[175]。米国は、日本の貿易行為がGATT（関税及び貿易に関する一般協定）違反であるとして、正式に提訴すると警告までしている[176]。しかしながら、ジョンソン政権下において、保護的であると批難された貿易政策を佐藤が変更することはなかった。そしてジョンソンは、言葉以上の圧力を佐藤に対して加えることはなかったのである。日米間の貿易摩擦問題は、後継のニクソン政権において再燃することとなった。

米国の対日貿易赤字の増加に対して、佐藤が何も策を講じなかったと結論づけることは早計である。前述のように、佐藤は、三億ドル相当の安全保障関連製品を米国から購入することになっていた。日本は、安全保障関連製品を一九六七年には五億七二〇〇万ドル、そして一九六八年には四億五七〇〇万ドル相当購入している[177]。米国の対日貿易赤字はこの時期に拡大した。しかし、本来日本が米国に対して約束していた三億ドルという購入予定額を大幅に上回っており、当初ジョンソンが求めていた五億ドルの水準に近づけようという佐藤の配慮が見られるのである。軍事関連で米国の対日貿易赤字が拡大したということは、この時期の日本が、米国の極東戦略において欠くことのできない後方支援基地であったことの証左である。同時期、マクナマラはジョンソン大使に対して、「もはや日本の支援なしにアジアでいかなる戦争を行うことも不可能であろう」と発言している[178]。

アジア開発銀行特別基金に対する日本の取り組みは米国を満足させる水準には達しなかったという指摘があり、むしろ東南アジアには反感をもつ国まであった[179]。一九六八年九月、日本は、負担すべき一億ドルのうち二〇〇〇万ドルを拠出すると正式に発表した。それは、一九六七年一一月の日米首脳会談において、ジョンソンが佐藤に要求した金額の半額であった。また、日本は農林水産分野に支出することにこだわっていた。日本政府は、第一次産業こそが一等国になるために必要な礎であると主張していたという[180]。しかしながら、日本のこうした取り組みは、ベトナム戦争にともなう米国に対する好戦的な印象を払拭するために、農業だけでなく交通や通信インフラ、メコン川計画（Mekong River Project）ならびに教育等、地域経済の発展に役立つ援助を日本に求めていたジョンソンの意向に沿うものではなかったと、政治学者であるデニス・ヤストモは評価している[181]。

主に第一次産業を対象とした日本の消極的とも言える開発援助に対する姿勢について、フィリピンは「日本は自国産業や経済のために東南アジアの経済を統制して、日本に市場や原材料を供給する永遠に貧しい農業国家の地位に留めておこうと企てている」と、まるで米国の意見を代弁するかのように日本を批判した[182]。しかし、ロストウは、一九六七年一一月の日米首脳会談の舞台裏において日米両政権のパイプ役を務めた若泉に対して、ジョンソンが日本による南ベトナムへの「農業の技術指導などを期待」していると伝えていた[183]。したがって、日本による取り組みは、米国の期待に応えるものであったとも受け止められるのである。いずれの評価にせよ、佐藤は、一九六七年一一月の日米首脳会談においてジョンソンに確約した、アジア開発銀行特別基金への合計一億ドルの拠出は履行している。そのため、佐藤による財政支援の取り組みがジョンソンの顔を潰すことはなかったと言えよう。

日本による一連の財政問題に対する取り組みについて考察した結果、次のことが分かる。すなわち、小笠原返還と引き換えにジョンソンによって提示された要請に応えるかたちを取りながら、したたかに、かつ着実に、佐藤は国益の増進を図ったのである。佐藤は、小笠原返還を成し遂げただけでなく、なるべく日本の国益に適うかたちで、ジョンソンによる経済協力の要請を利用したのである。

また、直接的な財政援助ではないが、在小笠原米軍基地にあった米国の資産を日本が買い上げた[184]ということは、これまであまり言及されることがなかった。沖縄返還時にも同様の措置がとられたため、敢えてここでも概述する。小笠原返還交渉が本格化したのは、一九六七年の暮れからであった。米軍は、施政権を返還するだけでなく、一部の軍事施設をも日本に明け渡すこととなる。そして、特に難しい問題もなく、それらの施設は日本へ移譲されたそうである。その際に、日本は市場価値の四〇パーセントの価格で、小笠原諸島にある米軍の備品や移動型機器を買い上げている。[185] 日本が支払った金額はおよそ八〇万ドルであり、その金額は米ドルを日本円に替える際に生じる赤字を相殺することに充てられたということである。[186] なお、次章で触れる沖縄返還時における財政負担に関する「密約」と同様の「密約」が小笠原返還時にも結ばれたかについては確認できていない。そのため、ここでは歴史的事実を述べるにとどめる。

⑤首脳会談に対する一評価

ジョンソンは首脳会談において小笠原返還に同意した際、日米共同コミュニケのなかの小笠原返還合意に関する第七項を朗読し、「この素晴らしい共同声明を持ち帰るんだから、総理大臣は、合衆国へ出国した時に起きたようなデモによって、日本への帰国を歓迎されることはないでしょう」と告げた。[187] この時の共同コミュニケでは、一九六五年の日米首脳会談時と同様に、小笠原諸島の戦略的重要性が強調された。すなわち、佐藤は沖縄と小笠原にある「米国の軍事施設が極東における日本その他の自由諸国の安全を保障するため重要な役割を果たしていることを認め」、小笠原返還を「この地域の安全をそこなうことなく達成する」ことに合意し、日本が「この地域の防衛の責任の多くを徐々に引受ける」ことを表明したのである。[188] 一九六〇年代は、ベトナム戦争やそれにともなう反基地運動、また貿易摩擦など、日米関係において不安定材料の多い時代であった。しかし、ベトナム戦争を早期に終結させることはできず、それゆえに在沖縄米軍基地を放棄することもできない米国は、小笠原返還によって日本人の不満を解消し、かつ背水の陣で会談に臨む佐藤から、返還と引き換えに経済援助を引き出すことを企図したのである。

小笠原返還が日本国内の反米感情を和らげたと言えるであろうか。少なくとも、小笠原諸島の返還は、日本国民に米国の好意を示す良い機会となった。本土では、昭和天皇が出席する大々的な式典が催された。そこでジョンソン大使は、平和的に返還されたことを強調する以下のスピーチをした。[189]

写真12　硫黄島摺鉢山山頂における返還式典（1968年）

出所）『毎日新聞』1968年6月26日夕刊。

小笠原諸島が日本の施政権下に返ったことを祝う本日の祝典で、皆様とご一緒できることを嬉しく思う。混迷する今日の世界において、領土の施政権が平和的に移行されるというのは、誠に稀有で異例の出来事だ。今日、私たちがお祝いする小笠原諸島の復帰には、軍隊の行進も、銃声も、恫喝も、威嚇行動もなかった。[190]

同様に、米国においても小笠原返還に対して大きな反対はなかった。エドウィン・ライシャワーは、国務省が予期していた通り、硫黄島返還に反対する「いかなる暴力的な反対もなかった」と回顧している。[191] 硫黄島までをも返還してしまうことに批判的な帰還兵がいたことも事実であるが、[192] 小笠原諸島を返還するというジョンソンの決断は、米国民に受け入れられたと言えよう。

領土の一部が返還されたことによって沖縄返還への期待が高まった。また、ソ連をはじめとする共産主義陣営や国内の安保反対派などが、対米批判の根拠として人種差別的政策や小笠原返還問題などを提示することができなくなった。仮に佐藤が一九六七年一一月の首脳会談において何の成果も上げられなかったとしたら、かなりの政治的打撃を受けたであろう。佐藤政権の基盤が揺らぐことは、同時に自民党の弱体化をも意味した。緊張の高まる日米関係を改善したのは小笠原返還ならびに米軍基地の削減提案であり、一九六八年七月七日の参議院選挙における自民党の勝利は「佐藤の親米姿勢に対する国民の支持を示す」という学者たちの分析にジョンソン大使は賛同している。[193]米国が小笠原の早期返還に合意したという発表は、領土をめぐる戦後処理問題の進展を日本国民に印象づけることであった。そして、こうした印象づけは日米関係の緊張緩和に貢献し、日米安全保障条約の継続に寄与したのである。

泥沼化するベトナム戦争の渦中にある米国に、経済回復の見込みはなかった。米国の抱える貿易赤字は、安全保障関連製品の購入という日本による協力にもかかわらず、日本からの戦争調達品の輸入が拡大したことにより悪化した。また、会談後の佐藤によるベトナム戦争への支持表明が、米国によるベトナム戦争への介入に対する国内外からの非難をそらすことに役立つことはなかった。しかし、佐藤が親米的な姿勢を明確にした政治的な意味は大きい。佐藤とジョンソンは、一九七〇年に迫る安保延長を見据え、良好な日米関係を維持しようと努めたのである。佐藤は、戦後最も親米的な総理大臣であると、ジョンソン政権内で評価されていた。[194]対するジョンソンは、「今日生きている人間の三人に二人が暮らしている地域」であるとして、自らが「これまで存在したいかなる大統領よりも、アジア・太平洋地域に深い関心をもっている」と自負していた。[195]ジョンソンは、ベトナム戦争への介入を拡大して泥沼に陥り、また自ら標榜した社会改革も上手くいかず、「偉大なる社会」の実現という政策目標に挫折した。ジョンソンの外交および内政における失敗は、米国国民による「大統領」という存在ならびに政治に対する権威ないし信頼を失墜させてしまった。しかし、日米関係に関して言えば、ジョンソンは常に日本との関係を重視していた。そして、日本国内における佐藤政権の政治的立場を危機に陥れるほどの過剰な圧力をかけることはなかった。これは、もちろん米国の国益に則った判断であったものの、ニクソンをはじめとする後継政権の対日外交姿勢に比した場合、ジョンソンの対日配慮が際立つのである。一九六七年一一月の日米首脳会談について論考した結果、日本との関係改善こそが首脳会談へ向けたジョンソン政権の対日外交における最重要課題であったということが分かる。まさに、米国にとって日本が政治的および経済的にも、安全保障政策の面においても、重要なパートナーと位置づけられていたことを象徴する会談であった。

ジョンソン政権下で国務長官を務めたラスクは、後のインタビューで、

我々と日本との関係を反故にしてまで小さな基地に拘泥するよりも、日本との良好で強固な関係をもつことのほうが遥かに好ましかった。……我々は貿易が活発化することによって生じうる問題を抱えたが、我々は政治問題においては日本と非常に良好な関係をもっていた。(196)

と語っている。政権中枢部にとっては、在日米軍島嶼基地を維持することに拘泥するよりも、日本との緊密な同盟関係を維持することのほうが遥かに有益であった。

一九六七年一一月の日米首脳会談は、両首脳にとって成功であったと言えよう。両者にとって実りあるものであったからである。ジョンソンは、佐藤に財政および経済に関する前向きな取り組みを約束させることができた。一方、佐藤は小笠原を取り戻すことができた。沖縄問題は棚上げされたが、それは首脳会談以前にすでに双方が了解していたことである。ジョンソン政権にとって最悪のシナリオは、自民党政権が倒れ、社会党あるいは共産党が政権を握ることであった。小笠原返還には、そのような帰結を避ける狙いがあった。確かに米国は、首脳会談の結果として日本に求めた全てのものを得られたわけではなかった。ただし、何も失わなかったのである。得たものは、佐藤とジョンソンの信頼関係であった。まさにニコラス・サランタケスが結論づけた通り、小笠原返還はジョンソンにとって「外交的勝利」であった。(197) 小笠原返還は、ジョンソン政権下の対日外交において成された最大の業績であったと言えよう。

当時、米国の極東における安全保障政策の要は、日本との同盟関係を根拠に日本領土に米軍を駐留させ、それによってソ連と中国を抑止することであった。そして、抑止に失敗した場合には、米国本土が攻撃される前に日本から反撃を加えることであった。さらに、日本の中立化を阻止することであった。これらの政策を実現するためには、日本との良好な関係を維持することが不可欠であった。その重要性と比べたら、経済問題は「貿易が活発化することによって生じうる」ありふれた問題であった。ベトナム戦争に起因する日米関係の悪化は、米国の極東における安全保障政策が維持されるか否かに直結する問題に発展する可能性を孕んでいた。このような事態を避けるために下された決断が、小笠原諸島の早期返還であった。小笠原返還によって、日米安全保障体制はより一層強固なものとなったのである。ただし、この首脳会談の後に本格化する小笠原返還交渉において、日本は核に関して大幅に譲歩し、小笠原核「密約」を結ぶこととなった。そして、小笠原返還交渉における度重なる妥協が、後の沖縄返還をめぐる日米間交渉に大きな影響を与えていくのである。なお、小笠原「早期返還」とは米国、とりわけ軍部にとってのことであり、旧島民や戦没者遺族らにとって小笠原が米国により軍事占領されていた約二三年間が気の遠くなるほどの年月であったということは言うまでもない。

第5章　小笠原核「密約」と沖縄返還交渉

1　日米共同声明と佐藤の「一方的な声明」

(1) 沖縄返還の合意

①返還運動の過熱

本章では、米国がいかなる政治的な意図をもって小笠原返還交渉時に核「密約」を結んだのか、そして小笠原核「密約」が沖縄返還交渉における米国の外交的成果にいかに結びついたかについて論考する。米国は、ソ連との核戦争を限定化するために、父島には一九五六年二月から六五年一二月まで、また硫黄島には一九五六年二月から六六年六月まで、核兵器を貯蔵していた。[1] しかしながら、一九六〇年代に入り、ジョン・F・ケネディ政権が、現実的に使用困難である核兵器に自国の命運を預けるのではなく、それまでおざなりにしてきた通常兵器を強化することへと米国の安全保障政策を転換した。大量報復戦略から柔軟反応戦略への移行である。つまりこの時期、核兵器はすでに使うための兵器ではなく、主として抑止力を維持するという目的のために存在していたと言って良い。米国の安全保障戦略において、核兵器の重要性が相対的に低下していたのである。さらに、後継のリンドン・ジョンソン政権期にポラリス原子力潜水艦が太平洋地域へと展開されたことにより、太平洋地域における小規模な常設基地の必要性が低下した。これらの要因が小笠原返還につながったのである。しかしながら、緊急時における核貯蔵の可能性を残すという条件で硫黄島が返還され、なおかつ未だに旧硫黄島民の帰島が許可されていないということから、小笠原返還は全島一括返還ではなく、事実上の硫黄島分離返還という帰結を迎えた可能性が高い。グアム島をはじめとする太平洋地域における軍事拠点は、有事の際に敵の攻撃対象となりやすい。そのため、軍部は相互確証破壊、つまり相手国を確実に壊滅させられる非脆弱な核戦力を相互に保持することによって核による先制攻撃を抑制し合う状態を維持する観点から、グアムが核有事の際に核貯蔵基地として機能しなくなるということを見越して、硫黄島を緊急時の核配備施設として確保したと考えてよさそうである。太平洋地域における米国の緊急核貯蔵施設として硫黄島を使用することは、占領国である米国のもつ既得権であった。この権利を全島一括返還後にも保持するという方針のもとに小笠原返還交渉を進めていくということが一九六七年一一月の日米首脳会談の前に米国内においてすでに合意されていたという前章までに論じてきたことを前提とし、小笠原返還交渉と沖縄返還交渉の連関について論考しよう。

一九六八年にジョンソン大統領は二期目の大統領選挙を控えていた。一方、佐藤栄作首相は参議院議員選挙を控えていた。しかし、一九六七年一一月の日米首脳会談に際し、両首脳が念頭に置いていたのは、自国における自らの選挙だけではなかった。占領下の沖縄における琉球政府主席公選が、一年後の一九六八年一一月に控えていたのである。領土をめぐる戦後処理の進展に失敗した場合に、在沖縄米軍基地の運用を妨げる規模にまで沖縄返還運動が激化し、さらに日米安全保障体制の現状維持において好ましくない非自民党系の候補者が主席に当選する可能性があった。日米両首脳は、まさにそのことを懸念していたのである。(2) そこでジョンソン政権は、小笠原諸島を早期に返還することによって沖縄返還問題を棚上げすることを企図した。しかしながら、その思惑は大きく外れることとなった。小笠原返還協定が日米で締結され、協定の発効を待つばかりとなった一九六八年六月四日付の『シカゴ・トリビューン』紙は、「終わりつつあるアメリカの沖縄占領」という見出しとともに、「ジョンソン大統領と日本の佐藤栄作総理大臣による昨年一一月の会談は〔琉球諸島〕返還へ向けた外交交渉への扉を開き、この地〔沖縄〕において新たな気運を醸成した」と、沖縄における返還を求める圧力の高まりを報じた(3)。小笠原返還によって沖縄返還を先延ばしにするという米国の思惑は裏目に出たのである。

ジョンソン大使はかねてより、「もし思わしくない主席が当選してしまうと、沖縄問題は悪化するだろう」と懸念しており、自民党はこうした米国の危惧を受け、自民党系の候補者を支援していた(4)。しかし、一九六八年一一月一一日に実施された沖縄住民による初の直接選挙によって、沖縄の早期返還を訴える革新系の屋良朝苗が選出される結果となった。これは、米国による沖縄の統治をさらに困難とする出来事であった。当時の政治学者であるフランク・ラングドンは、これが「日本と沖縄の保守政党にとって最も大きな痛手であった」と述べている(5)。小笠原返還によって加速した沖縄返還運動は、屋良の当選で勢いを増した。米国は、小笠原返還によって沖縄返還運動の圧力を沈静化することを企図していたが、むしろ日本国民の間で沖縄の早期返還に対する期待が高まるという、日本にとって好ましい結果を生んだのである。

写真 13　屋良朝苗

②一九六九年一一月の日米共同声明

一九六九年一一月に発表された佐藤首相とリチャード・ニクソン大統領による日米共同声明において、日本と米国が沖縄の早期返還に合意したということが発表された(6)。佐藤は、一九六七年一一月の首脳会談において、「両三年内」に沖縄の返還時期を定めるということに対して米国からの同意を得ることに失敗した。しかし、結果として、佐藤の悲願であった沖縄の早期返還は成就した。「核抜き、本土並み」。これは、佐藤が米国との沖縄返還交渉に臨むにあたって、なかば公約にしていたことである。米国の施政下にあった沖縄は、日米安全保障条約の非適用地域であった。したがって、事前協議制度が適用されることもなかった。米国は、占領中の在沖縄米軍基地に自国の望む兵器を配置し、さらに沖縄から自国の望む地域に出撃することを可能とする基地の「自由使用」の権利を保持し、そして行使していた。自国の望む兵器には、当然核兵器が含まれていた。そのため、「核抜き」返還とは、返還後の沖縄に核兵器のない状態のことを指す。また「本土並み」返還とは、日米安全保障条約により本土の米軍基地に適用されている事前協議制度を、沖縄にも例外なく適用するということである。在沖縄米軍基地からの出撃や沖縄における核配備を米国は制度上自由に行いえたのであるが、「核抜き、本土並み」返還とは米国が占領期に許された沖縄における既得権を返還時に放棄させることであった。すなわち、在沖縄米軍基地が、本土の在日米軍基地と同等の地位になるということを意味したのである。言うまでもなく、日本は政治的に「核抜き、本土並み」を実現する必要があり、米国は少しでも沖縄基地における既得権を守らなければならなかった。

写真 14　リチャード・ニクソン

一九六九年一一月の佐藤とニクソンによる日米首脳会談は、およそ四半世紀にわたる沖縄県民の本土復帰への願いが結実しつつあることを感じさせるものであった。一一月二一日に発表された日米共同声明第六項において、

両者は、日米両国共通の安全保障上の利益は、沖縄の施政権を日本に返還するための取決めにおいて満たし

うることに意見が一致した。よって、両者は、日本を含む極東の安全をそこなうことなく沖縄の日本への早期復帰を達成するための具体的な取決めに関し、両国政府が直ちに協議に入ることに合意した。さらに、両者は、立法府の必要な支持をえて前記の具体的取決めが締結されることを条件に一九七二年中に沖縄の復帰を達成するよう、この協議を促進すべきことに合意した。[7]

ということが明言された。返還後の沖縄に核兵器を残すか否か、すなわち「核抜き」返還となるかどうかについては、第八項において以下のように言及された。

総理大臣は、核兵器に対する日本国民の特殊な感情及びこれを背景とする日本政府の政策について詳細に説明した。これに対し、大統領は、深い理解を示し、日米安保条約の事前協議制度に関する米国政府の立場を害することなく、沖縄返還を、右の日本政府の政策に背馳しないよう実施する旨を総理大臣に確約した。[8]

「日米安保条約の事前協議制度に関する米国政府の立場を害することなく」という表現は、返還後の沖縄に核兵器を再び「持込み」たいという米国政府の意向を尊重したものであるとされる。[9] もとより日本政府は、「核弾頭及び中・長距離ミサイルの持込み並びにそれらの基地の建設」が事前協議制度の対象事案であるという立場をとっている。[10] 東郷文彦も証言しているように、[11] 事前協議とは本来それらの事項を対象とするものである。したがって、第八項のこの部分については、非核を願う多くの日本人の感情に背馳するものではあったかもしれないが、「日本政府の政策に背馳しない」ものである。むしろ第八項は、米国が日本政府の非核政策を尊重し、沖縄の「核抜き」返還を確約するものであると受け止めることのできる文面であるという主張もある。[12] いずれにせよ、沖縄への「装備における重要な変更」としての核「持込み」については、「本土並み」に事前協議制度が適用されるのである。ただし、日米政府間では「持込み」は通過や寄港ではなく配備を意味しているが、日本国民は一般的に「持込み」は通過および寄港も含むものであると認識している。これは日米両政府と日本国民との間に存在した「持込み」の解釈をめぐる理解の齟齬を利用し、日米両政府が都合よく解釈できる文面となっているのである。

共同声明第四項では、朝鮮半島有事、台湾有事およびベトナム戦争について言及された。韓国に関しては、

総理大臣と大統領は、特に、朝鮮半島に依然として緊張状態が存在することに注目した。総理大臣は、朝鮮半島の平和維持のための国際連合の努力を高く評価し、韓国の安全は日本自身の安全にとって緊要であると述べた。(13)

台湾に関しては、

総理大臣と大統領は、中共がその対外関係においてより協調的かつ建設的な態度をとるよう期待する点において双方一致していることを認めた。大統領は、米国の中華民国に対する条約上の義務に言及し、米国はこれを遵守するものであると述べた。総理大臣は、台湾地域における平和と安全の維持も日本にとってきわめて重要な要素であると述べた。(14)

他方で、ベトナムに関しては、

総理大臣と大統領は、ヴィエトナム戦争が沖縄の施政権が日本に返還されるまでに終結していることを強く希望する旨明らかにした。これに関して、両者は、万一ヴィエトナムにおける平和が沖縄返還予定時に至るも実現していない場合には、両政府は、南ヴィエトナム人民が外部からの干渉を受けずにその政治的将来を決定

する機会を確保するための米国の努力に影響を及ぼすことなく沖縄の返還が実現されるように、そのときの情勢に照らして十分協議することに意見の一致をみた。[15]

そして、共同声明第七項において、

総理大臣と大統領は、施政権返還にあたっては、日米安全保障条約及びこれに関連する諸取決めが変更なしに沖縄に適用されることに意見の一致を見た。これに関連して、総理大臣は、日本の安全は極東における国際の平和と安全なくしては十分に維持することが出来ないものであり、したがって極東の諸国の安全は日本の重大な関心事であるとの日本政府の認識を明らかにした。総理大臣は、日本政府のかかる認識に照らせば、前記のような態様による沖縄の施政権返還は、日本を含む極東の諸国の防衛のために米国が負っている国際義務の効果的遂行の妨げとなるようなものではないとの見解を表明した。[16]

ただし、朝鮮半島有事、台湾有事およびベトナム戦争のために米軍が出撃する際に行われる事前協議制度における佐藤の対応について、つまり協議の結果許可するのか拒否するのかについて、共同声明では何も述べられていない。しかしながら、日米共同声明の発表と同日に行われた佐藤によるナショナル・プレスクラブにおける演説において、米国による基地の「自由使用」の申し出がなされた場合に日本政府がとるべき態度について世界に示されたのである。

(2) ナショナル・プレスクラブにおける佐藤の「一方的な声明」

佐藤は、沖縄の返還合意を表明した日米共同声明の直後に行ったナショナル・プレスクラブにおける演説で、

「日米安保条約を堅持する」理由として左記の二点を挙げた。

私と大統領は、日米安保条約を堅持する第一の目的は、いうまでもなく、わが国の力の足らざるところを友邦米国との協力によって補い、もって、自国の安全を確保するためであります。しかしながら、現実の国際社会においてわが国の安全は、極東における国際の平和と安全なくしては十分に維持することができないのであります。ここに広く極東の安全のために米軍が日本国内の施設・区域を使用するという形での日米協力という安保条約の第二の目的が浮び上ってまいります。私が、この施設・区域の使用に関する事前協議について、日本を含む極東の安全を確保するという見地に立って同意するか否かを決めることが、わが国の国益に合致するところであると考える所以もここにあります。(17)

佐藤は、極東有事において米国が在日米軍基地を使用することができると改めて言明したのである。

佐藤とニクソンによる日米首脳会談のおよそ一年前にあたる一九六八年一二月七日、佐藤や愛知揆一外相らは、東郷アメリカ局長ら外務省幹部とともに、沖縄返還交渉に関して打ち合わせを行っていた。その際、日本国民に対して「韓国、台湾等のために日本の領土を使はせる」という考え方ではなく、沖縄から韓国や台湾への出撃があくまで「『日本の安全のために必要』と云う考方の徹底が必要なり」と佐藤は主張していた。(18)定義の曖昧な「極東有事」と日本有事とを佐藤が同一視していたということは疑いようがない。日米同盟が単に日本を防衛するためだけに存立しているのではなく、米国にとっての日米安全保障条約の本旨である極東を安定させるという地域的役割のためにも存立しているということを、佐藤はしっかりと認識していたのである。

佐藤は演説において、先に引用した発言に続けて、朝鮮半島有事に関して次のように宣言した。

特に韓国に対する武力攻撃が発生するようなことがあれば、これは、わが国の安全に重大な影響を及ぼすものであります。従って、万一韓国に対し武力攻撃が発生し、これに対処するため米軍が日本国内の施設・区域を戦闘作戦行動の発進基地として使用しなければならないような事態が生じた場合には、日本政府としては、このような認識に立って、事前協議に対して前向きにかつすみやかに態度を決定する方針であります。[19]

この発言は、朝鮮半島有事において米軍が在日米軍基地から出撃する際に事前協議が行われる場合には、日本が協議の結果それを許可するということを政治的に意味している。

朝鮮有事と並列して、佐藤は台湾有事に関して次のように述べた。

台湾地域での平和の維持もわが国の安全にとって重要な要素であります。私は、この点で米国の中華民国に対する条約上の義務遂行の決意を十分に評価しているものでありますが、万一外部からの武力攻撃に対して、現実に義務が発動されなくてはならない事態が不幸にして生ずるとすれば、そのような事態は、わが国を含む極東の平和と安全を脅かすものになると考えられます。従って、米国による台湾防衛義務の履行というようなこととなれば、われわれとしては、わが国益上、さきに述べたような認識をふまえて対処して行くべきものと考えますが、幸いにしてそのような事態は予見されないのであります。[20]

これも婉曲的な表現ではあるが、日本にとっても台湾有事は自国の安全保障に関わる一大事であるため、日本の判断が米国の台湾防衛の支障になることはないという趣旨である。換言すれば、米軍による在日米軍基地を使用した台湾への出撃を事前協議において許可するということを政治的に意味しているのである。

ではベトナムに関してはどうか。佐藤は、

ベトナム人民が外部からの干渉なしに、自主的にその運命を決定することができるようにとの目的のために米国が払っている犠牲と、ベトナム問題やラオス問題の平和的かつ正当な解決のために、ニクソン大統領はじめ米側関係者が払われている誠実な努力に敬意を表するものであります。と同時に、米国の立場に深い理解を抱き、その努力が実を結ぶことを心から期待しています。[21]

と、控えめな発言に終始する。このことは、佐藤が、朝鮮半島有事および台湾有事を自国の有事と同義的に捉える一方で、ベトナムからは距離を置き、極東に含めていないということを示唆する。

我部政明や中島琢磨は、一九六九年一一月の日米共同声明と、その後の佐藤によるナショナル・プレスクラブにおける「一方的な声明」は、いわばパッケージのようなものであったと考える。中島は、行政権限のみで発表が可能であり、なおかつ野党からの攻撃にさらされることが必至となる国会承認を避けられるという点が「一方的な声明」の利点であったと主張する。[22] 我部はまた、外務省が米国による在沖縄米軍基地の「自由使用」を認める「密約」を締結する事態を避け、なおかつ佐藤政権が在沖縄米軍基地の「自由使用」を共同声明において認めることで野党から非難されるという事態をも避けるために、佐藤の「一方的な声明」によって共同声明の不完全な部分を補完する必要があったと指摘する。[23]

佐藤による「一方的な声明」から、朝鮮半島および台湾における有事の際に、在沖縄米軍基地のみならず在日米軍基地全般をも含む「自由使用」の申し出が米国から事前協議で提起された際、佐藤が「自由使用」を容認するつもりであったということが分かる。つまり、日米共同声明において曖昧にされた「自由使用」を「一方的な声明」によって補い、日本の安全保障に少なからず関係のある朝鮮半島有事および台湾有事における米国による在日米軍基地の「自由使用」を佐藤は政治的に保証したのである。すなわち、「自由使用」の範囲を沖縄だけでなく本土にまで拡大したのである。まさに、「本土の沖縄化」であった。

2　沖縄「核抜き」返還の条件

(1)　沖縄核「密約」の成立

佐藤政権は、沖縄の「核抜き、本土並み」返還を目標として掲げていた。しかし、「本土並み」という目標は、形式的に達成されたものの、事前協議における日本の態度を予め表明することによって、事実上米国に在日米軍基地の「自由使用」を認めたようなものであった。では、もう一つの目標である「核抜き」返還は達成されたのであろうか。結論から先に言うと、沖縄が返還された一九七二年五月一五日の時点で、琉球諸島から全ての核兵器を撤去する作業は完了していなかった。ただし、翌六月までには全ての核兵器が撤去されている。[24] このことから、当時の多くの日本国民は、沖縄の「核抜き」返還が達成されたと認識したであろう。しかしながら、日米共同声明の披瀝に先立つ一九六九年一一月一九日、ホワイトハウスにおいて、長年の間国民に知らされることのなかった核兵器に関する非公開の取り決めが、佐藤とニクソンによって結ばれていた。

若泉敬は、一九九四年五月に、佐藤の「密使」としての自身の活動を克明に記した回顧録、『他策ナカリシヲ信ゼムト欲ス』を公刊し、有事における沖縄への核兵器の再搬入（re-entry）ならびに寄港（transit rights）に関する「密約」が存在することを暴露した。[25] やや本筋から逸れるが、小笠原および沖縄返還交渉を論ずるうえで最も重要な人物の一人である若泉について紙幅を割いて紹介しよう。若泉は、一九三〇年三月二九日、福井県今立郡服横住（現、越前市横住町）に生まれた。[26] 若泉が一五歳の時、日本は敗戦を迎えた。戦前の教育を受け、日本の勝利を信じて疑わなかった若泉少年にとって、敗戦のショックは大きかった。晩年に若泉は、「太平洋戦争の敗戦を一五歳の時に郷里福井の草深い山村で迎えた私は、その時受けたあまりに深刻な衝撃波を契機として、吾が志を立てた」と述懐した[27]。そして「広く世界に目を拓こうと希って、まず東京へ出て学び、さらに英米両国にも留学し、爾来今日まで国際政治の一学徒の途を歩んできた」という[28]。

一九五〇年四月、東京大学法学部に進学した若泉は、学生土曜会に入会した。土曜会の前身である学生運動民主化同盟は、全日本学生自治会総連合（以下、全学連）に対抗すべく結成されていたという[29]。全学連が大学を席巻するなか、若泉は保守派学生の急先鋒であった。当時の若泉のエピソードを紹介しよう。若泉は五月祭における法政大学学生の学生葬をめぐる全学連の闘争に関し、一九五二年六月三日付の『毎日新聞』朝刊に氏名および顔写真とともに以下の内容の公開状を寄稿した。

東大は決して真ッ赤に染まりきったのではない。あのおろかしき事件はすべて極く少数の一部尖鋭分子によってたくらまれた凶暴性精神病者の発作に過ぎない。……東大を開放地区化しようとする赤い旋風から私たちは学園を守るために五月祭を機として立上がった。そして私たちは今、尾行され、脅迫され、身に危害さえ加えられようとしている。……この公開状が公表された時、赤い一味は必ずそれは新聞のデッチ上げだとののしるに違いないことを予想し、私は運動の信ぴょう性を内外に知ってもらうためにあえて危険を承知のうえ名を明らかにし、赤い一味にこの公開状をつきつけるのだ[30]。

なお、若泉は正々堂々と自宅に居ることはせず、友人宅を泊まり歩いたという[31]。このように、若泉には劇場型な性向があり、その人生には威勢の良さと気の弱さが同居しているように見受けられる。

一九五四年三月に東大を卒業した後、若泉は保安庁保安研修所（後に防衛庁防衛研究所）の研究者となった。そして、入庁翌年の一九五五年一月から五七年七月までロンドン大学に留学した。ロンドン大学において核戦力の構築や通常兵器とのバランスなどについて研究したことは、その後の若泉の思想に大きな影響を及ぼしたと考えられる。[32] 英国留学は、若泉が核抑止についてこれまで以上に論考するきっかけともなった。[33] 若泉は一九六〇年一月一九日に生まれた長男を、日本の基幹は農業であるとして耕と名付け、さらに沖縄返還交渉の「密使」として活躍していた一九六八年一二月二六日に生まれた次男には、現代は核兵器が国際関係における重要な要因であるとして核と名付けている。[34] 若泉の保守的な政治観を窺うことのできるエピソードであると言えよう。

若泉は米国にも留学している。安保闘争の余波が残る一九六〇年八月二七日、若泉は新婚一年の妻ひなおと、まだ生後八カ月の耕を日本に残し、ワシントンＤＣにあるジョンズ・ホプキンス大学高等国際問題研究所で客員研究員としての生活を開始した。そして、一九六一年六月まで、主に核戦略について研究した。その頃までに、若泉は核戦略と中国問題の専門家となっていた。[35]

一九六六年の春、三六歳であった若泉は、一二年間勤務した防衛庁防衛研究所を退職し、開学二年目の京都産業大学法学部教授となった。ただし、それは名目的なもので、勤務地は新宿にある世界問題研究所であり、その頃に大学で教鞭を振るうことはほとんどなかった。[36] 翌年の一九六七年九月二九日、若泉は、佐藤総理のために沖縄返還問題の解決に協力するよう福田赳夫自民党幹事長から依頼され、快諾した。[37] 若泉は「いま振り返ってみると、大げさな表現ではあるが、この一九六七年九月二九日で、私の第一の人生は終わり、第二の人生が始まったようなものであった」と述懐する。[38] 若泉は佐藤と出会い、米国留学などで培ったワシントンにおける人脈を駆使して、日米両国首脳間の橋渡しとなる。「密使」若泉の誕生である。なお、若泉に関する優れた研究を残す森田吉彦によると、当時の若泉は政界進出を目論んでおり、そのための具体的な計画を用意し、活動をしていたという。[39] 沖縄返還問題において福田に貸しを作っていた若泉は、一九七六年末の参議院議員選挙へ出馬するよう福田から打診されている。[40] 結果的にこの参院選に若泉が立候補することはなかったものの、一九六七年時点の若泉は、権力中枢に近づく機会が自身の政界進出への足掛かりになると感じていたかもしれない。将来的な政界入りを見越して、若泉は沖縄返還問題への貢献を通じて実績作りをすることを企図していたのではなかろうか。そうでなくとも、時の権力者である佐藤に貸しをつくることは、実践的な国際政治学者である若泉の利害に大きく寄与したはずである。絶筆となった『他策ナカリシヲ信ゼムト欲ス』において、若泉のこうした下心はほとんど語られておらず、若泉自身はあくまで純然たる愛国の志士であるかのように描かれている。自らを美化するような筆致は、『他策ナカリシヲ信ゼムト欲ス』において一貫しているように感じられる。

その後、一九六七年一〇月下旬にワシントンにおいて、かねてから親交のあったモートン・ハルペリン国防次官補代理やウォルト・ロストウ国家安全保障問題担当大統領特別補佐官らに若泉は接触し、沖縄の早期返還は難しいが、小笠原の早期返還は可能であるとの言質を得たというのは、第4章において述べた通りである。羽田事件に象徴されるように、佐藤は失敗の許されない日米首脳会談を一九六七年一一月一四〜一五日に控えており、若泉によってもたらされた情報は佐藤を勇気づけるものであった。

小笠原が返還された後も、若泉は佐藤の右腕として活躍を続ける。若泉自身の回想とはやや趣が異なり、[41] 若泉がワシントンとの秘密外交を自ら買って出たことを森田は示唆する。[42] ヘンリー・キッシンジャー国家安全保障問題担当大統領補佐官との秘密交渉やハルペリンからの助言などから、沖縄の早期返還のためには「密約」を結ぶことを避けられないと若泉は感じ、[43] むしろ「密約」を結ぶことを佐藤に対して働きかけさえした。[44] 若泉曰く、佐藤は「密約」を結ぶことを避けたがっていたようである。若泉から「密約」の必要性を説かれた際、佐藤は小笠原核「密約」の前例などまるでなかったかのように、自分はそういうことはしたくない。どだい、そんなことはいまのわが国では無理な話だ。[45]

と若泉に対して発言している。若泉は、『他策ナカリシヲ信ゼムト欲ス』において、

私自身の行った行動について／私は、／良心に従って／真実を述べる。／私は、／私自身の言動と／そこで知り得た事実について／何事も隠さず／付け加えず／偽りを述べない。[46]

と宣誓した。しかし、若泉は全てを語ったかもしれないが、全てを知っていたわけではなかった。事実、佐藤やその周辺の人物ならびに米国国務省の日本に関係するスタッフらは、小笠原返還交渉においても同様の「密約」が結ばれていたことを知っていた。つまり、米国交渉者にとっても、そして佐藤自身にとっても、沖縄「密約」は小笠原「密約」の前例に従ったに過ぎなかったのである。しかし、佐藤はそのことを若泉に伝えることはなく、そして若泉はそれを知ることがなかった。佐藤が若泉を信頼していたとの見方があるが、[47]佐藤は若泉に対して必ずしも腹を割っていたわけではなかったのである。最終的に、小笠原返還交渉に引き続き、沖縄返還交渉においても佐藤は核「密約」を結ぶこととなる。若泉は、沖縄返還交渉において自身の行ったことに対する「結果責任」を終生背負って生きてゆき、[48]最期はその責任をとったかのようであった。[49]

若泉によると、一九六九年一一月一九日の佐藤とニクソンによる日米首脳会談において、大統領執務室に「隣接する小部屋にある美術品を鑑賞する」という名目で通訳をともなわず両首脳二人きりとなり、そこで「核問題に関する秘密の合意議事録」に署名する段取りをキッシンジャーが取り決めていたという。[50]河野康子によると、若泉の上記の証言を疑問視する声があったようである。[51]しかし、米国の公開史料にも、両首脳が例の「小部屋」に二人きりで入って行ったことが明記されている。[52]さらに、佐藤の自宅から両首脳の署名入りの「密約」の原本が発見され

たことは、[53]「密約」の存在をめぐる論争に終止符を打ったと言える。若泉の証言が事実として裏付けられたのである。

佐藤の首脳会談前日の日記には、

ニクソン大統領も会談をまっており、その手筈もすっかり出来上がった。あとは果たしてこの仕組通りに事が運ぶかどうか。気がかりの点もあるが、あすを控えて今更このひかれた軌道を進む以外に方法はない。[54]

とあり、筋書き通りに進むかどうか危惧する佐藤の不安がにじみ出ている。しかし、佐藤もまた「他策ナカリシ」と信じていたのである。そして会談終了後の日記には、

沖縄の核問題が主題。案ぜられた議案だが軌道上を予定通り走り、正午前には妥結。一同によろこんで貰った。大成功。[55]

と記された。小部屋で「合意議事録」(以下、沖縄議事録)にサインするという「手筈」を「予定通り」済ませ、沖縄核「密約」は結ばれたのである。

(2) 沖縄議事録の問題点

沖縄議事録について考察する前に、「密約」に該当する箇所に触れておきたい。まず初めにニクソンが下記の通り発言した。

我々の共同声明で言明されている通り、日本に対して実際に施政権が返還される時までに、沖縄から全ての

核兵器を撤去するということが合衆国政府の意図である。そして、その後、相互協力および安全保障条約とそれに関連する諸取り決めは、共同声明に記述されている通り、沖縄に適用される。

しかしながら、日本を含む極東諸国の防衛のために米国が引き受ける国際的義務を効果的に履行するため、重大な緊急事態の際、合衆国政府は沖縄における核兵器の再搬入（re-entry）と寄港（transit rights）を日本国政府との事前協議で求める。合衆国政府は好意的な返答を期待（anticipate）する。

合衆国政府はまた、沖縄の嘉手納、那覇、辺野古およびナイキ・ハーキュリーズ基地における既存の核貯蔵場所を確保および機動化させられる態勢をとっておくことを要求する。[56]

沖縄議事録において、ニクソンは明確に「日本に対して実際に施政権が返還される時までに、沖縄から全ての核兵器を撤去するということが合衆国政府の意図である」と述べている。また、返還後の沖縄に日米安全保障条約をそのまま適用するかどうかに関して、「相互協力および安全保障条約とそれに関連する諸取り決めは……沖縄に適用される」としている。「関連する諸取り決め」は、岸・ハーター交換公文を指している。これら一連の発言は、まさにニクソンが佐藤に対して、沖縄の「核抜き、本土並み」返還を確約するものである。

しかしながら、沖縄議事録はそれだけで終わらない。ニクソンは佐藤に対して「日本を含む極東諸国の防衛のために米国が引き受ける国際的義務を効果的に履行するため、重大な緊急事態の際、合衆国政府は沖縄における核兵器の再搬入（re-entry）と寄港（transit rights）を日本国政府との事前協議で求める」とした。ニクソンはさらに続けて、「合衆国政府は好意的な返答を期待（anticipate）」し、また、「沖縄の嘉手納、那覇、辺野古およびナイキ・ハーキュリーズ基地における既存の核貯蔵場所を確保および機動化させられる態勢をとっておくことを要求する」と明言した。anticipate という言葉には、「期待する」あるいは「予期する」という意味のほかに、「先読みして手を打つ」という意味がある。米国は「先読みして手を打つ」という意味を含む anticipate という曖昧な語句を意図的に用いた可能性があるが、本書では便宜上「期待する」という訳語をあてる。

核「持込み」、つまり配備も事前協議の対象であるということが日米政府間において非公式ながら統一の見解であるならば、核の搬入を求めるニクソンの要求に大きな問題はなかろう。沖縄議事録が「密約」であるとされる所以は、これに対する佐藤の返答にある。佐藤はニクソンに対して、「日本国政府は、大統領によって上記で言及された重大な緊急事態における合衆国政府の要求を承知し、そのような事前協議が執り行われる時には、それらの要求を遅滞なく満たす[57]」と明言する。これにより、米国による在日米軍基地の使用方法に対して、主権国家として日本の意思を反映させるための制度であると国民向けに説明されてきた事前協議は、「極東諸国の防衛のために米国が引き受ける国際的義務を効果的に履行するため、重大な緊急事態の際」という極めて恣意的な条件のもと、沖縄において決定的に形骸化したのである。つまり、米国の裁量によって、いかなる時においても返還後の沖縄に再び核兵器を搬入することができるため、返還時に必ずしも核兵器を貯蔵しておく必要がなかったのである。言わば、「核抜き」返還を骨抜きにする沖縄議事録に署名することが、沖縄「核抜き」返還の条件であった。沖縄は「核抜き」返還ではなかったのである。

re-entry という語句は、一九六九年九月にキッシンジャーの「軍として最小限必要な条件を出せ」という要請に応えたアール・ウィーラー統合参謀本部議長が提出した回答にはじめて出てくる[58]。「密約」問題のまさに渦中の人物であり、キッシンジャーと二人で沖縄議事録を作成した若泉は、回顧録において密約を暴露する際に、re-entry という語句に「再び持ち込むこと」という邦訳をあてた[59]。そして、この意味合いの邦訳を採用している研究者は少なくない[60]。しかし、第4章においてすでに検討したように、持ち込みは introduction と訳され、introduction は配備と解されるという合意が日米政府間に存在していた。

若泉は『他策ナカリシヲ信ゼムト欲ス』において、再搬入という意味合いで「再び持ち込むこと」という訳語をあてている[61]。これは、「持込み」は配備あるいは貯蔵と解釈するという日米間の機密合意に関して若泉が知らなかったからであろう。一九六九年七月一七日にワシントンDCのホテルで国家安全保障会議メンバーのハルペリンと若泉は私的に会談した。その際、沖縄の「核抜き、本土並み、七二年返還」と引き換えに「密約」を結ぶことをハルペリンから持ち出された若泉は、「秘密協定など、今日の日本で可能なわけがない」という反応を示した[62]。さらに、やや繰り返しとなるが、帰国後の同年七月二五日に若泉が佐藤首相と面談した際、佐藤は「じつは、岸内閣の安保改定のとき、岸と藤山（外相）とが機密協定を結んだのではないかという噂が出たが、自分はそういうことはしたくない。どだい、そんなことはいまのわが国では無理な話だ」と若泉に伝えている[63]。このことから、佐藤が若泉に小笠原核「密約」という前例のあったことを伝えていたとは考え難い。一連のやり取りに照らすと、若泉は自身の関与した小笠原返還交渉において核「密約」が結ばれていたということを知らなかったと言える。

もし再び配備することを求めていたならば、米国は日本に対して沖縄への核兵器の re-introduction を求めたはずである。なお、沖縄には占領中に米国によって核兵器が貯蔵されていたため、初めて持ち込むという語感のある introduce という語句を敢えて用いなかったという反論があろう。しかし、そうであるならばなおのこと、entry という搬入する行為のみを意味する語句ではなく、配備（deploy）や貯蔵（store）などの言葉を使うはずである。搬入とは、一般的には運び入れることのみを意味し、搬入したものをどうするかについて白紙とする表現である。沖縄議事録は、米国が恣意的に「重大な緊急事態」と判断して日本に対して核の re-entry ならびに transit rights を求めた場合、日本が即座にそれを許可するとしている。仮に re-entry という言葉が長期的な配備あるいは貯蔵を求めているとすれば、文言上は、沖縄から核を撤去した翌日から再び長期的に核を配備あるいは貯蔵することが可能となる。しかし、こうした解釈は非現実的であると言わざるをえない。そのため、re-entry はあくまで再搬入のみを意味しており、長期的な陸上保管を意味する配備や貯蔵を軍部が敢えて求めなかったと考えるほうが自然である。
そこで一つの疑問が生じる。なぜ核兵器の配備や貯蔵ではなく、搬入と通過のみを求める文言となっているのであろうか。この疑問に対する一つの回答として、在沖縄米軍基地は衆人環視の様相を呈し、なおかつ駐留米兵と現地住民の接触頻度が日本の他地域に比べて圧倒的に多いため、返還後に核兵器を秘密裏に貯蔵することが困難であると軍部やキッシンジャーが判断した可能性を指摘できる。

あるいは、「重大な緊急事態」においては、沖縄に持ち込まれる核兵器は、すぐに目的物へ運搬可能な態勢に置かれるか、またはすぐに搬出されるはずであり、将来的に使用することを見越して長期間置いておく、すなわち貯蔵しておく必要が想定されなかったからということも考えられる。第2章において言及したが、キッシンジャーは、海外に展開する前線基地に大量の核兵器を配備しておくことによって仮想敵国による先制攻撃を抑止するという大量報復戦略に対する代表的な批判者の一人であった。実際に、沖縄議事録の作成過程における若泉との交渉においてキッシンジャーは、「緊急時の核の再導入と通過について」日本に認めさせることに固執しているのはウィーラー統合参謀本部議長であり、「軍人は政治的なことがよく分からないから困るんだがね」と軍部から距離を置いている。[64] キッシンジャーは、「行政府側にも議会対策上の問題」があり、ウィーラーの「議会証言が重要」であるため、ウィーラーが「納得しないかぎり、じつはどうにもならないんだ」と若泉に吐露した。[65] キッシンジャー自身は、沖縄に核を常時貯蔵する必要性を感じていなかったのである。若泉もキッシンジャーと同様の考えをもっていた。若泉は「過去十年来、核時代の戦略論を専門的に研究していたので」、「早晩沖縄に核兵器を常時置くことは不必要になる」という考えに「自信をもっていた」[66]。ジョンソン大使もまた、沖縄における抑止力を維持するうえで、「ラスク、マクナマラ、そのほかの国防省高官も、また私も核兵器なしでも対処できるという見解に傾いて」おり、「もし国際的緊張が高まって沖縄に再び核兵器を戻す必要性に迫られた場合には……兵器を戻すこ

と自体は、さほど時間がかかるものではなかった」と述懐している。(67)

沖縄返還交渉が行われていた時期、日本政府は搬入と貯蔵とを明確に区別していたと見られる。我部によると、一九六九年六月に愛知外相はワシントン訪問中に米側政策立案者らと事前協議制度の対象事項について会談し、「核兵器の貯蔵について日本は反対だが、『再持ち込み（reintroduction）』は事前協議の枠内で考慮できるだろう」と言質を与えている。(68) 一九六八年一二月一一日に、愛知は「事前協議に云う『持込み』とは持って来て置いておくこと」であり、それに対応する英語が introduction であるということを外務省から知らされていた。(69) それにもかかわらず、愛知は米国の政策立案者らに対して、reintroduction という言葉を貯蔵とは明確に区別している。愛知は、なぜこのような態度をとったのであろうか。小笠原返還協定調印と同時期である一九六八年三月下旬に原子力委員会が全国の二〇歳以上の男女を対象に行った世論調査によると、「原子力」という言葉に対して、七六・九パーセントの回答者のうち実に八七・八パーセントの国民が戦争や原爆などを想起すると答えた。(70) この調査結果を表5-1にまとめた。

表 5-1　「原子力」という言葉のイメージに対する世論調査

(%)

設　問	合計
平和利用ということ	6.5
東海村，原子力発電，原子力船等	7.7
科学技術の進歩，新しい大きなエネルギー	3.2
小計	(17.4)
原子爆弾，原水爆	24.4
広島，長崎	18.4
恐ろしさ，悲惨さ	10.3
核戦争，戦争につながる	7.8
原潜，原子力空母	8.4
佐世保，佐世保のデモ	1.3
核実験，放射能	1.4
小計	(67.5)
その他の回答	16.0
回答計（M.T.）	100.8*
回答者計	76.9
無回答者計	23.1

出所）科学技術庁『原子力委員会月報』8 月号（1968 年）の「原子力平和利用に関する世論調査」を基に筆者作成。

注）「あなたは『原子力』という言葉を聞くと，どのようなことを思い浮かべますか」という質問に対する回答（N＝2,435 人）。

＊数字に生じる誤差は，四捨五入等によるものであろう。

表5-1の調査結果から、国民の間でいわゆる核アレルギーが根強かったということは明らかである。核貯蔵を事前協議の対象にするということは、リークされた場合に非核三原則のうち「持ち込ませず」および「持たず」の二原則を反故にするものであると国民から受け止められかねない。そのため、沖縄返還交渉において、貯蔵を事前協議の対象として扱うことはできないが、再搬入であれば扱うことが可能であるという趣旨の発言を愛知は米国側にせざるをえなかったのではなかろうか。沖縄議事録は、こうした日本の立場、また日本との交渉に従事していたワシントンの政策立案者らの見解、沖縄へ核を再搬入する可能性を残したいというウィーラーの主張、ならびにキッシンジャーと若泉の戦略観を反映し、再搬入と通過権のみを求める文面になったと考えられる。

歴代自民党政権による国会における答弁に照らした場合、核兵器の搬入を容認することですら大きな問題であるということは言うまでもない。確かに「密約」は国民に秘匿されることが前提である。沖縄議事録が「洩れたら、佐藤内閣が吹っ飛ぶだけでなく、次の総選挙で自由民主党が大変なことに」なってしまい、「日米の友好と同盟関係がダメになり、沖縄返還の意義が根本的に変わってしまう」と若泉はキッシンジャーに訴え、理解を得ている。[71] 再搬入と通過権を事前協議において認めるという内容だけでも政治的に極めて重大な問題であるということを若泉は明確に認識していた。当時の世相や国会における議論に鑑みると、日本領土における核兵器の配備あるいは貯蔵を事前協議の末に認めるということは、単に佐藤の政治的成果としての沖縄「核抜き」返還を水泡に帰してしまうのみならず、日米同盟を揺るがしかねない事態になりうるという危機感を、沖縄議事録の作成者である若泉とキッシンジャーは共有していたのである。仮に「密約」が沖縄における核貯蔵までをも米国に認める内容であったならば、佐藤は署名に躊躇したはずである。つまり、日米両首脳にとっての最大公約数的妥協点が、有事における一時的な核の再搬入と通過権のみを許す沖縄議事録であった。

そうであるとしても、依然として疑問が残る。「重大な緊急事態」において、一体どこから核兵器を沖縄へ搬入するのであろうか。沖縄に核兵器を貯蔵しないのであれば、また沖縄議事録が核の再搬入を認めるとしているのであれば、沖縄の近くに、すぐに沖縄へ核兵器を搬入させられる態勢の整えられた代替の核貯蔵施設が必要であろう。そうでなければ、「重大な緊急事態」に際して、即座に沖縄に核兵器を搬入することは難しいのではなかろうか。そして何より、軍部に沖縄の「核抜き」返還を納得させることが難しかったであろう。沖縄への核貯蔵を不要にした要因は何であろうか。その代替核貯蔵施設は一体どこにあるのであろうか。それらの答えが、小笠原にある。

3　小笠原返還交渉と核兵器

(1) 小笠原議事録の問題点

小笠原諸島の返還に日米両首脳が合意に至ったということが発表されたのは、沖縄議事録への日米両首脳の調印から遡ることおよそ二年、一九六七年一一月一五日のことであった。その時の佐藤首相の交渉相手は、ジョンソン大統領であった。「一九六七年一一月一四日および一五日のワシントンにおける会談後の佐藤栄作総理大臣とリンドン・B・ジョンソン大統領との間の共同コミュニケ」には、小笠原について下記のように言及された。

総理大臣と大統領は、小笠原諸島の地位についても検討し、日米両国共通の安全保障上の利益はこれらの諸島の施政権を日本に返還するための取決めにおいて満たしうることに意見が一致した。よつて、両者は、これら諸島の日本への早期復帰をこの地域の安全をそこなうことなく達成するための具体的な取決めに関し、両国政府が直ちに協議に入るということに合意した。この協議は、この地域の防衛の責任の多くを徐々に引受けるという総理大臣が表明した日本政府の意図を考慮に入れるであろう。総理大臣と大統領は、米国が、小笠原諸島において両国共通の安全保障上必要な軍事施設及び区域を日本国とアメリカ合衆国との間の相互協力及び安全保障条約に基づいて保持すべきことに意見が一致した。[72]

小笠原の早期返還に日米両国が合意したということのみならず、日本の施政下に適用される日米安全保障条約が、施政権返還後の小笠原諸島に対してもそのまま適用されるということ、つまり「本土並み」返還であるということを確認した文面でもある。しかし、小笠原が本土における在日米軍基地と同様に扱われることはなかった。「日本から合意を得ることなく、〔返還後も〕硫黄島と父島にある我々の軍事施設を拠点として核兵器を置く選択肢を確保しておくべきである」と米軍部が強硬に主張し続けていたためである。[73]「日本からの合意を得ることなく」ということは、「事前協議を経ず」ということとほぼ同義である。前章において言及したが、軍部はさらに続けて、「日本が核貯蔵を許可するまで、それらの島々の施政権を日本に返還しない」よう訴えていた。その理由は、統合参謀本部が、米国が保持していた「小笠原に核を貯蔵する権利を諦めることによって、日本が沖縄における核貯蔵を拒否する可能性を高める先例を作ってしまいかねない」ということを恐れた」からであった。[75]

ディーン・ラスク国務長官およびロバート・マクナマラ国防長官は、「核貯蔵の権利なしに小笠原返還を合意したところで、そのことが沖縄への核貯蔵を要求する我々の立場に偏見をもたせることはない」と考え、さらにロストウまでもが「統合参謀本部の立場を受け入れることは、我々の日本との関係において深刻な緊張を生じさせる賭けになる」と大統領に進言した。[76] さりとて、ベトナム戦争最中の米国において、ジョンソン政権は軍部の意見を無視することができなかった。

ただし、国務省は必ずしも小笠原への核貯蔵に後ろ向きであったわけではない。軍部の主張を受け、ウィリアム・バンディ東アジア・太平洋問題担当国務次官補が起草し、ラスクによってジョンソン大使に送られた一九六七年一一月五日付の極秘電信は、対潜水艦戦闘において核兵器を緊急貯蔵する必要性や、沖縄およびマリアナ諸島にある核貯蔵施設が使用不可能になることを想定し、小笠原における核貯蔵の権利を維持することを統合参謀本部が求めていると告げた(77)。そして、軍部の要望を叶える「理論的選択肢」として、小笠原への有事核貯蔵において日本政府に事前協議制度の放棄を求めることすら電信において言及されている(78)。返還後の小笠原への有事核貯蔵をめぐって日本と交渉するにあたり、米国にとって最大限の要求は、事前協議を経ることなく小笠原に核を再貯蔵する権利を日本に認めさせることであった。

一九六七年一一月の日米首脳会談において、佐藤とジョンソンは、通訳のみをともなって、執務室で二人きりで会談している。この時に、ジョンソンが佐藤に対して、核貯蔵の話題を持ち出した可能性が高い。なお、日米双方の公開史料に、佐藤とジョンソンが、小笠原への核貯蔵の問題について話し合ったという記録はない。しかしながら、第4章第2節で論及した通り、首脳会談において核の話題が持ち出されるということを米国側が事前に佐藤に念押ししていたという事実から、意図的に核に関する会談内容が削除された可能性がある。

小笠原の返還が日米間で合意された翌月の一九六七年一二月、佐藤は衆議院予算委員会において、「核は保有しない、核は製造もしない、核を持ち込まない」ということを骨子とした非核三原則を披瀝した(79)。これは、佐藤内閣が急に打ち出したものではなく、戦後の自民党政権の非核政策を、小笠原返還交渉の最中に改めて国民向けに再確認したものであった(80)。前月の日米共同コミュニケにおいて、すでに小笠原の「本土並み」返還が確約されていた。したがって、返還後の小笠原に米国が有事に際して核兵器を確実に貯蔵するためには、機密の取り決めを結ばざるをえないという事態が生じていたのである。なぜ佐藤は、非核三原則を国内向けに披瀝することで、小笠原返還交渉において「密約」を結ばざるをえない状況を自らつくりだしたのであろうか。非核三原則の披露には、沖縄返還交渉において「『核付き返還』は日本の国内政治上認められないという対米アピールの意味合いが込められていた」という指摘がある。(81) しかし、「両三年内」に沖縄の返還時期について決定したいという一方的な要望を日米共同コミュニケに明記することをジョンソンに認めさせることが精一杯であった佐藤が、敢えて沖縄返還のハードルを上げることなどあろうか。一九七一年一一月二四日に行われた非核三原則の国会決議がそうであったのと同様、(82) 李炫雄が主張するように、非核三原則は「佐藤が自発的に行った発言ではなく、野党側に追い込まれ、瀬戸際に立たされたあげく、やむを得ずの発言であった」という説明が最も腑に落ちるように思われる。(83)

首脳会談後に本格化した小笠原返還交渉において、核抜き返還を強硬に主張してきた三木外相に対してU・アレクシス・ジョンソン大使は、会談記録という形式で核貯蔵（nuclear storage）を事前協議制度の対象事項にするという対案を示した。(84) これは軍部の主張に沿った、かなり踏み込んだ要求である。そもそも、佐藤は核貯蔵の権利を米国に認めることが小笠原返還の条件であると認識していた。非核三原則の披瀝は、小笠原返還を「密約」で解決させるという佐藤の決意を強めたであろう。しかし、三木は「密約」への関与を最後まで粘り強く拒否し続けた。三木は最終的にしぶしぶ同意し、一九六八年四月の小笠原返還協定調印時に手交されることとなっていた、小笠原への核貯蔵に関する議事録（以下、小笠原議事録）の案文に合意したのである。(85)

小笠原議事録は、英語版の案文しか見つかっていない。まず初めに、ジョンソンは、

小笠原群島および／または火山列島への核兵器の貯蔵（nuclear weapon storage）が必要となる偶発事態において、合衆国は日本政府にこの問題を提起（raise）することを望み、そして日本を含むその地域の致命的な安全保障上の利益に不可欠でなければそのような要求はなされないため、日本政府からの好意的反応（favorable reaction）を期待する（anticipate）[86]。

と述べた。これに対して三木は、

　あなたが指摘した事例は、まさに前述の事前協議の対象（the subject of prior consultation）であるものであり、現時点では、私は、あなたが例証する諸事情下においては、日本政府はそのような協議（consultation）に入るとしか言いえない[87]。

と返答した。

　太田昌克ら「密約」について調査をする研究者は、小笠原議事録が非核三原則を反故にしている点を問題視する[88]。しかし、問題はそれだけではない。当時の米国の極東における安全保障政策を理解するために、これまで指摘されてこなかった小笠原議事録の別の側面について論考する必要がある。沖縄議事録において、米国は事前協議を経たうえで日本の「好意的な返答（favorable response）」を期待（anticipate）した。それとは対照的に、小笠原議事録において、ジョンソンは「偶発事態」に小笠原諸島への「核兵器の貯蔵」を日本に提起（raise）し、「好意的反応」を期待（anticipate）すると発言した。日米安全保障条約や、装備や配置の変更等における事前協議を定めた岸・ハーター交換公文[89]で使われる、「協議」の定訳であるconsultationの動詞、consultではなく、「提起する」という意味のraiseが使われている。「協議」は相手がいなければ成立しないが、「提起」は相手の意志を確認する必要の生じない言葉である。これに対して、三木は、「偶発事態」における「核兵器の貯蔵」が「事前協議の対象（the subject of prior consultation）」であり、そのような場合には「協議（consultation）」に入ると言明した。

　ジョンソン大使の発言は、米国による小笠原への核貯蔵を二重に保証する文面である。第一に、小笠原議事録は、米国が日本の「好意的反応」を求めるだけであり、返答までを求めていないと解釈することが可能である。さらに、anticipate という言葉を用いることによって、米国が「偶発事態」において、日本の「好意的反応」を、事前協議を経ずして「先読みして手を打つ」と述べたものであると解釈する余地が残されている。一九六七年一一月の日米首脳会談の前に、軍部は事前協議を経ずに返還後の小笠原に核兵器を貯蔵する権利を留保することを小笠原返還の条件としており、国務省およびホワイトハウスはそれに同意した経緯がある。ジョンソンが、問題をただ「提起」し、日本からの「返答」ではなく「反応」のみを求めているということから、小笠原への有事核貯蔵を事前協議の対象にする気がなかった、つまり小笠原への有事核貯蔵を「③事前協議をするまでもなく許可」(図4-1参照)として扱うつもりであったということが窺える。

その可能性を裏付ける史料がある。小笠原返還交渉を本格化させる許可を受けるため、一九六七年一二月二二日、バンディ国務次官補はラスク国務長官に対して行動覚書(以下、バンディ覚書)を提出した。そのなかでバンディは、小笠原における核兵器の貯蔵および使用の権利を得る必要性を明確に主張し、日本に適用される核貯蔵に関する「政治的束縛」が小笠原に適用されることを望まないと訴えている。[90] そしてその目的を達成するために、核兵器を貯蔵しなければならない事態が生じる際は、米国は日本からの好意的な反応を期待するということを日本政府に対して通知したいとラスクに提案している。[91] そして驚くべきことに、このような提案に対する日本からの返答を求める意図はないと言明するのである。[92] ラスクは、この申し出を承認している。[93]

バンディ覚書の提出に至る背景を見ていこう。一九六七年一二月の段階で、ユリシーズ・S・グラント・シャープ・ジュニア太平洋軍最高司令官は統合参謀本部に対して、小笠原において核兵器を貯蔵する無条件の権利を獲得するよう勧告していた。[94] トーマス・モーラー海軍作戦部長およびジョン・マコーネル空軍参謀総長は、グラント・シャープに同意した。[95] 他方で、マクナマラ国防長官やジョンソン大使らは、日米関係への影響を考慮し、日本からの同意が必要であるという意見であった。(96) バンディ覚書を読むかぎり、軍部の意見が採用されたと見られる。ラスクの承認を得て、ジョンソン大使はバンディ覚書に沿って日本との交渉を進めた。(97) 一九六七年一二月二八日、ジョンソンは通訳のみをともなって三木と個別に会談し、米国が小笠原への核貯蔵の必要性を提起した場合、日本政府から好意的な反応を期待するが、いかなる返答も期待（expect）しないと伝えた。(98) 情報漏洩を恐れる三木は、返答の必要がないならば、明文化も必要ないのではないかと訴えた。(99) しかし、最終的に三木の訴えは退けられたのである。本項に記載してある通り、小笠原議事録におけるジョンソンの発言には、バンディ覚書にある提案がほとんどそのまま採用されている。

では、小笠原議事録は小笠原へ核兵器を貯蔵する無条件の権利を保証する文面になっているのであろうか。そこで、小笠原議事録が小笠原への核貯蔵を保証すると考えられる第二の理由について検討したい。小笠原議事録がバンディ覚書と異なるのは、三木が噛み合っていない「返答」をしている点である。核貯蔵に対する日本政府の好意的な反応を求めるジョンソンに対して、漏洩を恐れた三木は核貯蔵を事前協議の対象にするという文言を挿入した。しかし、事前協議の対象にしたところで、結果的に小笠原への核貯蔵を認めたことに等しい。なぜならば、前章で論及したように、日本が実際上、「②事前協議の結果拒否」という選択肢をもっていないからである。事前協議は、核を「持込む」側の米国が主導するが、米国はＮＣＮＤ政策から核の所在について明らかにしない。そのため、事前協議は行われないのである。つまり、核貯蔵を事前協議の対象にするということは、それを黙認するということなのである。

事前協議制度は、日本の施政下に対する米国の核搭載艦船または核搭載航空機による寄港や通過ならびに米国による核兵器の搬入あるいは配備を念頭に置いた措置である。そのため、小笠原議事録における三木の対応に法的な問題はないという反論は当然あろう。しかしながら、米国がベトナム戦争を遂行するために在日米軍基地を使用することに対する日本国民の反発は強く、さらに一九七〇年以降も日米安全保障体制を維持できるかどうか不安が残っていた。さらに、一九六八年一月には、核兵器を積んでいたと考えられる原子力空母エンタープライズの佐世保寄港をめぐる大規模な暴動が発生していた。[100] 寄港すら大きな問題に発展した時代背景に照らすと、貯蔵を事前協議の対象にするという言質を取られることは、漏洩した場合の政治的リスクが高すぎた。非核三原則を標榜し、「一時的な通過および寄港」すら認めないと国民向けに主張し続けてきた日本は、核貯蔵を事前協議の対象にすると言うべきではなかった。三木は、ジョンソンの曖昧な発言に対して、内容や意図を確認するような踏み込んだ質問をせず、核貯蔵の将来的な可能性を否定もせず、すでに形骸化している事前協議制度の対象事項にすると確約したのである。核貯蔵を事前協議の対象事案にするという言質を米国に与えるということが、その内容が法的にどうであれ、政治的に極めて重大な問題であるということを三木は自覚していたはずである。

もとより事前協議条項は、米国による在日米軍基地の使用方法に対して日本の拒否権を保証するものではない。事前に協議したからといって、日本が米国の行動に何らかの制約を課すことはできない。協議をすることが規定されていても、合意に至ることまでは規定されていないからである。しかし、たとえこのように形骸化している条項であっても、日本政府は国民向けに手放すわけにはいかなかった。小笠原議事録において核貯蔵を事前協議の対象としたことで、後々漏洩した場合に、これまでの日本政府の国民向けの方針と同様に、事前協議の対象であるがゆえに核「持込み」に対して拒否回答を突きつけることができるのだという答弁を許すからである。したがって、日本は、事前協議において米国による返還後の小笠原における核貯蔵を許可する可能性を認める一方で、日本国民向けに核貯蔵を拒否したと答えることができる。いわゆる「二枚舌政策」[101]を、日本政府は取りうることになるのである。非核三原則があるにもかかわらず、核の再貯蔵を事前協議の対象とした佐藤の本音は、米国の要求に黙認を与えることであったと考えられる。

日本政府による国民向けの方針に則るならば、三木は核貯蔵が非核三原則に明確に抵触するため、事前協議を行った場合の日本政府による回答は「拒否」であると明言すべきであった。しかし、それでは小笠原返還交渉が水泡に帰す事態に発展しかねなかった。ジョンソンとの会談の前日に開会した第五八回国会における演説で、三木は、小笠原返還「交渉がまとまり次第、今国会に提出して承認を求める所存」であると期限を切っていた[102]。その年の暮れに迫る自民党総裁選を意識し、外交的成果を上げる必要に迫られていたからであろうか。三木は、ジレンマに直面したはずである。有事核貯蔵を容認すれば小笠原が早期に返還され、外務大臣である自身の外交的成果となる。しかし、そのような取り決めが明るみに出た場合、総裁選はおろか、政治生命が絶たれかねない。そこで三木は、核貯蔵を容認も拒否もせず、事前協議の対象にすると回答した。つまり、曖昧な文面にすることで乗り切ったのである。太田は、漏洩した場合に三木の政治生命を守る「官僚答弁」の文面であったと指摘する[103]。小笠原議事録における三木の「返答」は、小笠原への有事核貯蔵の問題が明るみに出た際に、外務大臣として交渉を担当したがゆえに責任を問われかねない三木の立場を守る「御守」となりうるものであった。

対する米国は、核貯蔵が日本により無条件に許可されるということを明文化させられなかった。ただし、「事前協議の対象である」ということを日本に認めさせることに成功した。米国にとって、事前協議の対象であるということは、制度上、核貯蔵が黙認されるということに等しかった。日本と小笠原返還交渉にあたっていた国務省は、同時に返還後の小笠原における事前協議を経ない核貯蔵を強硬に訴える統合参謀本部とも折衝していた。軍部を納得させるためには、将来、小笠原に核を貯蔵する可能性を明確に否定する文面の取り決めを残すわけにはいかなかった。他方、日本側は、披瀝したばかりの非核三原則を明確に反故にする文面の公式文書を残せるはずがなかった。小笠原議事録に見られる曖昧性は、日本政府、国務省および軍部の妥協の産物として、まさに三者の利害を折衷した結果であった。

（2）「分離返還」された硫黄島

米軍統治下の小笠原諸島は、共産主義勢力によって日本列島という不後退防衛線を突破された後の、米国本土を防衛するための第二の防衛線という役割を与えられていた。太平洋上の小さな島嶼群に過ぎない小笠原諸島も、その固有の地理的条件および社会的条件から、米国の重要な安全保障政策に組み込まれていたのである。こうした米国の戦略を返還後にも継続するために、小笠原返還交渉時に小笠原議事録の他にもいくつかの取り決めが日米間でなされた。それらは、いずれも硫黄島に関連するものであった。

一九六八年三月には、核運搬手段であるナイキおよびホーク・ミサイルの試射施設を硫黄島に配置することについて、後の海上自衛隊自衛艦隊司令官である国嶋清矩一佐と在日米国大使館の防衛駐在官であるローレンス・カーツ海軍大佐らの間で話し合われた。[104]その際に国嶋は、日本が米軍統治時代の小笠原の基地能力を維持し、そして強化するということを約束した。[105]これは、一九六七年一一月一五日の首脳会談直後に発表された日米共同コミュニケにおける「この地域の防衛の責任の多くを徐々に引受けるという総理大臣が表明した日本政府の意図」に則った路線であった。[106]ジョンソン大使は、国嶋とカーツの上記のやり取りを国務省に伝えた。その際、近い将来に日本が小笠原の基地機能を米国統治下の水準を超える規模にまで高めそうであると付言した。[107]

硫黄島を返還するに際し、摺鉢山山頂に象徴としての重要性をもつ海兵隊記念碑を残すだけでなく、ロランC基地を設置することも条件とされた。[108]ロランC基地は、建前上は「米国沿岸警備隊による航空機・船舶の位置確認のため」、返還後も米国人専門家が駐留し、運営された。[109]小笠原周辺海域は、北太平洋地域におけるポラリス原子力潜水艦の主要な作戦区域であった。そのため、沿岸警備隊の駐留が日米安全保障条約の枠組みで運用されたのは、ロランC基地が、ポラリス原子力潜水艦の核弾道弾による目的物への正確な攻撃に不可欠な施設であり、「アメリカの核戦力の『目』の役割」を果たしていたからであるという。[110]つまり、「米国沿岸警備隊」による「航空機・船舶の位置確認のため」という駐留の動機は、返還後にも硫黄島を米国の核戦略に組み込むためのカモフラージュであったと考えられる。

しかし、ロランC基地の設置に軍部が拘泥した理由はそれだけではなかった。小笠原返還協定が署名された四月下旬、後々の核貯蔵を日本政府が拒否するという事態を軍部が想定し、硫黄島のロランC基地内に核兵器を配備しておくことを提案したと見られる「小笠原諸島土地保有」と題された報告書が、軍部によって作成されていた(111)。太平洋軍上層部が作成した報告書であることは間違いなく、JCSという記載のあることから、統合参謀本部(Joint Chiefs of Staff)に提出された可能性がある(112)。「小笠原諸島土地保有」は、核貯蔵施設と明記する代わりに a weapons storage facility on Iwo Jima(硫黄島内の一つの武器貯蔵施設)という語句を使用している(113)。日本政府が返還後の硫黄島への貯蔵を拒否する可能性のある武器が核兵器であることからして、核貯蔵を秘匿するための措置が事前に講じられていた可能性のあることを指摘することができる。

硫黄島のロランC基地を核配備基地化する構想があったが、米国国防省作成の『核兵器の保管と配備の歴史』によると、少なくとも一九六六年六月から七七年までの間に核兵器が実際に貯蔵されることはなかったようである(114)。しかし、ロランC基地を緊急時の核貯蔵施設として米軍が確保していたとすれば、硫黄島に核運搬手段であるミサイルの試射施設を配置する計画があったこと、日本政府の方針として返還後も旧硫黄島民の帰島を許してこなかったこと、ならびに冷戦終結の時期と重なる一九九三年にロランC基地の運用が海上保安庁千葉ロランセンターに移管され、移管された翌年に廃止されたこと(115)と辻褄が合う。

硫黄島が特別視された理由は他にもある。硫黄島には、核貯蔵施設のみならず、戦術輸送機であるC130ハーキュリーズおよび727(116)を離発着させられる約三キロメートルの滑走路があった(117)。したがって、硫黄島を分離返還したいという軍部の主張は、空軍基地あるいは後方兵站基地としての硫黄島の利便性を勘案してのことであったとも考えられるのである。一九六七年一〇月二八日に、返還後にも硫黄島にある滑走路を使用したいというジョンソン大使の申し出に対して、三木外相が同席した場で、東郷アメリカ局長が「板付や千歳」のように「安保条約に基いて米軍が管理を維持（retain control）」できるという言質を与えていた。[118] C130は、米国の核戦略において、有事の際に核を運搬する役割を担っていたという指摘がある。[119]

ソ連や中国による先制攻撃によって米国の配備している核戦力に壊滅的な損害が与えられることを避けるために、手持ちの核戦力を非脆弱化する必要性があった。[120] また、滑走路を備えた基地をできるだけ多く太平洋上に保持しておくことは、有事の際に制海権および制空権を確保するという戦術上重要であった。[121] これらはいずれも、米国の安全保障を高める相互確証破壊、すなわち先制攻撃が自滅行為となる仕組みを成立させるうえで重要であった。[122] 佐藤首相は、非核三原則を掲げることで返還後の小笠原を含む一切の日本領土に核兵器を持ち込ませないという意思を国内外に示した。[123] 逆説的に言えば、非核三原則を掲げる日本の領土に復帰したことによって、硫黄島は外部から緊急時の核貯蔵施設があるという疑いをかけられず、ますます核兵器の機密貯蔵施設となりえたのである。日米間でなされた一連の取り決めは、まさに小笠原の全島一括返還という体裁を取りつつ、事実上の硫黄島分離返還を可能としたのである。軍部のなかには、依然として硫黄島の軍事的価値を評価する者が相当数いたということは確かである。

（3）小笠原議事録修正の可能性

小笠原返還協定調印に先立つ一九六八年三月二三日、バンディ国務次官補はラスク国務長官に小笠原返還交渉の概要を報告する覚書を提出した。バンディは小笠原議事録に関して、それまで核貯蔵を事前協議の対象とすることに消極的な立場であった日本が核貯蔵をその対象にすると明確に認めたことを、ジョンソン大使が「小さな前進」

と評価していると伝えた。[124]小笠原議事録は、核貯蔵施設としての小笠原の役割を返還後にも継続させたいという米国の要望を日本が認めたものであると米国には捉えられていたのである。バンディは、小笠原返還交渉において米国の利益を守ろうと努めたジョンソンに対して「あなたは我々の目的を全ての者が満足する水準で成し遂げた」と労っている。[125]ところが、同年四月五日に予定されていた小笠原返還協定調印式の数日前、三木が突然「調印式で、核兵器に関する約定済みの条件を否定する声明を出したい」と米国大使館に伝えてきた。[126]一度合意したはずの、さらには漏洩した場合に自身の立場を守る「御守」として機能しうる小笠原議事録を、三木はなぜ否定しようとしたのであろうか。この疑問に対して、それは小笠原議事録が三木の受け入れられない内容に変更ないし修正されたためであるという仮説を立て、その可能性について検討したい。

三木の翻意を伝え聞いたバンディは、四月三日にジョンソン大使に機密指定の電信（以下、バンディ電信）を送り、「小笠原諸島の諸取り決めのうち、とりわけ核に関する点を変更せんとする三木の土壇場の努力」が、ジョンソンだけでなく国務省に対しても不快感を与えたと述べた。[127]バンディは、小笠原議事録が「核に関する我々の取り決めとの整合性を守る」ものであると考えていた。[128]そして、再び「三木が土壇場で勝手にこの策定を変更しようものなら」、ジョンソンが小笠原返還協定への「調印を拒否することに対して」国務省の「完全なる支持を得る」ことになると念を押した。[129]三木のその後の言動次第では、小笠原返還そのものが白紙となりかねない事態となったのである。

バンディ電信は、小笠原をめぐる核問題を理解するうえで示唆に富む。「小笠原諸島の諸取り決め」は主に小笠原返還協定[130]を指していると考えられるが、小笠原返還協定に「核」に関する言及はない。さらに、文脈上「我々」は「三木以外の交渉従事者」を指していると判断できる。それを裏付けるように、バンディ電信には下田武三駐米日本大使も「三木の策略に驚いた」とある。[131]実際に三木が用意周到に準備していた「策略」であったかどうか定かではないが、言葉の選択からバンディの憤慨ぶりを窺い知ることができる。

三木の急な態度変更は、すでに公開されている小笠原議事録の内容が、三木の合意することのできた「小さな前進」という水準、つまり漏洩した場合に三木の立場が守られうる内容から、国務省と軍部、あるいは米国による「核の傘」を首肯してきた日本の政治指導者らにとって好ましい内容へと変更されたからではなかろうか。三木が承諾できたのは、小笠原への核貯蔵を事前協議の対象として扱うことを明文化することによって、米国による核貯蔵を黙認することであった。つまり、「①事前協議の結果許可」である。①よりも強い「取り決め」とは「③事前協議をするまでもなく許可」である。もとより米国は、小笠原への核貯蔵に対する日本からの返答が不要であるとしていた。つまり、③を求めていたのである。しかし三木は、事前協議の対象事項であるという文言を挿入することで、①とした。三木の受け入れることのできた境界線がそこにあるとするならば、小笠原議事録が③となった可能性を検討すべきではなかろうか。

小笠原議事録が③になった可能性を窺わせる史料がある。小笠原返還から約半年後の一九六八年一一月三〇日、愛知揆一が外相に就任した。その一カ月後の一二月三〇日、ジョンソン大使からラスク国務長官に「小笠原合意核貯蔵」と題された電信が届いた[132]。それによると、ジョンソンは東郷文彦アメリカ局長から、愛知が「TOKYO'S A 1331 APRIL 10, 1968」(以下、「TOKYO'S A 1331」)についてブリーフィングを受けたということを伝え聞いている。「小笠原合意核貯蔵」という件名から、「TOKYO'S A 1331」が小笠原への核貯蔵に関する日米合意であるということが推察される[133]。したがって、東郷は小笠原核「密約」についてブリーフィングできるほどの情報を得ていたということになる。なお、「TOKYO'S A 1331」は、「国家安全保障上の情報を含む」という理由から、二〇一三年六月時点で機密解除されていなかった。

米国国立公文書館の史料群三一九は、沖縄占領史関連の史料をほぼ網羅している。その史料群に、ジェイムズ・

シエナ陸軍副次官からスタンリー・リーザー陸軍長官へ宛てられた「沖縄の核兵器」と題された最高機密文書がある[134]。それによると、沖縄返還時に結ぶことが想定される「密約」は、

小笠原諸島のために練られたものと類似する。有事において小笠原諸島を核作戦（nuclear operations）のために使用しなければならない場合に、我々は日本の了解を期待すると機密のやり取り（a classified exchange）において述べた。日本はその立場を承認した（acknowledged）ことで、「同意」（agree）しなくてはならないということを免れたのだ[135]。

元々の小笠原議事録において、三木は小笠原への核貯蔵が事前協議の対象であると述べ、日本のとるべき対応について何も確約せず、態度を保留している[136]。しかしこの史料では、核兵器を小笠原に貯蔵したいという米国の立場を承認したことになっている。この史料から小笠原核「密約」の全容を理解することはできないが、何らかの変更が加えられた可能性を窺わせる。

さらに、一九六九年九月八日、U・アレクシス・ジョンソン国務次官、アーミン・マイヤー駐日米国大使、リチャード・スナイダー駐日首席公使ならびに下田大使が沖縄返還に関する会談を行った際、小笠原核「密約」の当事者であるジョンソンは、「核に関する米国の決定は……核の緊急貯蔵を定めた『小笠原方式』よりは強くなくてもよい」と述べている[137]。沖縄議事録は、核の搬入および通過を①として扱う「密約」である。それ「よりは強くなくてもよい」ということは、小笠原の「密約」は③≧①ということである。これにより、小笠原核「密約」と沖縄核「密約」が同一方式のものであるという可能性が浮上する。仮に事前協議における日本の対応まで明記するものが「沖縄方式」であり、「小笠原方式」と「沖縄方式」が同一のものであるならば、それはもはや三木の境界線を超えているのである。

「TOKYO'S A 1331」は「小笠原合意：機密付録」と題されている。バンディ電信、ジョンソンの電信および発言、「小笠原合意：機密付録」ならびに「沖縄の核兵器」から、小笠原返還交渉時に、未だに公開されていない核貯蔵に関する「密約」のあった可能性が浮上する。いつの間にか、小笠原核「密約」は、議事録から合意文書へと姿を変えたのであろうか。もし小笠原議事録が変更あるいは修正されたならば、軍部が要求し、国務省を中心とする政策立案者らが了解した、事前協議を経ず返還後の小笠原に核を貯蔵することを定めた内容であろう。あるいは、沖縄議事録のように日本の対応を明記したものであろう。以上の考察から、小笠原議事録が、三木の容認することのできた文面ではなくなったという仮説に対して、その可能性があると言わざるをえない。

三木は、核持ち込みに対して一貫して反対してきた。しかし、小笠原返還協定の、未だに公開されていない「機密付録」に名前が残るという嫌な役回りを、次期自民党党首を争う政治的ライバルである佐藤に与えられたわけである。三木が土壇場で「機密付録」への関与を帳消しにしようと努めたのは、漏洩した際に自身の負う政治的打撃を軽減したいという思惑が働いたからではなかろうか。小笠原返還交渉時に核貯蔵に関する機密合意が日米間に存在していたということが明るみに出た場合、佐藤だけでなく三木の政治生命までもが絶たれてしまうということは明白であった。

もし、この機密合意が三木によって漏洩されることを防ぐために、佐藤が敢えて政敵である三木に小笠原核「密約」を締結する役目を担わせたのであるとすれば、領土返還の達成という歴史に残る外交的成果を得るためになりふり構わぬ政治家の執念を見るようである。三木は結局、調印式の公式記録に残さないという条件付きながら、日本に核を置かせないという声明を行うという「策略」をジョンソン大使ら米国側交渉者に認めさせることができた。[138] しかしながら、小笠原核「密約」が結ばれていたことに鑑みると、小笠原返還協定の調印取り消しをも覚悟する米国の圧力に屈し、三木は「密約」に関与させられたと考えられる。沖縄返還交渉を前にして、米国は、沖縄に近い太平洋島嶼地域、つまり小笠原に核を貯蔵する権利を維持していたのである。

4　沖縄返還交渉――小笠原研究の視点から

(1) 小笠原返還交渉が沖縄返還交渉に与えた影響

米国は小笠原返還交渉において、核を再貯蔵する権利を得ることに固執した。他方で、沖縄返還交渉において、米国は基地の自由使用という既得権を守ることに拘泥した。一九六九年五月二八日付の、キッシンジャーが提出した国家安全保障決定メモランダム第一三号（NSDM13）によると、朝鮮半島、台湾およびベトナムにおける有事において、占領中に米軍が享受していた在沖縄米軍基地における最大限の通常兵力による自由使用（maximum free conventional use）を返還後にも日本が認め、なおかつ緊急時の核の一時的な貯蔵および通過の権利（emergency storage and transit rights）を認めるのであれば、「核抜き」返還が可能であるとニクソンはすでに決断していた[139]。

在沖縄米軍基地は、米国の核戦力によって極東の同盟国に対する先制攻撃を抑止するという拡大抑止の要のはずであった。そうであるならば、なぜ米国は沖縄の「核抜き」返還が可能であると判断したのであろうか。沖縄返還問題の概要について記した米国の公文書『沖縄返還――省庁間調整の事例研究』によると、一九六七年八月の時点で、偶発事態の際には太平洋地域に貯蔵している核兵器で対応することが可能であり、また速やかに核兵器を再供給する（resupply）ことが可能であるため、沖縄を核抜きで返還しても米軍の能力を著しく低下させることはないとマクナマラ国防長官はすでに判断していた[140]。それは、一九六七年の春、すでにグラント・シャープ太平洋軍最高司令官やハロルド・ジョンソン陸軍参謀総長らが沖縄返還をやむなしと考え、西太平洋地域に排他的な代替基地を確保することを企図し始めたためであろう。[141] 小笠原返還交渉当時、国防次官補代理であったハルペリンは、一九九二年五月に東京で開催された沖縄返還二〇周年シンポジウムにおける「沖縄返還──米国政府の政策決定に関する私的回想」と題した講演において、一九六七年三月の時点で沖縄を返還しても差し支えないと米国政府は判断しており、その方針に則ってスナイダー国務省日本部長とともに軍部の説得にあたったと発言している。[142] つまり、ハルペリンやスナイダーらは、同年八月頃までには沖縄の核抜き返還を軍部に納得させていたということであろう。当初の候補地は、沖縄から約二四〇〇キロメートル離れたグアムやその周辺の島々であった。[143] 沖縄―グアム間の約半分の距離であり、なおかつ核貯蔵施設を有する硫黄島が代替施設として選ばれたとしても、そこには必然性がある。

しかしながら、沖縄の「核抜き」返還の合意が米国内で形成されつつあることを米国は日本に対して伝えなかったばかりか、むしろそれとは逆の情報を日本側に吹き込んでいた。小笠原返還協定がすでに調印され、協定の発効を間近に控えた一九六八年六月一七日から一八日にかけて、千葉一夫外務省北米課長は沖縄返還について情報を収集するために、スナイダー、ポール・ウォンケ国際安全保障問題担当国防次官補、デイヴィッド・マギファート陸軍次官、シエナ陸軍副次官およびハルペリンらと会談した。[144] その際、スナイダーとハルペリンが「全くの私見として口外せざるよう」と断ったうえで、スナイダーは以下のように迫った。

米側としては核問題を特に表立ってうたわなくてもよいが、その場合日本が事前協議を拒否の方法としてのみでなく、文字通り協議の場として扱ってくれること、及び協議して同意した上は政治的責任を分たんすることを強く要望したい。特に韓国が再侵略された場合は政府が世論を積極的に導くことが期待され、米側としては戦略的要件（STRATEGIC REQUIREMENTS）の変更の可能性をしんけんに検討する用意があるが、日本側も

どこまで世論がのむかでなく、いかにたくさん呑ませるかを検討すべきではないか……[145]。（強調原文）

これは、「核抜き」返還となる場合、事前協議で便宜を図るよう要求しているに等しい。一方で、ハルペリンの発言はさらに踏み込んだものであった。

核ちょ蔵の自由が第一で、ベトナム戦争継続中であれば基地の自由使用がこれに次ぐ。日本側が「核ぬき」を固しつしても交渉は決れつしないが、米側は本土の政情ともにらみ合わせ一層しん重となり、結論は長期間延長されよう……[146]。

つまり、核貯蔵が絶対条件ではないにしても、それを認めなければ沖縄の早期返還は難しいと言うのである。そして、「自由使用」という条件よりも「核抜き」という条件のほうがハードルが高いという認識を日本側に植え付けようとした。ハルペリンは日本側に対し、まるで特別に秘密を漏洩するかのような素振りを見せ、誤った情報を伝えていたのである。

米国のこうした態度は、ニクソン政権になっても継続されたようである。一九六九年四月二八日、スナイダーとハルペリンは東郷らと会談した。その際もハルペリンは、「北鮮等がオキナワ基地の核抑止力が減退したと判断し冒険的行動に出ないよう配慮する要がある」という理由を挙げ、「戦術核の平時におけるオキナワでのちょ蔵を認めないとの日本側提案を受入れることは極めて困難である」と発言した[147]。このような強硬な主張に対し、東郷は「平時における核の常時ちょ蔵を認めることはできない」と言明したものの、対案を示すことはなかった[148]。ハルペリンは、なぜ「核抜き」返還が困難であると主張し続けたのであろうか。

二〇一〇年に行われたインタビューで、ハルペリンは国家安全保障会議の上級スタッフであった沖縄返還交渉当時を振り返り、「主要な問題は、核兵器の撤去をいったん米国が受け入れた場合、その見返りに、通常戦争の遂行に際して日本から最大限の柔軟性を獲得すること」であったと証言している。[149] なぜならば、「日本の基地から爆撃機を発進させることができることは、東アジアの地域での戦略条件の重要な要素」であったからである。[150] 米国は、沖縄への核貯蔵よりも、極東有事における在日米軍基地の「自由使用」、つまり「本土の沖縄化」を一貫して重視していたのである。さらにハルペリンは、

核兵器が沖縄になかったとして、同じ機能をどのように遂行することができるか？ 他に核兵器を置く場所があるか？ もし沖縄からではなくグアムから、サンフランシスコから、あるいは他の核兵器を貯蔵している場所から航空機で同じ作戦を遂行するとなると、特定の標的までどのくらいかかるか？[151]

という問題を軍部と検討していたと述懐する。『沖縄返還——省庁間調整の事例研究』の記載内容と符合する、極めて示唆的な証言である。

一九六七年九月、主に領土をめぐる戦後処理問題について話し合う目的で、三木が訪米することになっていた。マクナマラはジョンソン大統領に対して、「西太平洋における米軍基地群は米国の防衛のためであるのと同程度に、日本を守るためでもあり、日本が徐々に『その地域の安全に寄与するためのかなり重い政治的負担および経済的負担』を共有するようにならないかぎり、合衆国はその基地群を維持することが不可能」であるという態度で日本に対して臨むよう進言した。[152] そして、その後訪米した三木に対して、ラスク国務長官は沖縄の将来的な「核抜き」返還が検討されていることを知っていたはずであるが、沖縄の「核抜き」返還に敢えて難色を示した。[153] さらにラスクは、首脳会談のために一一月に訪米する佐藤に対して、小笠原を緊急時の核配備基地とすることについて話し合う権利を米国が有しているとジョンソン大統領が伝えるよう進言していた。[154] ラスクは「硫黄島分離返還」で沖縄の核

問題に決着をつけることを念頭に置いていたのであろう。米国の政策立案者の間で、硫黄島を沖縄の代替核貯蔵施設とすることを日本に働きかけることで意見が一致していたと考えられる。

小笠原返還後の一九六八年七月八日には、ウォンケがポール・ニッツェ国防副長官に対して覚書を提出し、「たとえ我々が返還後の沖縄に核兵器を貯蔵することができるとしても、日本政府の承諾がなければ、それらの兵器を沖縄から使用する、あるいは他の場所で使用するために沖縄を経由して輸送することはできない」と強く訴えていた。[155] ウォンケのこの覚書は、一九六八年八月二六日にシエナを通じてリーザー陸軍長官に提出された。その際、シエナは、「我々は東アジアにおいて、我々と同様に日本の核心的利益が危機的状況にある時、換言すれば、日本が承諾できる状況下のみ核兵器を使用することになる」ため、「もし統合参謀本部の調査により有事のみの貯蔵権が我々の能力を耐えられないほど低下させることがないと示されるならば、常時の核貯蔵を要求するよりも、ある取り決めとともに返還を許可する提案を私は見越している」と付言した。[156]「ある取り決め」とは、「機密のやり取り (a classified exchange)」、つまり「密約」のことであった。[157] この一連の発言から、核兵器を沖縄に貯蔵することと、沖縄からその兵器を使用することは別であるという考えが軍部に存在していたことが分かる。

結果として、小笠原への核貯蔵に拘泥した一方で、米国側の交渉当事者らの間で、沖縄においては核貯蔵が強硬に主張されず、通常兵器の使用を想定した基地の「自由使用」が頑強に訴えられたのである。その理由は、沖縄から近い硫黄島に核兵器を貯蔵し、有事の際に硫黄島における核貯蔵施設から沖縄へ核を再搬入するという取り決めを日本と交わすことで、軍部を納得させられたからであろう。小笠原における核貯蔵の権利を認められたことが、沖縄返還交渉において沖縄への核貯蔵に対する軍部の妥協につながったのである。米国は、沖縄返還交渉において、基地の自由使用権の確保という最大限の譲歩を日本から引き出すために、慎重に小笠原返還交渉を進めていたのである。

あとは、緊急時における沖縄への核兵器の搬入を日本に認めさせるだけであった。沖縄議事録において、日本の対応までもが明記されたのは、そのためであったと考えられる。また、沖縄議事録では、交渉相手が佐藤本人であった。佐藤はすでに小笠原への有事における核貯蔵を肯定した経緯があり、三木のように米国の意向に難色を示す可能性が低かった。さらに、愛知は佐藤に協力的であり、三木のように佐藤の足を引っ張る可能性が低いと判断されたため、沖縄返還交渉時には佐藤本人が議事録に調印したのであろう。沖縄議事録は、日米両首脳が氏名を署名しており、「いかなる加盟国が締結するすべての条約およびすべての国際協定」の公表を定める国連憲章第一〇二条[158]にさえ抵触しかねない「密約」であると言える。硫黄島が緊急時における機密の核貯蔵施設としての占領期からの役割を形式的に担い続けたことによって、「核抜き」返還された沖縄は引き続き「核の傘」と呼称される拡大抑止力を極東における同盟国に保証することができたのである。

(2)「自由使用」が必要とされた理由

小笠原に置かれた米軍施設は、ベトナム戦争との直接的な関係がなかった。しかし、沖縄にはベトナム戦争を継続するうえで欠くべからざる後方支援基地があった。そのため、沖縄返還がベトナム戦争を引き続き遂行していくことを妨げるのであれば、米国にとってそれを容認できるはずがなかった。さらに米国は、韓国の主張を度外視して日本との返還交渉を進めることもできなかった。日米間には、公にされている吉田・アチソン交換公文とは別に、安保改定後も朝鮮半島有事の際の在日米軍基地の「自由使用」について引き続き事前協議制度の適用除外、すなわち「③事前協議をするまでもなく許可」扱いとする「密約」(以下、朝鮮有事「密約」)が存在した。[159]韓国史を研究する小林聡明によると、韓国は沖縄返還が韓国の安全保障における障害になると捉え、一九六九年三月に、朝鮮半島有事の際の沖縄基地の「自由使用」を事前協議制度の対象案件とする取り決め、つまり「①事前協議の結果許可」あるいは「②事前協議の結果拒否」扱いとする取り決めを米国が日本と結ぶことに反対したという[160]。これは、朝鮮有事「密約」について米国が韓国政府に通知していなかったということを示唆する。その理由としては、韓国に対して米国による過度の関与を保証することによって、韓国が北朝鮮に対して朝鮮半島を不安定にするような行動を起こすことを防ぐという米国の狙いがあったのかもしれない。

なぜ米国はすでに得ているはずの朝鮮有事における在日米軍基地の自由使用権を沖縄返還交渉においても保持しようと努めたのであろうか。一つの可能性としては、安保改定時に結ばれた朝鮮有事「密約」が佐藤内閣に引き継がれていなかったということが考えられる。佐藤自身も沖縄議事録について後継内閣に引き継いでいなかった可能性があるということに鑑みると、朝鮮有事「密約」を結んだ人物が、情報漏洩を恐れてそのことを継承しなかった可能性は十分にある。また、佐藤が朝鮮有事「密約」の存在を知っていたが、何らかの事情によりそれを破棄してしまうという事態を米国が避けようとしたためであるということも可能性として挙げられよう。さらに、基地の「自由使用」の条件を、朝鮮有事のみならず台湾有事にも拡大することを企図していたという可能性も排除できない。いずれにしても、沖縄返還交渉においては小笠原返還交渉時と異なり、核貯蔵よりも「自由使用」が主たる争点となった。なぜならば、米国にとって、日本を防衛するのみならず、極東における同盟諸国を防衛するためにも在沖縄米軍基地が存在するからである。極東地域の安定は、太平洋を共有する米国の安全を保障することになる。

沖縄返還交渉において米国が日本に対して求めていたものは、基地の「自由使用」だけではない。沖縄返還交渉時に、基地移転にともなう費用を日本政府が肩代わりするという「密約」も存在していた。このことは、「西山事件」が世を騒がせたこともあり、すでに多くの日本人に知られている[161]。その「密約」により、米国は一九七二年から七七年の間に総額六億四五〇〇万ドルの利益を獲得したとされる[162]。それは米国が二七年間の沖縄統治において沖縄に投入した総額に匹敵するということである[163]。そして、その「密約」もまた、米国が「核抜き」返還の見返りとして日本に求めたものであった。[164]

(3) 日米領土返還交渉の結末

小笠原への核貯蔵を可能としたことにより、沖縄返還交渉が本格化する前に、すでに米国は沖縄の「核抜き」返還を可能としていた。しかしながら、最も必要としていた在沖縄米軍基地における「自由使用」を可能とするために、米国は「核抜き」カードを日本にちらつかせたのである。その結果、米国側交渉者らは基地の「自由使用」に対する日本の譲歩を呼び込むことに成功した。それだけではなく、四半世紀を超える沖縄統治に費やした費用を日本に肩代わりさせることにも成功した。それは、「思いやり予算」の原形となる措置であった。小笠原返還交渉における「密約」がなければ、沖縄返還交渉における二つの「密約」は成立しなかったのである。日本側交渉者さえも重要度が低いと見誤っていた小笠原返還交渉において米国に大きく譲歩した結果、沖縄返還交渉において在日米軍基地の「自由使用」および有事における在沖縄米軍基地への核の再搬入という二つの権利を日本は米国に認めることとなったのである。

「私は沖縄の祖国復帰が実現しない限り、わが国にとって『戦後』が終わっていないことをよく承知しております」。[165] 多くの日本国民にとって、沖縄と小笠原の返還は悲願であった。それゆえ、一九六五年八月一九日に沖縄那覇飛行場に降り立った佐藤は、そのような国民の気持ちを代弁したのである。これは公約とも言えるものであった。佐藤の強い決意に呼応し、米国は小笠原と沖縄の返還に踏み切ったのである。

もとより米国は、日本を敵対的勢力にしないという目的のもと、小笠原諸島と琉球諸島を占領し続けていた。しかしながら、佐藤自民党政権期にその見方が逆転し、むしろ小笠原と沖縄を占領し続けることが米国に対する日本の反発を生み、最悪の場合、日米安全保障体制の継続すら困難にすると危惧されたのである。一九六〇年代後半か

表 5-2　2016 年 2 月末現在の遺骨収集状況

国・地域名	戦没者概数		収容遺骨概数		未収容遺骨概数		収容率（%）	
硫黄島	21,900		10,378		11,522		47.4	
沖縄	188,100		187,253		847		99.5	
台湾	41,900		26,312		15,588		62.8	
北朝鮮	34,600		13,000		21,600		37.6	
韓国	18,900		12,402		6,498		65.6	
中国本土	465,700	711,100	438,468	477,775	27,232	233,325	94.2	67.2
中国東北部	245,400		39,307		206,093		16	

出所）厚生労働省「国内における遺骨収容実施状況（平成 28 年 2 月末現在）」『戦没者慰霊事業の実施』http://www.mhlw.go.jp/ seisakunitsuite/ bunya/ hokabunya/ senbotsusha/ seido01/ senbotsusha_shuuyou/ dl/ 05.pdf (2016 年 4 月 3 日確認)，厚生労働省「台湾，北朝鮮，韓国における遺骨収容実施状況（平成 28 年 2 月末現在)」『戦没者慰霊事業の実施』http://www.mhlw.go.jp/ seisakunitsuite/ bunya/ hokabunya/ senbotsusha/ seido01/ senbotsusha_shuuyou/ dl/ 05.pdf (2016 年 4 月 3 日確認)，厚生労働省「中国本土における遺骨収容実施状況（平成 28 年 2 月末現在)」『戦没者慰霊事業の実施』http://www.mhlw.go.jp/ seisakunitsuite/ bunya/ hokabunya/ senbotsusha/ seido01/ senbotsusha_shuuyou/ dl/ 18.pdf (2016 年 4 月 3 日確認）および厚生労働省「中国東北地方（ノモンハンを含む）における遺骨収容実施状況（平成 28 年 2 月末現在)」『戦没者慰霊事業の実施』http://www.mhlw.go.jp/ seisakunitsuite/ bunya/ hokabunya/ senbotsusha/ seido01/ senbotsusha_shuuyou/ dl/ 03.pdf (2016 年 4 月 3 日確認）を基に筆者が作成したものである。

注）収容率では，小数点第 2 位を四捨五入している。遺骨数の単位は柱である。台湾の戦没者概数には海没者約 15,500 名が含まれており，遺骨収集の困難な海没者数を差し引くと 99.7 % の収容率となる。同じく北朝鮮の海没者数約 1,500 名を差し引くと収容率 39.3 % であり，韓国の海没者数約 6,500 名を差し引くと収容率 100 % である。厚生労働省は，韓国を済州島および徳積諸島としている。厚生労働省は，中国を「中国本土」とノモンハンを含む「中国東北部」とに区別している。「中国本土」の戦没者概数には海没者 23,500 名が含まれており，遺骨収集の困難な海没者数を差し引くと 99.2 % の収容率となる。

ら七〇年代前半にかけて実現した小笠原と沖縄の返還は、日米関係が新たな局面へと変容していたということの証左であると言える。すなわち、米国の極東における安全保障政策において、日本は監視対象や保護対象ではなくなりつつあったのである。米国にとって、日本は米国に協力的な同盟相手となり、経済的には保護を必要としない競合国となりつつあった。そのことは、ニクソンによる厳しい対日姿勢にも裏付けられる。

沖縄返還の結果、日米間において領土をめぐる戦後処理が完結した。しかし、米国による硫黄島の軍事利用は継続した。そのために、旧硫黄島民であっても未だに帰島を許されず、原則として上陸さえ許されていない。また、太平洋戦争において南方で戦没した者の遺骨や遺品の多くが今なお収集されずに取り残されており、硫黄島においては自国領土であるにもかかわらず、いまだに半数以上の遺骨や遺品が放置されている。表5-2が示すように、厚生労働省は沖縄における戦没者数を約一八万八一〇〇人と推計している。一方で、硫黄島における戦没者数を約二万一九〇〇人と推計している。厚生労働省は、沖縄における戦没者数の約九九・五パーセントにあたる一八万七二五三柱がすでに収容されたとしている。次に北東アジアの近隣諸国に目を向けてみよう。国交のない北朝鮮の遺骨収容率こそ三七・六パーセントと低いものの、中国、台湾および韓国においては収容率が軒並み六〇パーセントを超えている。ただし、台湾、北朝鮮、韓国および中国本土における戦没者概数は、遺骨収集の困難な海没者を含んでいる。海没者数を差し引くと、北朝鮮こそ三九・三パーセントと低いものの、台湾、韓国および中国本土における収容率は九九パーセントを超えている。したがって、陸上における戦没者の遺骨収集は、ほとんど完了していると言ってよい。他方で、硫黄島で収容された遺骨は、厚生労働省の把握している硫黄島における戦没者数全体の半数を下回る一万三七八柱に過ぎず、収容率は四七・四パーセントである。北東アジア諸国における収容率と比べても、硫黄島における戦没者の遺骨収集はあまり進んでいないということが分かる。沖縄と硫黄島を含む海外戦没者数の五三パーセントにあたる約一二七万三〇〇〇柱がすでに収容されていることに鑑みると、[166] 日本国の領土である硫黄島における遺骨収集事業の遅れが際立つ。二〇一六年二月末時点で、日本の領土である硫黄島において約一万一五二二柱の遺骨が未収容であり、[167] 戦後七〇年を経てもなお硫黄島戦没者の肉親や知人が遺骨の帰還を待ち続けているという異常な事態が常態化している。

小笠原返還は、故郷への帰郷を待望してきた旧小笠原諸島民のみならず、硫黄島戦没者遺族らにとっても待ちわびた瞬間であったに違いない。遺骨収集をようやく本格的に再開することができるはずであったからである。しかし、そうはならなかった。小笠原が返還された一九六八年の八月一日から九日にかけて硫黄島に派遣された調査団は、「戦闘中のアメリカ軍の砲爆撃、戦闘後におけるアメリカ軍の飛行場建設や戦場整理（戦闘直後及び昭和二四年～昭和三〇年）及びロラン局の設置等によるほか、自然の地殻変動等により、同島の地形が往時とは一変して」おり、「地下壕の半数は地形の変貌の際に埋没したほか、米軍によって危険防止のため爆破又は壕口閉塞が行われ」ていたと報告した[168]。また、厚生省社会援護局の『援護五〇年史』によると、硫黄島の「北部地区及び摺鉢山周辺には数百の地下壕があったが、同島を占領したアメリカ軍は直ちに飛行場を拡張整備、各種施設の構築等を大々的に行い、島の様相は一変し、相当数の地下壕が施設等の地下に埋没した」うえ、「飛行機から銀ネムの種子を散布して全島を銀ネムのジャングル化した」ことによって「地下壕の調査は困難となり、同島からの生存者が自分が所属していた部隊壕の調査を行っても壕を発見できない場合がしばしばあった」という[169]。二万名以上の遺骨が眠る島は、米国による占領期に、まるでその地に戦没者の遺骨や遺品など存在していないかのように、掘られ、埋められ、そして整地され、堅固な機密の核貯蔵基地とされたのである。硫黄島における基地の開発が、その後の遺骨収集活動をより一層困難にしたのである。

一九六八年六月に小笠原全島が返還されたものの、六月の返還以降、八月一日から九日までの約一〇日間しか遺骨の収集活動が行われなかった[170]。翌年一九六九年には二月一二日から二月二〇日の約一週間および六月一〇日から七月一六日までの約一カ月余りの二回である[171]。一九七〇年には二月五日から三月六日までの約一カ月弱と、五月二六日から六月六日までの約一〇日間の二回実施されたのみである[172]。一九七一年には一月二五日から三月二日までの約五週間の調査が一度行われたきりである[173]。その後も、硫黄島における遺骨収集は緩徐に進んだ。硫黄島が日本の国土になったということを疑わせるような速度である。北硫黄島、硫黄島ならびに南硫黄島からなる火山列島には、一九四四年まで一二五四人が暮らしていた[174]。しかし、一九六八年六月に小笠原が全島一括返還された後も、硫黄島への旧島民の帰島は許されなかった。施政権が日本へ返還されたにもかかわらず、硫黄島は返還前とほとんど変わらないような状況に置かれ、現在に至っている。小笠原諸島が世界遺産に登録されたことで、父島はますます活況である。他方で、硫黄島は世界遺産から除外され、今なお隔絶され続けている。

ほとんどの日本人にとって、未だに足を踏み入れることのできない島であり続ける一方で、冷戦の終結と時を同じくしてロランタワーが撤去された後も、施設区域は今なお「硫黄島通信所」と名称を変え、引き続き米軍に提供されている。[175] また、揚陸侵入海面として、硫黄島の西海岸沖および南海岸沖が「硫黄島通信所水域」という名称で米軍に提供されている。[176] なおかつ、硫黄島では本土において行うことの難しい米空母艦載機による夜間離着陸訓練が、防衛省の地方支分部局である北関東防衛局の手厚い支援のもと、毎年実施されている。[177] 北関東防衛局によると、硫黄島を滑走路として使用するという日米合意のもと、「硫黄島に灯火施設等滑走路関連施設、給油施設、宿舎及び倉庫等の施設が整備され」たそうである。[178] 米軍の訓練のために硫黄島の滑走路が利用されており、その滑走路の敷設された地点では遺骨収集活動がまだ本格的に行われておらず、地中には多くの遺骨が埋まっているということが推察される。日本国のために「敢闘の誓」を守り、対米消耗戦を戦って死亡した日本兵らの遺骨の上にアスファルトが敷かれ、日本政府により許可された米軍機が今日もなお発着している。

二〇一五年の国会は、安全保障関連法案をめぐり与野党が大きく割れた。しかし、二〇一五年九月一一日、「戦没者の遺骨収集の推進に関する法律案」[179] が衆議院において全会一致で可決された。[180] 二〇一五年の第一八九回国会において参議院で「継続審査」となったものの、翌年の第一九〇回国会において参議院で修正されたのち全会一致で可決され、衆議院においても全会一致で成立した。[181] 「戦没者の遺骨収集の推進に関する法律」が成立したことにより、「国は、戦没者の遺骨収集の推進に関する施策を総合的に策定し、及び確実に実施する責務を有する」こととなる。[182] この法案の成立による硫黄島における遺骨収集事業の進展を期待する好意的な報道もあった。[183] しかし、果たして楽観視できるであろうか。

硫黄島における遺骨収集が、今日に至るまで海外島嶼地域の遺骨収集と同程度の進捗しか見せていない理由の一つは、米軍による硫黄島の軍事利用が継続しているためであると考えられる。[184] 島内の設備が日米同盟に基づいて提供され、なおかつ軍事利用されているかぎり、今後も遺骨収集事業が目覚ましい速度で進められることはないのではなかろうか。日本政府は、米軍により滑走路が使われていること、地理的な事情から生活に不便であること、そして未だに不発弾や収容されていない遺骨のあることなどを理由に、硫黄島への立ち入りを禁じている[185]。遺骨が残っていることが立入禁止の理由の一つに挙げられていることには違和感を禁じえない。なぜならば、立ち入りの制限こそが、まさに遺骨収集の進展を遅らせる要因であるからである。

硫黄島における遺骨収集ボランティアの間口が狭い一方で、北関東防衛局は、「硫黄島における米空母艦載機着陸訓練が円滑に行われるよう、職員を硫黄島に派遣し、機材の使用及び支援物資の輸送に関する連絡調整、訓練施設の維持管理、給食などの役務の調達・提供等の支援を行って」おり、「今後も、厚木飛行場周辺地域における航空機騒音を軽減するため、硫黄島における米空母艦載機着陸訓練を支援して参ります」としている[186]。さらに、日本政府が旧島民の帰島すら原則として禁じる一方で、米国の旅行会社が、日本政府の許可を得て毎年三月に硫黄島を訪問するツアーを開催しており、そのツアーには事実上誰でも参加することが可能なのである[187]。遺骨収集を加速化するためには、こうした日本政府の二重基準は早急に正される必要があるはずである。

しかしながら、「戦没者の遺骨収集の推進に関する法律」には、「国は、本邦以外の地域における戦没者の遺骨収集に必要な情報の収集及び戦没者の遺骨収集の円滑な実施を図るため、関係国の政府等と協議等を行い、その理解と協力を得るように努めなければならない」とある[188]。硫黄島は「本邦以外」ではないため、硫黄島の遺骨収集をめぐり米国政府と協議を行う法的義務も、理解と協力を得るように努める法的義務も日本政府にはないと解釈できないであろうか。そうであるならば、日米同盟に基づく硫黄島の軍事利用を阻害することのない法の「抜け穴」があると言えよう。米軍基地のある沖縄も「本邦以外」ではないため、沖縄における遺骨収集活動にも同じことが当てはまろう。意図してそのような法文となったか定かではないが、沖縄および硫黄島の遺骨収集を加速化することが本法案の目的の一つであるならば、改定を要するであろう。

「硫黄島の戦い」が終結してから七〇年以上が経過した。細々と続けられる硫黄島における遺骨収集に参加している遺族は、いまや戦没者の子どもたちが中心である。言うまでもなく、いずれも七〇歳を超える高齢者である。今後、硫黄島戦没者遺骨収集事業への門戸が献身性にあふれる若者たちに今以上に開放されなければ、この事業は持続性を失うであろう。さらに、遺骨は収容されて終わりではなく、遺族に引き渡されるべきであることは言うまでもない。しかし、そのためにはDNA鑑定が不可欠である。ただし、個人情報の保護やプライバシーへの配慮という観点から、遺族のDNAを集めることは困難であろう。また、遺族がDNA情報を提供したくとも、どのような手続きを経ればよいのか十分周知されておらず、費用負担面など不明な点が多い。「戦没者の遺骨収集の推進に関する法律」は、戦没者遺族への遺骨引き渡しの推進に関する施策も講じるとしているものの、身元の照合にどこまで取り組めるか不透明である。[189] 遺骨の引き渡しに関する取り組みを加速化することも、今後の課題であると言えよう。

琉球諸島はというと、全島一括返還ではあったものの[190]、相対的にも実際上も大きな基地負担が依然として残る。日本本土を含む米国の極東における同盟諸国への「核の傘」を、小笠原と沖縄という小さな島嶼地域が一手に担うという不条理が、佐藤とジョンソンおよびニクソンとの「密約」によって構造化したのである。二〇一四年に行われたインタビューにおいて、ハルペリンは沖縄核「密約」について、「確かに存在しており、今も有効だ」と語っている。[191] また、近年になって沖縄核「密約」の存在を国防省も公に認めている。国防省の歴史オフィスが二〇一五年に刊行した公式の歴史文書[192]である『メルヴィン・レアードとベトナム後の軍事の基礎――一九六九〜一九七三年』には、沖縄返還協定第七条[193]について以下のように記載されている。

返還協定第七条に基づき、日本が引き継ぐ米国の施設に対する補償および核兵器を再配置する費用として三億二〇〇〇万ドルを日本は合衆国に支払うことに合意した。合意それ自体は核武装について明示的に言及していないが、一九六九年のニクソン・佐藤コミュニケにおいて表明されているように、日本の土地（Japanese soil）における核兵器の存在を禁じるという日本の政策「に背馳しないよう」返還を実施するということも第七条は明言する。合衆国はその兵器を撤去するが、危機の際にはそれらを再持ち込み（reintroduce）する権利を維持した。ワシントンは沖縄におけるほとんどの軍事施設と人員も維持する。多くの基地が閉鎖され、彼らが占領した土地は沖縄人に返還されるが、国防省にとって非常に重要なことに、その協定は、嘉手納空軍基地を含む沖縄における五四カ所の主要な施設の無期限かつ継続的な使用を米国に認めた。[194]

「いわゆる『密約』問題に関する有識者委員会」の一員であった春名幹男は、「米国防総省は公式の文書で初めて、この密約の存在を認め」、「米国は、いまや隠すべき密約ではなく、公然たる事実と認識している」と右記について指摘する。[195]この文書の驚くべき点は、使用している語句にもある。非核三原則は、日本の土地（Japanese soil）だけでなく、領海および領空への核兵器の侵入をも禁じているはずである。つまり、「通過」や「寄港」は「持込み」に該当しないという日米間の秘密合意を、それとなく確認しているかのような文面なのである。それだけではない。すでに論及したように、沖縄議事録において日本が許可することになっているのは、沖縄における核兵器の「再搬入（re-entry）」と「通過の権利（transit rights）」のみである。「持込み」は introduction と訳され、introduction は配備も意味するという日米間の秘密合意があったことに鑑みると、日本政府がこの件について肯定も否定もできないことに乗じてか、沖縄議事録を拡大解釈していると言わざるをえない。

そこで改めて沖縄議事録に目をやると、「合衆国政府は沖縄の……辺野古……における既存の核貯蔵場所を確保および機動化させられる態勢をとっておくこと」を日本に求めている。[196] 日米両政府は普天間基地の辺野古への移設に拘泥している。因果関係について明らかではないものの、沖縄議事録によって辺野古が緊急時に核を再搬入させられる施設とされていることは大変示唆的である。ハルペリンが証言し、また国防省の刊行した歴史文書が裏付けるように、この「密約」がまだ効力をもっているならば、日本政府は辺野古から米軍基地を撤去することはできないはずである。なぜならば、それは沖縄の早期返還と引き換えに日本が米国に認めた既得権であると考えられるからである。

小笠原と沖縄における、事前協議制度の適用事案をめぐる争点は異なっていた。小笠原においては核貯蔵が、そして沖縄においては「自由使用」が争点となった。それは、小笠原と沖縄の軍事的役割を反映したものであった。返還前の小笠原には、抑止が破れ沖縄や日本本土が攻め入られた際に、米国の核反撃拠点の一つとして機能し、核戦争を限定化するという役割が求められていた。そして、核貯蔵を認める「密約」が小笠原返還交渉時に結ばれたことによって、「核抜き」返還された沖縄の核抑止力を形式的に保証するという新たな役割を小笠原は与えられたのである。これは、返還を機に、小笠原が極東における周辺同盟諸国に対する米国の拡大抑止力に組み込まれたということである。沖縄の「核抜き、本土並み」の「全島一括返還」を達成するという佐藤の公約を実現させるために、さらにその佐藤の政治的成果を虚構とする沖縄基地への有事における核の再搬入と基地の「自由使用」を確実なものとするために、小笠原は事実上の「硫黄島分離返還」という帰結を迎えたのである。

終章　小笠原返還交渉とは何であったのか

本書では、小笠原返還交渉について、米国の極東における安全保障政策の文脈で考察した。本研究の目的は、在父島米軍基地および在硫黄島米軍基地の軍事的重要性、小笠原返還交渉において核「密約」が結ばれた政治的ならびに軍事的な背景、そして小笠原返還交渉と沖縄返還交渉との連関の三つを明らかにすることであった。つまりそれは、「安全保障上の要請」とは何であったかについて考究することであり、戦後日米関係史において日米友好の証として位置づけられてきた小笠原返還を再定義する試みであった。以下に本書の結論および小笠原返還交渉の戦後日米関係史における意義について提示する。

米国による占領期の父島および硫黄島における核配備の軍事的な背景について考察した結果、次の結論を得ることができる。それは、日本列島にはソ連による太平洋地域への侵攻に備えた防波堤としての機能を米国から期待されていたということである。そして、ソ連による侵攻を抑止するために、日本列島ならびに琉球諸島には米国の軍事的プレゼンスが必要であった。さらに、核抑止が破れ、ソ連がアチソン・ラインという不後退防衛線上に位置する日本に侵攻した場合に、小笠原は反撃拠点の一つとされていた。

しかしながら、核運搬技術や偵察能力等の科学技術の発展により常設基地の重要性が低下するにともない、小笠原にある米軍基地の重要性は低下した。それは柔軟反応戦略の採用と時を同じくするものであった。つまり、小笠原の返還は、米国の安全保障政策における核兵器の重要性が相対的に低下したということを示すのである。この時期、核兵器は抑止力を担い続けはしたが、すでに現実的に使用可能な兵器とはみなされていなかった。ただし、依然として軍部は相互確証破壊による抑止を維持するため、核の非脆弱性および軍事作戦の柔軟性を確保する必要性を主張した。その結果、緊急時の核貯蔵基地としての機能が硫黄島において維持されることとなった。「安全保障上の要請」は、小笠原諸島から硫黄島を事実上分離して返還することによって満たされたのである。かつて蒸気船を手に入れた米国は、小笠原を貯炭所として必要とした。そして、核兵器を手に入れた米国は、小笠原を核貯蔵地として必要とした。小笠原諸島とそこで暮らす人々は、米国における軍事技術の発展にも翻弄され続けたと言える。

小笠原返還をめぐる米国内における議論もまた、米国にとって日本が同盟国としていかに重要であるかを浮き彫りにする。国務省と軍部は、日本との同盟関係を継続するうえで、小笠原諸島の返還は避けられないということを理解していた。なぜならば、領土をめぐる戦後処理問題を停滞させることは日本国内の反米感情を高める恐れがあり、それはベトナム戦争を遂行するうえで不可欠である在沖縄米軍基地の使用にも支障をきたしかねないからであった。そこでリンドン・ジョンソン大統領は、ディーン・ラスク国務長官の主張する硫黄島分離返還案とU・アレクシス・ジョンソン大使の主張する全島一括返還案との折衷案を採用した。つまりそれは、表向きは全島一括返還という体裁をとりつつも、事実上の硫黄島分離返還で解決するという方策であった。そして、米国は小笠原の全島一括返還という形式上の成果を佐藤栄作首相にもたせる見返りとして、佐藤に硫黄島を事実上分離返還するために必要な小笠原核「密約」を結ぶことと、政治および経済における支援を要求したのである。

ここまでは、日本政府が了解していたことである。ただし、小笠原返還交渉は、日本側交渉者の知らぬうちに、沖縄返還交渉の伏線となっていた。一九六〇年代後半には、すでに核兵器ならびに常設の核発射拠点の重要性が低下していたため、沖縄を「核抜き」返還するための下地はできていた。したがって、沖縄返還交渉における争点は、在沖縄米軍基地の「自由使用」という既得権を返還後も守ることができるか否かという点にあった。小笠原返還交渉の結果、米国はすでに硫黄島を緊急時の核貯蔵基地として確保していた。これにより、沖縄の「核抜き」返還に軍部が同意しやすい環境が整えられたのである。しかし、国務省は日本との沖縄返還交渉において、最後まで「核抜き」返還については白紙であるという姿勢をとり続けた。そして、「核抜き」返還の条件として日本から最大限の譲歩、つまり在沖縄米軍基地のみならず、在日米軍基地の朝鮮半島有事ならびに台湾有事における「自由使用」の権利を獲得することができたのである。米国が得た権利はそれだけではない。緊急時に、沖縄へ核兵器を再搬入する権利をも日本に認めさせることに米国側交渉者は成功した。

小笠原核「密約」には、国防省、国務省および日本政府の三者の利害を政治的に調整する働きがあった。日本政府には、緊急時になされる米国による核貯蔵の提案を事前協議において断る、という説明を自国民に対して行う余地を残した。たとえ、協議内容にかかわらず米国が核貯蔵を断行したとしても、日本政府は自国民に対して、その責任を米国に転嫁することのできる仕組みである。国務省は、もとより事前協議が日本の同意を必要とするものではないという理解であったが、日本による同意も事前協議すらもなく返還後の小笠原に核を貯蔵したいという軍部のあからさまな主張をそのまま採用するわけにはいかなかった。そこで、すでに形骸化している事前協議制度の対象事項とするという文言を三木武夫外相に言わせることで、形式上の解決を図ったのである。

しかしながら、小笠原議事録は後に変更が加えられ、日本による米国への責任転嫁を許さない文面となった可能性がある。つまり、最終的には軍部の主張通り、日本の意思に関係なく返還後の小笠原に核兵器を貯蔵したいという米国の要求を日本が「承認した」という文面となった可能性があるのである。(1) ロバート・D・エルドリッヂは、日米間の領土返還交渉を、国務省と軍部との対立というかたちで一貫して描き、領土をめぐる戦後処理問題の解決を国務省の勝利として論述してきた。小笠原占領の根拠となった講和交渉期における国務省と軍部の立場を考察する際にも、「対立を検証する」とした。[2] しかし、両者の対立が表面的なものに過ぎなかったということは本書で明らかにした通りである。

小笠原核「密約」が結ばれたことによって、日米間、国務省および国防省間の意見の相違は克服され、小笠原の早期返還に結実した。また、沖縄返還交渉時に、核兵器を返還後の沖縄へ再搬入する権利を米国に与える沖縄核「密約」が結ばれた。米国による「核の傘」の保証を受けるということは、日本が自ら核武装することなく自国の安全を保障するための、当時としてはやむをえない選択として捉えられたのかもしれない。一方で、日本に「核の傘」を提供するということは米国にとって、極東において共産主義勢力を抑え込むということだけでなく、その抑止が崩れた場合に核によって反撃するための拠点を得るということであった。また、核戦争を限定的かつ局地的なものとするためにも必要であった。仮にそのような戦略が事実上難しくとも、小笠原の返還を軍部に納得させるために、核の再貯蔵を認める取り決めを日本と交わすことが、日米の交渉担当者らにとって避けられなかったのである。

加えて、米国による「核の傘」の保証には、極東におけるパワー・バランスに重大な影響を与えかねない日本の独自核武装を防ぐ「瓶の蓋」の意味もあった。極東における米国の同盟諸国にとって、仮想敵国であるソ連や中国による核攻撃に対する米国による防衛の保証のみを「核の傘」は意味していたわけではなかった。つまり、第二次世界大戦における記憶から日本の強大化を懸念する周辺同盟国にとって、潜在的危険因子と目された日本の独自核武装を抑止する「核の傘」でもあったのである。

一九六七年一一月一五日の首脳会談の後、佐藤首相は自身の日記にこう記している。

「きよほうへん」を度外視して只最善を尽くしたのみ。出来栄えは後世史家の批評にまつのみ。(3)

佐藤は、日米関係の岐路であった重要な領土返還交渉の時代に、首相という地位にあり続けた。そして、親米的な姿勢を貫き続けたのである。ジョンソン大統領による経済援助の要請にも、佐藤は日本の国益に適うかたちで応えた。小笠原返還を梃子に、ベトナム戦争終結前に沖縄を返還することに対する合意をリチャード・ニクソン大統領から得ることにも成功している。

ただし、結果として沖縄と小笠原は返還されたものの、それは島民と在日米軍との軋轢という代償をともなう帰結であった。沖縄と小笠原には歴史と伝統があり、これらの島々には多くの人々が暮らし続けた生活空間がある。しかし米国にとって、それらは基地であった。まるでそこに誰も住んでいないかのような議論が、日本国内、米国内および日米間で長年にわたって行われてきたのである。日本本土における安全保障を高めるために、小笠原および沖縄を核抑止力に組み込みたいという米国の思惑に佐藤政権は積極的に加担し続けた。米国政府同様、日本政府も日米安全保障体制を継続することを求めており、佐藤は極東における在沖縄米軍基地の機能に対して理解を示していた。ただし、同時に佐藤は、沖縄返還という自身の政治的偉業を達成するために、沖縄県ならびにそこに暮らす人々が過大な基地負担を負うことをやむなしと考えていたのであろうか。沖縄県民に対する不公平な基地負担の押し付けは、「日本の安全のため」であるとして、自民党の後継内閣がその後も首肯し続けていくのである。

沖縄と小笠原の返還は、日本の領土的独立が達成された転換期であるからという理由で重要であるというよりも、むしろ日米間において戦後処理が解決したかのように見せつつ、沖縄および硫黄島の基地において米国が占領中に保持していた既得権を返還後も米国に対して認めたという理由で重要であった。領土的独立の達成という佐藤の政治的成果は見せ掛けのものであり、実際は米国主導の安全保障体制を固定化させるものであった。米国は、小笠原と沖縄の返還により島民に対する責任を日本に負わせつつ排他的に基地を使用し続けられ、なおかつ領土拡張の意思がないという姿勢を、東西冷戦の渦中に世界各国に示すことができたのである。事実、沖縄を返還することによって米国に対する「民族自決のために戦う擁護者としての国際的印象を維持する」ことができるだけでなく、「沖縄の市民暴動を抑制するという、起こり得る厄介な問題を日本に転嫁することができ、なおかつ沖縄におけるこれまで以上に大きな役割を日本が引き受けることになるため国際収支問題を援助することになる」という利点のあることが、沖縄返還交渉に入る以前から国家安全保障会議においてすでに認識されていた。[4] 他方で佐藤は、「核の傘」を維持するために生じる基地負担の大部分を沖縄県民に負わせつつ、事実上の沖縄返還という政権公約を果たすことができた。つまり、返還の達成というレトリックによって、占領の継続に近い状況が続いているという事実を覆い隠してきたのである。

本書で明らかにしたように、国務省が日本との友好関係を構築しようと欲した背景には、米国の安全保障を高めるという戦略的意図があった。したがって、軍部とは根本的な部分において立場の相違がなかったのである。国務省は軍部と同様、その目的のためには「密約」を結ぶことも、日本を核戦争における防波堤にすることも、いとわなかった。米軍による小笠原統治は、返還により法的に終わった。しかし、小笠原に起因する問題はまだ終わっていない。小笠原の歴史を綴る試みを返還で終えてしまうことは、硫黄島において戦没者の遺骨が未だに本土に帰還していないことや、旧硫黄島民の帰島が未だに許されていないことなどの、米国による硫黄島の軍事利用の弊害として現在もなお未解決な問題を覆い隠してしまうことにもなりうる。

小笠原および沖縄の返還により、本土の日本人による反米感情を米国は和らげることができた。そして冷戦が終わってもなお、日米同盟は存続している。旧安保条約調印時には朝鮮戦争があった。小笠原と沖縄の返還交渉が行われた時代は、ベトナム戦争に起因する反基地運動があり、また安保改定を控え、同盟継続の岐路でもあった。日米安全保障体制の岐路は、朝鮮戦争およびベトナム戦争という、いずれも米国の極東における戦時中に訪れた。戦時中であるという理由で認められた、米国が日本領土に軍事駐留することを許す既得権は、その都度制度化され、固定化されていった。そして、未だに多くの小笠原島民および沖縄県民にとっては、まだ「戦後」が終わったとは言えない状況が続いている。基地を受け入れる自治体の不条理な犠牲のうえに、かろうじて日米同盟は成立しているのである。

あとがき

筆者と小笠原との出会いから記したい。学部生時代、大学内の書店で、とある背表紙に目が止まった。『無人島に生きる十六人』。須川邦彦による、実話に基づいた漂流記である。表紙絵に惹かれて購入した同書には、小笠原の「帰化人」が描かれていた。イルカが近くにいる島という程度のイメージしかなかった筆者は、小笠原に欧米系島民が早くから定住しており、そして現在も暮らしているということを、その本を通じて初めて知った。

もっともそこで小笠原に深く関わるようになったわけではない。その後、公民権運動について学ぶために、米国ウェスタン・イリノイ大学大学院に進学した。しかし、外交史に転向することになり、憧れのあった一九六〇年代の日米関係から研究テーマを探すことにした。

一九六〇年代は、日米関係史家にとって人気の高い時代である。そのため、大学院生である筆者が新規開拓する余地はないように思われた。指導教員であったリチャード・フィリピンク先生のご指示に従い、戦後日米関係史に関する文献を渉猟した結果、あることに気がついた。沖縄返還に比べ、小笠原返還に関する記述は圧倒的に少ないか、あるいは言及すらされていなかったのである。そのとき、学部生時代の何気ない読書の記憶が蘇り、小笠原に欧米系島民が暮らしているということを思い出した。小笠原返還交渉について研究すれば、人権問題についても学べるかもしれない、そう考え、早速、小笠原について調べ始めた。そして、研究対象としての可能性を確信した。小笠原が、戦後日米関係史におけるフロンティアに見えたのである。

修士課程で小笠原返還交渉について研究するにつれ、次第に日米安全保障体制への関心が強まった。そこで博士課程は、学際的研究の場を提供する名古屋大学大学院国際開発研究科に進学した。筆者は、修士課程で小笠原研究に区切りをつけたつもりでいたが、指導教員の山形英郎先生の助言に従い、小笠原研究を続けることとなった。その成果が小笠原返還交渉に関する博士論文であり、本書はそれを大幅に加筆・修正したものである。

博士論文では、当初、米国の極東における安全保障政策の文脈で、小笠原返還交渉について研究するつもりであった。しかし、小笠原関連の史料を読み進めていくにつれ、小笠原と沖縄の返還交渉の連関が浮き彫りになってきた。これまでにも両返還交渉における核密約の存在は指摘されてきたが、改めて二つの「密約」の文面を比較すると、米国の安全保障政策において重要であるはずの言葉に、看過できない差異が認められた。つまり、小笠原核密約で米国は核の「貯蔵」に対する日本からの「好意的反応」を求めている一方で、沖縄核密約においては、米国は核の「再搬入」に対する「好意的な返答」を求めているのである。なぜ沖縄核密約において核の「貯蔵」が求められなかったのであろうか。また、なぜ小笠原核密約において日本は「返答」を求められなかったのであろうか。調べていくうち、次第に点と点がつながり線になっていった。小笠原返還交渉は、米国が占領期の沖縄にもっていた既得権を、沖縄返還後も維持するための伏線となっていた。すなわち、今日的な基地問題の起源とも言える沖縄返還交渉は、日本側交渉者がその重要性を見誤り、過小評価していた小笠原返還交渉の結末に大きく影響されていたのである。こうして、本研究は、米国の核戦略の変容を手がかりに、小笠原と沖縄の返還交渉のあいだの、見過ごされてきた深い連関を描き出す試みとなった。小笠原返還は、戦後日米関係における小さなエピソードではなかったのである。

さて、本書を書き上げるにあたって、筆者は多くの幸運に恵まれた。危機的状況において、必ず手を差し伸べてくれる人々と出会えたからである。一人ひとり全ての方に触れることはできないが、研究生活において支えとなってくださった方々を中心にお礼を述べたい。

学部生時代に交換留学で米国シンシナティ大学に滞在をしていた際、歴史学部のトレイシー・テスロウ先生による米国現代史の講義を受けた。テスロウ先生の講義を通じて、筆者は米国の人権問題に関心を抱くようになった。先生は、特別に大学院の授業も受講させてくださった。その授業についていけたからこそ、筆者は米国の大学院に進学することを思い立ったのである。

学部生時代にお世話になった方として、梅垣昌子先生を挙げないわけにはいかない。名古屋外国語大学在学中のアドバイザーであった梅垣先生は、常に親身になって筆者の相談に乗ってくださった。先生のご助言がなければ、筆者はシンシナティ大学に留学していなかったに違いない。また、京都外国語大学副学長である熊谷俊樹先生には、学部生時代に同時通訳法の授業で大変お世話になった。熊谷先生は、留学できるかどうか不安に思っていた筆者に対して檄を飛ばしてくださった。敬愛する先生に怠け者と思われたくないという気持ちが、筆者を奮い立たせたのである。両先生にこの場を借りて、厚くお礼申し上げる。

ウェスタンでの留学生活においても、多くの方々に助けていただいた。特に、フィリピンク先生による厳しくも適切なご指導がなければ、筆者は締まりのない留学生活を送っていたと思う。学位論文の執筆において最も重要なことの一つは、研究可能なテーマを探し出すことであろう。筆者が研究計画を提出するたびに、フィリピンク先生から再提出を指示されたものである。その時の苦闘があったからこそ、筆者は小笠原に辿り着くことができた。また、筆者の副専攻であった中東史の担当教員、ロベルト・マッツァ先生にも大変親身にご指導を賜った。さらに、筆者を物心両面で支えてくださった、心理学部の外崎ひろ子先生のお名前も挙げないわけにはいかない。加えて、ルーム・メイトの山地剛徳氏、学友のララ・ズィンク氏、このほか、留学中に筆者を支えてくださった全ての方に感謝申し上げたい。

修士課程を修了後、名古屋大学大学院に進学する準備に取り掛かった際には、国際開発研究科の西川由紀子先生に大変お世話になった。先生の無償の優しさがなければ、筆者は博士後期課程に進学できなかったであろう。そのうえ、博士論文の出版を目指すよう筆者に働きかけてくださったのも、西川先生であった。また他研究科（当時）でありながら筆者の副指導教員を快くお引き受けくださった井口治夫先生への感謝も述べたい。一流の日米関係史家である井口先生からご助言をいただく時、筆者は常に緊張していたものである。もちろん筆者はまだ先生の足元にも及ばないが、少しでも先生に近づくことが恩返しであると胸に刻み、日々研鑽を積んでいきたい。さらに後期課程において筆者が最もお世話になったのは、指導教員の山形先生である。山形先生の厳しくも優しいご指導がなければ、今の筆者はないと言ってよい。博士後期課程在学中に名古屋大学学術奨励賞を受賞する栄誉にあずかったことも、懇切丁寧に指導し育ててくださった先生方のおかげである。この場を借りて深くお礼申し上げる。

先行研究者であるロバート・D・エルドリッヂ先生は、日米関係の文脈で小笠原の通史を著し、後の研究者に道を拓いてくださった。それだけでなく、筆者による突然の不躾なメールにも快くご対応いただき、職務でご多忙な合間を縫って史料の提供まで賜った。先生のご研究ならびにご協力がなければ本研究が日の目を見ることはなかった。日米関係の文脈で沖縄を研究されてきた我部政明先生も、筆者の質問に快くご対応くださり、史料の提供までしてくださった。また、首都大学東京小笠原研究委員会の可知直毅先生は、折に触れて筆者を励ましてくださった。筆者が所属する名古屋アメリカ研究会では藤本博先生、川島正樹先生ならびに平田雅己先生に、言葉に尽くせないほどにお世話になった。先生方に対し、ここに謝意を述べたい。

また、硫黄島における遺骨収集活動を共にした方々にも、大変お世話になった。戦没者遺族四世である筆者にとって、この活動は、本書執筆の大きな糧となった。

加えて、図書館スタッフや公文書館アーキビストにも大変お世話になった。とりわけ、ウェスタン・イリノイ大学レズリー・F・マルパス図書館のチャールズ・マローン氏ならびに名古屋大学附属図書館の菊池有里子氏と峯岸ななえ氏は、資史料の収集において何度もご尽力くださり、融通を利かせてくださった。また、米国国立公文書館や外務省外交史料館ならびに東京大学アメリカ太平洋地域研究センターのアーキビストやスタッフは、常に筆者が必要とする史料を探し出してくださった。さらに、魁生学人氏、松本由香氏ならびにスティーブ・ジア氏には、こうした史料収集に際し、現地で筆者を物心ともに支えてくださった。なお、公文書館等における史料収集は、日米協会ならびにアメリカ研究振興会の研究助成により実施した。厚くお礼申し上げる。

博士課程を修了したばかりの一介の若手研究者である筆者が、単著を刊行する機会に恵まれたのは、第二七回名古屋大学出版会学術図書刊行助成をいただけたからである。本書の編集を担当し、常に叱咤激励してくださった三木信吾氏ならびに校閲をご担当くださった長畑節子氏には、お礼を申し上げたい。

決して経済的に余裕のある家庭ではなかったが、何もかもを後回しにして学費等を捻出してくれた両親、我儘な筆者を支え続けてくれる妻の沙智絵、筆者の特殊な立場を理解し日ごろから応援してくれる義父母、そして心の支えである娘の千尋に感謝したい。

二〇一七年三月

真崎　翔

《著者紹介》

真《ま》崎《さき》　翔《しょう》

1986年　愛知県に生まれる
2015年　名古屋大学大学院国際開発研究科博士後期課程修了
現　在　名古屋大学大学院環境学研究科博士研究員，名古屋外国語大学ほか非常勤講師

核密約から沖縄問題へ

2017年4月15日　初版第1刷発行

定価はカバーに
表示しています

著　者　真　崎　　翔
発行者　金　山　弥　平

発行所　一般財団法人 名古屋大学出版会
〒464-0814　名古屋市千種区不老町1 名古屋大学構内
電話(052)781-5027 / FAX(052)781-0697

印刷・製本　亜細亜印刷㈱　ISBN978-4-8158-0871-6
乱丁・落丁はお取替えいたします。

索　引

ア 行

カ 行

サ　行

タ　行

ナ 行

ハ 行

マ　行

ヤ　行

ラ・ワ行

図表一覧

参考文献

公 文 書

【和　文】

「沖縄返還に関する NSSM-5（1969 年 4 月 28 日）」『世界』別冊，641 号（1997 年 10 月）227-33 頁。

外務省外務審議官「オキナワ，小笠原問題に関するバーガーン国務次官補代理の内話」1967 年 12 月 6 日（「沖縄関係 4」001, 0600-2008-00029, H22-021，外務省外交史料館所蔵）。

外務省北米局「外務大臣・ジョンソン大使会談録」1967 年 7 月 19 日（「沖縄関係 4」002, 0600-2008-00029, H22-021，外務省外交史料館所蔵）。

外務省北米局「7 月 15 日沖縄・小笠原問題に関する外務大臣，米大使会談に際し先方に手交せる覚書」1967 年 7 月 15 日（「沖縄関係 4」002, 0600-2008-00029, H22-021，外務省外交史料館所蔵）。

外務省北米局長「沖縄に関し在京米大使と懇談の件」1967 年 7 月 19 日（「沖縄関係 4」002, 0600-2008-00029, H22-021，外務省外交史料館所蔵）。

外務省北米局長「北米局長ザヘレン参事官懇談の件」1967 年 6 月 29 日（「沖縄関係 13」2012-0764，H24-001，外務省外交史料館所蔵）。

外務省北米局長「総理との打合」1968 年 12 月 7 日（ファイル名不明，「愛知大臣ブリーフ用ペーパー」0600-2010-00070, H22-021，外務省外交史料館所蔵）。

外務省北米局「三木大臣・ジョンソン大使会談録」1967 年 10 月 11 日（「沖縄関係 4」004, 0600-2008-00029, H22-021，外務省外交史料館所蔵）。

外務省北米局「三木大臣・ジョンソン大使会談録送付」1967 年 10 月 12 日（「沖縄関係 4」004, 0600-2008-00029, H22-021，外務省外交史料館所蔵）。

外務省「佐藤総理ジョンソン大統領会談録（1 回会談）」1967 年 11 月 14 日（「沖縄関係 5」003, 0600-2008-00031, H22-021，外務省外交史料館所蔵）。

外務省「佐藤総理・ジョンソン大統領 2 回会談記録」1967 年 11 月 15 日（「沖縄関係 5」003, 0600-2008-00031, H22-021，外務省外交史料館所蔵）。

外務省「三木大臣，マクナマラ国防長官会談録」1967 年 9 月 15 日（「沖縄関係 4」004, 0600-2008-00029, H22-021，外務省外交史料館所蔵）。

外務省「三木大臣，ラスク長官会談録（I）」1967 年 9 月 14 日（「沖縄関係 4」003, 0600-2008-00029, H22-021，外務省外交史料館所蔵）。

外務省「三木大臣，ラスク長官会談録（II）」1967 年 9 月 16 日（「沖縄関係 4」004, 0600-2008-00029, H22-021，外務省外交史料館所蔵）。

「カイロ宣言」鹿島平和研究所編『日本外交主要文書・年表』第 1 巻（原書房，1983 年）

55-56 頁。

「原子力平和利用に関する世論調査」科学技術庁『原子力委員会月報 8 月号』13 巻 8 号（科学技術庁原子力局，1968 年）。

厚生省社会援護局援護 50 年史編集委員会『援護 50 年史』（ぎょうせい，1997 年）。

「国際連合憲章」鹿島平和研究所編『日本外交主要文書・年表』第 1 巻（原書房，1983 年）57-72 頁。

『57 回国会衆議院予算委員会議録 2 号』（1967 年 12 月 11 日）1-42 頁。

『61 回国会衆議院外務委員会議録 5 号』（1969 年 3 月 14 日）1-18 頁。

在米国下田大使発三木外務大臣宛電報 1286 号「オキナワ問題（アメリカ局長とスナイダー補さ官等との会談）」1969 年 4 月 28 日（ファイル名不明，003, 0600-2010-00070, H22-021，外務省外交史料館所蔵）。

在米国下田大使発三木外務大臣宛電報 1820 号「本使バンディー会談（おきなわ，おがさわら問題）」1967 年 7 月 10 日（「沖縄関係 4」001, 0600-2008-00029, H22-021，外務省外交史料館所蔵）。

在米国下田大使発三木外務大臣宛電報 1865 号「オキナワ問題」1968 年 6 月 18 日（ファイル名不明，003, 0600-2010-00070, H22-021，外務省外交史料館所蔵）。

在米国下田大使発三木外務大臣宛電報 2595 号「三木・ラスク会談」1967 年 7 月 16 日（「沖縄関係 4」004, 0600-2008-00029, H22-021，外務省外交史料館所蔵）。

在米国下田大使発三木外務大臣宛電報 2715 号「バンディー次官補との会談（オキナワ・オガサワラ問題）」1967 年 9 月 28 日（「沖縄関係 4」001, 0600-2008-00029, H22-021，外務省外交史料館所蔵）。

在米国下田大使発三木外務大臣宛電報 2908 号「オキナワ，オガサワラ問題」1967 年 10 月 17 日（「沖縄関係 4」001, 0600-2008-00029, H22-021，外務省外交史料館所蔵）。

「佐藤栄作首相の沖縄訪問に際してのステートメント」鹿島平和研究所編『日本外交主要文書・年表』第 2 巻（原書房，1984 年）613-14 頁。

「佐藤首相ナショナルプレスクラブ演説」鹿島平和研究所編『日本外交主要文書・年表』第 2 巻（原書房，1984 年）891-97 頁。

「佐藤総理・ラスク国務長官会談録，外務省記録」楠田實／和田純編・校訂，五百旗頭真編・解題『楠田實日記――佐藤栄作総理主席秘書官の 2000 日』（中央公論新社，2001 年）762-64 頁。

「条約 6 条の実施に関する交換公文」鹿島平和研究所編『日本外交主要文書・年表』第 1 巻（原書房，1983 年）963-65 頁。

「ナショナル・プレス・クラブにおける演説（1965 年）」内閣総理大臣官房『佐藤内閣総理大臣演説集』（大蔵省印刷局，1970 年）170-76 頁。

「南方諸島及びその他の諸島に関する日本国とアメリカ合衆国との間の協定」鹿島平和研究所編『日本外交主要文書・年表』第 2 巻（原書房，1984 年）779-81 頁。

「日米共同コミュニケ」鹿島平和研究所編『日本外交主要文書・年表』第 1 巻（原書房，1983 年）806-10 頁。

「日米共同声明」鹿島平和研究所編『日本外交主要文書・年表』第 2 巻（原書房，1984

年）879-86 頁。

「日本国とアメリカ合衆国との間の安全保障条約」鹿島平和研究所編『日本外交主要文書・年表』第 1 巻（原書房，1983 年）444-46 頁。

「日本国とアメリカ合衆国との間の相互協力及び安全保障条約」鹿島平和研究所編『日本外交主要文書・年表』第 1 巻（原書房，1983 年）959-63 頁。

「日本国との平和条約」鹿島平和研究所編『日本外交主要文書・年表』第 1 巻（原書房，1983 年）419-40 頁。

「米国管理地域における戦没者の遺骨の送還，慰霊等に関する件（昭和 27 年 10 月 23 日閣議了解事項）」厚生省社会援護局援護 50 年史編集委員会『援護 50 年史』（ぎょうせい，1997 年）512 頁。

「報告対象文書 1-3」外務省調査チーム編『いわゆる「密約」に関する調査報告対象文書（1. 1960 年 1 月の安保条約改定時の核持ち込みに関する「密約」問題関連）』。

「法律 12 号（平成 28 年 3 月 30 日）戦没者の遺骨収集の推進に関する法律」参議院「190 回国会（常会）（平成 28 年 3 月 30 日現在）」『議案情報』http://www.sangiin.go.jp/ japanese/ joho1/ kousei/ gian/ 190/ pdf/ s051890401900.pdf (2016 年 8 月 9 日確認)。

「ポツダム宣言」鹿島平和研究所編『日本外交主要文書・年表』第 1 巻（原書房，1983 年）73-75 頁。

三木外務大臣発在米国下田大使宛電報 1189 号「沖縄・小笠原問題」1967 年 7 月 14 日（「沖縄関係 21」0600-2011-00001, H22-021，外務省外交史料館所蔵）。

三木外務大臣発在米国下田大使宛電報 1910 号「大臣・ジョンソン大使会談記録」1967 年 10 月 28 日（「沖縄関係 4」004, 0600-2008-00029, H22-021，外務省外交史料館所蔵）。

「琉球諸島及び大東諸島に関する日本国とアメリカ合衆国との間の協定」鹿島平和研究所編『日本外交主要文書・年表』第 3 巻（原書房，1985 年）481-89 頁。

「1960 年 1 月 19 日に発表された岸日本国総理大臣とアイゼンハウアー合衆国大統領との共同コミュニケ」鹿島平和研究所編『日本外交主要文書・年表』第 1 巻（原書房，1983 年）988-92 頁。

「1967 年 11 月 14 日および 15 日のワシントンにおける会談後の佐藤栄作総理大臣とリンドン・B・ジョンソン大統領との間の共同コミュニケ」鹿島平和研究所編『日本外交主要文書・年表』第 2 巻（原書房，1984 年）731-39 頁。

【英　文】

"A-1331 from Embassy Tokyo to Department of State, April 10, 1968." Folder : POL 19 BONIN IS 4-1-68, Box 1898, CENTRAL FOREIGN POLICY FILES 1967-1969, RG 59.
ADB Annual Report 1968. http://www.adb.org/ sites/ default/ files/ adb-ar-1968.pdf (Accessed on February 13, 2017).
"Agreed Minute to Joint Communique of United States President Nixon and Japanese Prime Minister Sato Issued on November 21, 1969." 河野康子「沖縄返還と有事の核の再持ち込み」『いわゆる「密約」問題に関する有識者委員会報告書』（外務省，2010 年）73 頁。
"Airgram 2370 from Embassy Tokyo to Department of State, December 30, 1968." Folder : POL

19 BONIN IS 4-1-68, Box 1898, CENTRAL FOREIGN POLICY FILES 1967-1969, RG 59.

"A Report to the National Security Council by the Executive Secretary on Basic National Security Policy, October 30, 1953, Washington." Document of the National Security Council 1947-1977, Reel 3.

"A Report to the President by the National Security Council on Recommendations with Respect to U.S. Policy toward Japan, October 7, 1948, Washington." Document of the National Security Council 1947-1977, Reel 1.

"A Report to the President by the National Security Council on the Position of the United States with Respect to Asia, December 30, 1949, Washington." Document of the National Security Council 1947-1977, REEL 2.

"Bonins Land Retention, April 24, 1968." Records of the Military Government/ Civil affairs Branch of the Office of the Chief of Naval Operations, 1899-1976, Series VIII, Records Regarding the Bonin-Volcano Islands, Boxes 101, Operational Archives, Navy Historical Center.

Colm, Peter W., Rosemary Hayes, and Joseph A Yager. "The Reversion of Okinawa : A Case Study in Interagency Coordination（Institute for Defense Analysis, Paper P-889, July 1972）: 1-117.

Department of State. "Crisis in Asia : An Examination of U.S. Policy." *The Department of State Bulletin* Vol. 22, No. 551（Washington, DC : United States Government Printing Office, 1950）: 111-18.

Hunt, Richard A. *Melvin Laird and the Foundation of the Post-Vietnam Military : 1969-1973*. Secretaries of Defense Historical Series, Vol. VII. Historical Office, Office of the Secretary of Defense.

「9 月 5 日のダレス米代表の演説（英文）」外務省編『日本外交文書――平和条約の締結に関する調書』4 冊（じんのう，2002 年）267-84 頁。

"Japan Defense Agency Plans for the Bonins, March 14, 1968." Folder : POL 19 BONIN IS. Box 1898, RG 59.

"Japanese Press Translations, March 6, 1958." Records of the Military Government/ Civil Affairs Branch of the Office of the Chief of Naval Operations, 1899-1976, Series VIII, Records Regarding the Bonin-Volcano Islands, Box 101, Operational Archives, Navy Historical Center.

"Japanese Press Translation Summary, February 21, 1957." Records of the Military Government/ Civil Affairs Branch of the Office of the Chief of Naval Operations, 1899-1976, Series VIII, Records Regarding the Bonin-Volcano Islands, Box 101.

"Japan-United States Joint Communique." *Basic Documents on Japanese Foreign Relations*, Vol. 2. Edited by Kajima Institute of International Peace. Tokyo : Hara Shobo, 1984 : 342-44.

JCS 1380/ 129, "Note by the Secretaries to the Joint Chiefs of Staff on Study on United States Long-term Objectives with Respect to the Ryukyus Islands, December 5, 1951." CCS 383.21 Japan（3-13-45）, Sec. 28, RG 218, 911-12.

League of Bonin Evacuees for Hastening Repatriation. *History of the Problem of the Bonin Islands*（Tokyo, 1958）.

"Letter from Findley to Wachi, December 18, 1956." Folder 7, Japanese War Dead, Box 100, Operational Archives, Naval Historical Center.

"Memorandum for Files, July 16, 1952," attached to "Letter from Ambassador Murphy to Assistant Secretary Allison, July 29, 1952." 794C.0221/ 7-2952, Box, 4261, Decimal File, 1950-54, RG 59.

Memorandum for the Record, "White House meeting with Prime Minister Sato, 11:30 a.m. January 12, 1965." January 13, 1965. Rough Draft, Secret, NFS Country File Japan, Box 253, LBJ Library.

"Memorandum to the President on Luncheon Meeting with Secretaries Rusk and McNamara, Walt Rostow, CIA Director Richard Helms, George Christian and Jim Jones, Saturday, November 4, 1967." Folder : Meeting with Foreign Policy Advisers, November 4, 1967, 2:20 p. m., Meeting Notes File, Box 2, LBJ Papers, LBJ Library.

The National Security Archive, Nuclear Noh Drama : Tokyo, Washington and the Case of the Missing Nuclear Agreements. "Department of State Cable, Tokyo 2335, April 4, 1963, reporting on meeting between Ambassador Reischauer and Foreign Minister Masayoshi Ohira to discuss presence of nuclear weapons on U.S. ships. (From The United States and Japan, 1960-1972)." George Washington University. http://nsarchive.gwu.edu/ nukevault/ ebb291/ (Accessed on January 5, 2015).

The National Security Archive, Nuclear Noh Drama : Tokyo, Washington and the Case of the Missing Nuclear Agreements. "Description of Consultation Arrangements Under the Treaty of Mutual Cooperation and Security with Japan ; and Summary of Unpublished Agreements Reached in Connection with the Treaty of Mutual Cooperation and Security with Japan [part of briefing book prepared for Secretary of State Herter] ca. June 1960. (From The United States and Japan, 1960-1972, National Security Archive)." George Washington University. http: //nsarchive.gwu.edu/ nukevault/ ebb291/ (Accessed on January 5, 2015).

The National Security Archive, Nuclear Noh Drama : Tokyo, Washington and the Case of the Missing Nuclear Agreements. "Memorandum, Davis to The Vice President, et al., Subject : NSSM 5 - Japan Policy, April 28, 1969 (From The United States and Japan, 1960-1972)." George Washington University. http://nsarchive.gwu.edu/ nukevault/ ebb291/ (Accessed on January 5, 2015).

The National Security Archive, Revelations in Newly Released Documents about U.S. Nuclear Weapons and Okinawa Fuel NHK Documentary. "Memorandum of Conversation, Nixon/ Sato, 11/ 19/ 69 (Top Secret/ Sensitive)." George Washington University. http://www.gwu.edu/ ~nsarchiv/ japan/ okinawa/ okinawa.htm (Accessed on July 18, 2012).

The National Security Archive, Revelations in Newly Released Documents about U.S. Nuclear Weapons and Okinawa Fuel NHK Documentary. "Memorandum of Conversation. William Bundy/ Japanese Ambassador Shimoda. 7/ 10/ 67. Subject : Okinawa and the Bonin Islands (Secret/ Exdis/ Need to Know)." George Washington University. http://www.gwu.edu/ ~nsarchiv/ japan/ okinawa/ okinawa.htm (Accessed on July 18, 2012).

The National Security Archive, U.S. Nuclear Weapons on Chichi Jima and Iwo Jima. "Briefing Paper for Visit of Prime Minister Ikeda to Washington, 20–23 June 1961, 'United States Administration of the Bonin Islands,' 14 June 1961, RG 59, Executive Secretariat Conference Files, 1949–63, box 256, file 'CF 1915.'" George Washington University. http://nsarchive.gwu.edu/ NSAEBB/ NSAEBB22/ (Accessed on November 3, 2010).

The National Security Archive, U.S. Nuclear Weapons on Chichi Jima and Iwo Jima. "Chairman's Staff Group to Admiral Radford, 'Dispersal of Atomic Weapons in the Bonin and Volcano Islands,' 4 June 1957, National Archives, Records of the Joint Chiefs of Staff, Record Group 218, Chairman's Files, Admiral Radford, box 44, file '476.1.'" George Washington University. http: //nsarchive. gwu. edu/ NSAEBB/ NSAEBB22/ (Accessed on November 3, 2010).

The National Security Archive, U. S. Nuclear Weapons on Chichi Jima and Iwo Jima. "Memorandum from Assistant Secretary of State for East Asian and Pacific Affairs, William P. Bundy to the Secretary, 'Congressional Consultation on the Ryukyus and the Bonins – Briefing Memorandum,' 6 November 1967, RG 59, Subject-Numeric Files, file 'POL 19 Ryu Isl.' ' " George Washington University. http: //nsarchive. gwu. edu/ NSAEBB/ NSAEBB22/ (Accessed on November 3, 2010).

The National Security Archive, U. S. Nuclear Weapons on Chichi Jima and Iwo Jima. "Memorandum of Conversation between Japanese Foreign Minister Takeo Miki and Secretary of State Dean Rusk, 'Ryukyu Islands,' 16 September 1967, RG 59, Subject-Numeric Files, 1967–69, file 'POL 19 Ryu.'" George Washington University. http: //nsarchive. gwu. edu/ NSAEBB/ NSAEBB22/ (Accessed on November 3, 2010).

The National Security Archive, U. S. Nuclear Weapons on Chichi Jima and Iwo Jima. "Memorandum of conversation between Prime Minister Sato and Secretary of State Rusk, 'Ryukyus and Bonins,' 15 November 1967, RG 59, Subject-Numeric Files, file 'POL 19 Ryu Isl.'" George Washington University. http://nsarchive.gwu.edu/ NSAEBB/ NSAEBB22/ (Accessed on November 3, 2010).

The National Security Archive, U.S. Nuclear Weapons on Chichi Jima and Iwo Jima. "State Department cable 371 to U.S. Embassy Tokyo, 6 August 1964, RG 59, Subject-Numeric Files, 1964–66, file "POL 19 Bonin Is." George Washington University. http: //nsarchive. gwu. edu/ NSAEBB/ NSAEBB22/ (Accessed on November 3, 2010).

The National Security Archive, U.S. Nuclear Weapons on Chichi Jima and Iwo Jima. "State Department cable 65120 to U.S. embassy Tokyo, 5 November 1967, RG 59, Subject-Numeric Files, file 'POL 19 Bonin Islands.'" George Washington University. http: //nsarchive. gwu. edu/ NSAEBB/ NSAEBB22/ (Accessed on November 3, 2010).

"National Security Decision Memorandum 13." Folder : Intelligence Memo #1. Box 1, RG 319.

"Nuclear Weapons as an Obstacle to the Reversion of the Ryukyus, July 8, 1968." Folder : Intelligence Memo #1. Box 1, RG 319.

"Nuclear Weapons on Okinawa, August 26, 1968." Folder : Intelligence Memo #1. Box 1, RG 319.

"NSSM-5 : Japan Policy," Records of National Security Council, RG 273.

Office of the Assistant to the Secretary of Defense (Atomic Energy). *History of the Custody and Deployment of Nuclear Weapons : July 1945 through September 1977*, February 1978.

"Petition of the Okinawans' Association in Taiwan." 794C.021/ 9-2050, RG 59.

Records of the Military Government/ Civil Affairs Branch of the Office of the Chief of Naval Operations, 1899-1976, Series VIII, Records Regarding the Bonin-Volcano Islands. Folder : Bonin-Volcanos-Return of Japanese to Bonins-A. Ackerman Case, 1956, Box 101, Operational Archives, Navy Historical Center.

"State Department Cable 65120 to U.S. Embassy Tokyo, November 5, 1967." Folder : POL 19 BONIN ISLANDS, Box 1898, CENTRAL FOREIGN POLICY FILE 1967-1969, RG 59.

"Telegram No. 644, from Secretary Acheson to Ambassador Murphy, September 3, 1952." 794C. 0221/ 8-3052, Box 4261, RG 59.

"Telegram 2913 from Embassy Tokyo to State Department, October 28, 1967." Folder : POL 19 BONIN IS, Box 1898, CENTRAL FOREIGN POLICY FILES 1967-1969, RG 59.

"Telegram 3060, from Embassy Tokyo to Secretary of State, November 6, 1967. " Folder : POLITICAL AFF. & REL. JAPAN-US 1-1-67, CENTRAL FOREIGN POLICY FILES 1967-1969, BOX 2249, RG 59.

"Telegram 6698 from Embassy Tokyo to State Department, March21,1968." Country File Japan, Box 252, National Security Files, LBJ Library.

"Telegram 7094 from Embassy Tokyo to State Department, April 3, 1968." Folder : POL 19 BONIN IS 4-1-68, Box 1898, CENTRAL FOREIGN POLICY FILES 1967-1969, RG 59.

"Telegram 9628 from Embassy Tokyo to State Department, June 26, 1968." Folder : POL 19 BONIN IS 4-1-68, Box 1898, CENTRAL FOREIGN POLICY FILES 1967-1969, RG 59.

"Telegram 83547 from State Department to Embassy Tokyo, December 13, 1967." Folder : POL 19 BONIN IS, Box 1898, CENTRAL FOREIGN POLICY FILES 1967-1969, RG 59.

"Telegram 93485, Nuclear Weapons and Bonin Negotiations, January 4, 1967." Folder : POL 19 BONIN IS 1-1-68, Box 1898, CENTRAL FOREIGN POLICY FILES 1967-1969, RG 59.

"Telegram 141066 from Department of State to Embassy Tokyo, April 3, 1968." Folder : POL 19 BONIN IS 4-1-68, Box 1898, CENTRAL FOREIGN POLICY FILES 1967-1969, RG 59.

"Text of Joint Communique between President Lyndon B. Johnson and His Excellency Eisaku Sato, Prime Minister of Japan Following Talks in Washington, January 12 and 13, 1965." *Basic Documents on Japanese Foreign Relations*, Vol. 2. Edited by Kajima Institute of International Peace (Tokyo : Hara Shobo, 1984) : 542-46.

Tokyo 8733 (22 October 1969) ; Subject : OKNEG NO. 23 ; Folder of POL 19 Ryu Is ; Box 2264, Central Foreign Policy Files, 1967-69, RG 59.

United States Senate. *Congressional Record : Proceedings and Debates of the 80th Congress, Second Session, Volume 94, Part 6, June 3, 1948, to June 14, 1948 (Page 6991 to 8228)* (Washington, DC : United States Government Printing Office, 1948).

U.S. Bureau of the Census. "No. 1258. Exports and General Imports of Merchandise, by Country of

Destination and Origin : 1950 to 1965." In *Statistical Abstract of the United States : 1966*, 87th edition. (Washington, DC : United States Government Printing Office, 1966) : 868–73.

U.S. Bureau of the Census. "No. 1232. Exports and Imports of Merchandise, by Continent, Area, and Country : 1955 to 1969." In *Statistical Abstract of the United States : 1970*, 91st edition. (Washington, DC : United States Government Printing Office, 1970) : 788–91.

U.S. Congress. House of Representative. Document number 171. 80th Congress, 1st session. March 12, 1947 : 1–5.

U.S. Department of State Publication 8573, Office of Historian, Bureau of Public Affairs. "The Acting Secretary of State to Senator Austin, Washington, November 6, 1946–1 p.m." In *Foreign Relations of the United States, 1946, Vol. I, General ; the United Nations* (Washington, DC : United States Government Printing Office, 1972) : 674–76.

U. S. Department of State Publication 8854, Office of Historian, Bureau of Public Affairs. "Memorandum by the Acting Chief of the Division of Japanese Affairs (Borton) to the Director of the Office of Far Eastern Affairs, [Washington,] September 30, 1946." In *Foreign Relations of the United States, 1946, Vol. VIII, Part 2,The Far East* (Washington, DC : United States Government Printing Office, 1971) : 322–23.

U. S. Department of State Publication 8606, Office of Historian, Bureau of Public Affairs. "Memorandum by General of the Army Douglas MacArthur, 21 March 1947." In *Foreign Relations of the United States, 1947, Vol. VI, The Far East* (Washington, DC : United States Government Printing Office, 1972) : 454–56.

U. S. Department of State Publication 8606, Office of Historian, Bureau of Public Affairs. "Memorandum by Mr. John P. Davis, Jr., of the Policy Planning Staff to the Director of the Staff (Kennan), August 12, 1947." In *Foreign Relations of the United States, 1947, Vol. VI, The Far East* (Washington, DC : United States Government Printing Office, 1972) : 485–86.

U. S. Department of State Publication 8606, Office of Historian, Bureau of Public Affairs. "Memorandum of Conversation, by the Acting Political Adviser in Japan (Sebald), October 26, 1947." In *Foreign Relations of the United States, 1947, Vol. VI, The Far East* (Washington, DC : United States Government Printing Office, 1972) : 547–50.

U.S. Department of State Publication 8857, Office of Historian, Bureau of Public Affairs. "A Report to the President by the National Security Council." In *Foreign Relations of the United States, 1949, Vol. VII, Part 2, The Far East and Australia* (Washington, DC : United States Government Printing Office, 1976) : 1215–20.

U.S. Department of State Publication 9411, Office of Historian, Bureau of Public Affairs. "The Ambassador in Japan (Murphy) to the Department of State, Tokyo, July 2, 1952–8 p.m." In *Foreign Relations of the United States, 1952–1954, Vol. XIV, Part 2, China and Japan* (Washington, DC : United States Government Printing Office, 1985) : 1279–80.

U.S. Department of State Publication 9411, Office of Historian, Bureau of Public Affairs. "The Ambassador in Japan (Murphy) to the Department of State, Tokyo, October 13, 1952–7 p.m." In *Foreign Relations of the United States, 1952–1954, Vol. XIV, Part 2, China and Japan*

(Washington, DC : United States Government Printing Office, 1985) : 1340-43.

U.S. Department of State Publication 9758, Office of Historian, Bureau of Public Affairs. "NSC 5501." In *Foreign Relations of the United States, 1954-1957, Vol. XIX, National Security Policy* (Washington, DC : United States Government Printing Office, 1990) : 24-39.

U.S. Department of State Publication 10130, Office of Historian, Bureau of Public Affairs. "Letter from the Ambassador to Japan (MacArthur) to Secretary of State Dulles, Tokyo, April 18, 1958." In *Foreign Relations of the United States, 1958-1960, Vol. XVIII, Japan ; Korea* (Washington, DC : United States Government Printing Office, 1994) : 22-29.

U.S. Department of State Publication 11321, Office of Historian, Bureau of Public Affairs. "Action Memorandum from the Assistant Secretary of State for East Asian and Pacific Affairs (Bundy) to Secretary of State Rusk, Washington, August 7, 1967." In *Foreign Relations of the United States, 1964-1968, Vol. XXIX, Part 2, Japan* (Washington, DC : United States Government Printing Office, 2006) : 189-97.

U. S. Department of State Publication 11321, Office of Historian, Bureau of Public Affairs. "Airgram from the Embassy in Japan to the Department of State." In *Foreign Relations of the United States, 1964-1968, Vol. XXIX, Part 2, Japan* (Washington, DC : United States Government Printing Office, 2006) : 46-52.

U. S. Department of State Publication 11321, Office of Historian, Bureau of Public Affairs. "Information Memorandum From the Assistant Secretary of State for East Asian and Pacific Affairs (Bundy) to Secretary of State Rusk, Washington, March 23, 1968." In *Foreign Relations of the United States, 1964-1968, Vol. XXIX, Part 2, Japan* (Washington, DC : United States Government Printing Office, 2006) : 268-70.

U.S. Department of State Publication 11321, Office of Historian, Bureau of Public Affairs. "NSC Meeting August 30, 1967, subject : Reversion to Japan of the Ryukyus, Bonins and Other Western Pacific Islands, August 30, 1967." In *Foreign Relations of the United States, 1964-1968, Vol. XXIX, Part 2, Japan* (Washington, DC : United States Government Printing Office, 2006) : 199-203.

U. S. Department of State Publication 11321, Office of Historian, Bureau of Public Affairs. "Memorandum from the President's Special Assistant (Rostow) to President Johnson, Washington, November 3, 1967." In *Foreign Relations of the United States, 1964-1968, Vol. XXIX, Part 2, Japan* (Washington, DC : United States Government Printing Office, 2006) : 217-21.

U. S. Department of State Publication 11321, Office of Historian, Bureau of Public Affairs. "Military Utility of the Bonins (U), Washington, June 29, 1967." In *Foreign Relations of the United States, 1964-1968, Vol. XXIX, Part 2, Japan* (Washington, DC : United States Government Printing Office, 2006) : 172-75.

U. S. Department of State Publication 11321, Office of Historian, Bureau of Public Affairs. "Okinawa and Bonin Islands, Kyoto, July 7, 1966." In *Foreign Relations of the United States, 1964-1968, Vol. XXIX, Part 2, Japan* (Washington, DC : United States Government Printing

Office, 2006) : 146-48.

U. S. Department of State Publication 11321, Office of Historian, Bureau of Public Affairs. "Ryukyus and Bonins, Washington, November 15, 1967." In *Foreign Relations of the United States, 1964-1968, Vol. XXIX, Part 2, Japan* (Washington, DC : United States Government Printing Office, 2006) : 232-34.

U. S. Department of State Publication 11321, Office of Historian, Bureau of Public Affairs. "Telegram from the Embassy in Japan to the Department of State, Tokyo, August 1, 1967, 1010Z." In *Foreign Relations of the United States, 1964-1968, Vol. XXIX, Part 2, Japan* (Washington, DC : United States Government Printing Office, 2006) : 187-88.

U.S. Department of State Publication 11321, Office of Historian, Bureau of Public Affairs. "The Ryukyu-Bonin Islands and the Sato Visit, Washington, October 27, 1967, 6:45 p.m." In *Foreign Relations of the United States, 1964-1968, Vol. XXIX, Part 2, Japan* (Washington, DC : United States Government Printing Office, 2006) : 213-17.

U.S. Department of State Publication 11321, Office of Historian, Bureau of Public Affairs. "Visit of Mr. Fukuda, Director General, Japan Defense Agency, with the Secretary of Defense, Washington, June 30, 1964, 9:45-10:15 a.m." In *Foreign Relations of the United States, 1964-1968, Vol. XXIX, Part 2, Japan* (Washington, DC : United States Government Printing Office, 2006) : 19-22.

U.S. Far East Command, "Standing Operating Procedure No. 1." November 1, 1956, Headquarters, Far East Command. http:/ / oldsite.nautilus.org/ archives/ library/ security/ foia/ Japan/ FEC56. PDF (Accessed on July 15, 2014).

"U.S.-Japanese Relations and Security Problems, November 15, 1967." Folder : POLITICAL AFF. & REL. JAPAN-US 1-1-67, Box 2249, CENTRAL FOREIGN POLICY Files, 1967-1969, RG 59.

"Visit of Prime Minister Sato, Action Memorandum from William P. Bundy to the Secretary, October 21, 1967." Folder : POL 7 JAPAN 10-1-68, Box 2243, CENTRAL FOREIGN POLICY FILES 1967-1969, RG 59.

"Visit of Prime Minister Sato, January 11-14, 1965, Memorandum for the President, Your Meeting with Prime Minister Sato." In *A Documentary History of U.S.-Japanese Relations, 1945-1997*. Edited by Chihiro Hosoya, at el. (Tokyo : University of Tokyo Press, 1999) : 619-22.

"White House Meeting with Prime Minister Sato, 11:30 a.m. January 12, 1965." Sato Visit Memos and Cables [1 of 4], LBJ Library.

口述史料

National Archives and Records Administration. "Dean Rusk Interview III." Lyndon Baines Johnson Library and Museum. http://www.lbjlib.utexas.edu/ johnson/ archives.hom/ oralhistory.hom/ rusk/ rusk.asp (Accessed on October 15, 2010).

新　聞

【和　文】

栗原俊雄「記者の目——戦没者遺骨収集推進法案」毎日新聞朝刊統 12 版（2015 年 10 月 15 日）『毎日新聞縮刷版 2015 年 10 月・No. 790』（毎日新聞社，2015 年）534 頁。

しんぶん赤旗（1914 年 9 月 22 日）「沖縄核密約『今も有効』米政府元高官ハルペリン氏本誌に証言」『しんぶん赤旗縮刷版 2014 年 9 月号縮刷版 CD-ROM』（日本共産党中央委員会，2014 年）1-2 頁。

毎日新聞朝刊 13 版（1952 年 6 月 3 日）「学園の“赤い暴力”に抗議する——東大生が本社に公開状」『毎日新聞縮刷版昭和 27 年 6 月号 No. 30』（毎日新聞社，1952 年）15 頁。

読売新聞朝刊 14 版（1968 年 1 月 9 日）「メース B も 72 年撤去——大浜氏談」『讀賣新聞縮刷版 No. 113・1 月号・1968』（読売新聞社，1968 年）203 頁。

【英　文】

Burns, Robert. “U.S. Denies It Put Nukes in Iceland.” *The Washington Post*, October 26, 1999.

Copp, Tara. “USMC : Wrong man got credit in Iwo Jima flag-raising photo.” *Stars and Stripes*, June 23, 2016. http://www.stripes.com/ usmc-wrong-man-got-credit-in-iwo-jima-flag-raising-photo-1.415896#.WLo0Vn82U91 (Accessed on March 4, 2017).

“1st Wave of Marines Stream toward Iwo.” *Pacific Stars and Stripes*. February 11, 1956.

Jameson, Samuel. “American Control on Okinawa Is Slipping.” *Chicago Daily Tribune*, June 4, 1968.

Jameson, Samuel. “Navy’s ‘Mystery Base’ in Bonins Irks Japanese.” *Chicago Daily Tribune*, November 1, 1964.

McGuire, Michael. “Marine Hero Hits Retreat from Iwo Jima.” *Chicago Daily Tribune*. June 30, 1968.

“Navy ‘A-Bombs’ Isle on Way to Iwo.” *Pacific Stars and Stripes*. February 15, 1956.

“Once Hid Japanese Troops : Iwo Caves to be AF A-Shelters.” *Pacific Stars and Stripes*. May 29, 1955.

“Porkchop : Iwo is Important Link in FEALF Life Line.” *Pacific Stars and Stripes*. September 3, 1952.

Smith, Hedrick. “Sato Wins Pledge on Return of Isles.” *The New York Times*, November 16, 1967.

“Tells How U.S. Can Return Isles to Japan.” *Chicago Daily Tribune*. September 16, 1967.

“3rd Marines Stage Iwo Assault in Decade’s 2nd Invasion of Island.” *Pacific Stars and Stripes*. March 21, 1954.

“Yanks, Ships Massing for ‘Assault’ on Iwo.” *Pacific Stars and Stripes*. February 10, 1956.

単行書

【和　文】

秋草鶴次『17 歳の硫黄島』(文藝春秋，2006 年)。

アーミテージ，リチャード・L／ジョセフ・S・ナイ Jr／春原剛『日米同盟 vs. 中国・北朝鮮――アーミテージ・ナイ緊急提言』(文藝春秋，2010 年)。

五百旗頭真『日米戦争と戦後日本』(講談社，2005 年)。

石原俊『近代日本と小笠原諸島――移動民と島々の帝国』(平凡社，2007 年)。

石原俊『〈群島〉の歴史社会学――小笠原諸島・硫黄島，日本・アメリカ，そして太平洋世界』(弘文堂，2013 年)。

エルドリッヂ，ロバート・D『沖縄問題の起源――戦後日米関係における沖縄 1945-1952』(名古屋大学出版会，2003 年)。

エルドリッヂ，ロバート・D『奄美返還と日米関係――戦後アメリカの奄美・沖縄占領とアジア戦略』(南方新社，2003 年)。

エルドリッヂ，ロバート・D『硫黄島と小笠原をめぐる日米関係』(南方新社，2008 年)。

NHK 放送世論調査所編『図説戦後世論史』2 版（日本放送出版協会，1982 年)。

大熊良一『歴史の語る小笠原島』(南方同胞援護会，1966 年)。

太田昌克『盟約の闇――「核の傘」と日米同盟』(日本評論社，2004 年)。

太田昌克『日米「核密約」の全貌』(筑摩書房，2011 年)。

オルドリッヂ，ロバート・C『先制一撃――アメリカ核戦略の全貌』山下史訳，陸井三郎解説（TBS ブリタニカ，1979 年)。

梯久美子『散るぞ悲しき――硫黄島総指揮官・栗林忠道』(新潮社，2005 年)。

カーター，ジミー『カーター回顧録（上）　平和への闘い』日高義樹監修（日本放送出版協会，1982 年)。

我部政明『沖縄返還とは何だったのか――日米戦後交渉史の中で』(日本放送出版協会，2000 年)。

川上高司『米国の対日政策――覇権システムと日米関係』(同文舘，1996 年)。

楠田實／和田純編・校訂，五百旗頭真編・解題『楠田實日記――佐藤栄作総理主席秘書官の 2000 日』(中央公論新社，2001 年)。

楠綾子『吉田茂と安全保障政策の形成――日米の構想とその相互作用，1943～1952 年』(ミネルヴァ書房，2009 年)。

楠綾子『現代日本政治史 1　占領から独立へ 1945-1952』(吉川弘文館，2013 年)。

栗山尚一／中島琢磨／服部龍二／江藤名保子編『外交証言録――沖縄返還・日中国交正常化・日米「密約」』(岩波書店，2010 年)。

クレア，マイケル『アメリカの軍事戦略――世界戦略転換の全体像』アジア太平洋資料センター訳（サイマル出版会，1975 年)。

黒崎輝『核兵器と日米関係――アメリカの核不拡散外交と日本の選択，1960-1976』(有志舎，2006 年)。

河野康子『沖縄返還をめぐる政治と外交――日米関係史の文脈』（東京大学出版会，1994年）。

後藤乾一『「沖縄核密約」を背負って――若泉敬の生涯』（岩波書店，2010年）。

佐藤榮作『佐藤榮作日記』第2巻（朝日新聞社，1998年）。

佐藤榮作『佐藤榮作日記』第3巻（朝日新聞社，1998年）。

潮見俊隆・山田昭・林茂夫編『安保黒書』（労働旬報社，1969年）。

島川雅史『アメリカの戦争と日米安保体制――在日米軍と日本の役割』3版（社会評論社，2011年）。

ジョンソン，U・アレクシス『ジョンソン米大使の日本回想――2・26事件から沖縄返還・ニクソンショックまで』増田弘訳（草思社，1989年）。

寺沢一『安保条約の問題生』増補改訂版（有信堂，1969年）。

東郷文彦『日米外交三十年――安保・沖縄とその後』（中央公論社，1989年）。

豊田祐基子『「共犯」の同盟史――日米密約と自民党政権』（岩波書店，2009年）。

中島琢磨『沖縄返還と日米安保体制』（有斐閣，2012年）。

新原昭治編訳『米政府安保外交秘密文書――資料・解説』（新日本出版社，1990年）。

西山太吉『沖縄密約――「情報犯罪」と日米同盟』（岩波書店，2007年）。

波多野澄雄『歴史としての日米安保条約――機密外交記録が明かす「密約」の虚実』（岩波書店，2010年）。

原貴美恵『サンフランシスコ平和条約の盲点――アジア太平洋地域の冷戦と「戦後未解決の諸問題」』（溪水社，2005年）。

ブラッドリー，ジェイムズ／ロン・パワーズ『硫黄島の星条旗』島田三蔵訳（文藝春秋，2002年）。

ポルマー，ノーマン『原子力潜水艦』堀元美訳（朝日ソノラマ，1985年）。

松田武『戦後日本におけるアメリカのソフト・パワー――半永久的依存の起源』（岩波書店，2008年）。

美濃部亮吉『都知事12年』（朝日新聞社，1979年）。

宮里政玄『日米関係と沖縄――1945-1972』（岩波書店，2000年）。

宮沢喜一『東京-ワシントンの密談』（実業之日本社，1956年）。

村田晃嗣『アメリカ外交――苦悩と希望』（講談社，2005年）。

森田吉彦『評伝　若泉敬――愛国の密使』（文藝春秋，2011年）。

山口遼子『小笠原クロニクル――国境の揺れた島』（中央公論新社，2005年）。

山田浩『核抑止戦略の歴史と理論』（法律文化社，1979年）。

ライシャワー，エドウィン『アジアの中の日本の役割』西山千／伊藤拓一訳（徳間書店，1969年）。

ライシャワー，エドウィン・O／ハル・ライシャワー『ライシャワー大使日録』入江昭監修（講談社，1995年）。

ロング，ダニエル編著『小笠原学ことはじめ』（南方新社，2002年）。

若泉敬『他策ナカリシヲ信ゼムト欲ス――核密約の真実』（文藝春秋，2009年）。

和田春樹『朝鮮戦争全史』（岩波書店，2002年）。

【英　文】

Anderson, Terry H. *The Sixties*, 3rd ed. New York : Pearson Longman, 2007.

Buckley, Roger. *US-Japan Alliance Diplomacy, 1945–1990*. New York : Cambridge University Press, 1992.

Burrell, Robert S. *The Ghosts of Iwo Jima*. College Station, College Station, TX : Texas A & M University Press, 2006.

Chapman, David. *The Bonin Islanders, 1830 to the Present : Narrating Japanese Nationality*. Lanham : Lexington Books, 2016.

Cholmondeley, Lionel Berners. *The History of the Bonin Islands : From the Year 1827 to the Year 1876 and of Nathaniel Savory, One of the Original Settlers to Which is Added a Short Supplement Dealing with the Islands after Their Occupation by the Japanese by Lionel Berners Cholomondeley, M.A., of St. Andrew's Mission, Tokyo, and Honarary Chaplain to the British Embassy*. London : Constable & Co., 1915.

Dower, John W. *Embracing Defeat : Japan in the Wake of World War II*. New York : W.W. Norton & Company, 1999.

Dulles, John Foster. *War or Peace*. New York : The Macmillan Company, 1950.

Gaddis, John Lewis. *The Long Peace : Inquiries into the History of the Cold War*. New York : Oxford University Press, 1987.

Havens, Thomas R. H. *Fire across the Sea : The Vietnam War and Japan, 1965–1975*. Princeton, NJ : Princeton University Press, 1987.

Iriye, Akira and Robert A. Wampler, ed. *Partnership : The United States and Japan 1951–2001*. Tokyo : Kodansha International, 2001.

Johnson, Lyndon Baines. *The Vintage Point : Perspectives of the Presidency, 1963–1969*. New York : Holt, Rinehart and Winston, 1971.

Johnson, U. Alexis, with Jef Olivarius McAllister. *The Right Hand of Power*. Englewood Cliffs, NJ : Prentice-Hall, Inc., 1984.

Kissinger, Henry A. *Nuclear Weapons and Foreign Policy*. New York : Council on Foreign Relations, 1957.

LaFeber, Walter. *The Clash : A History of U.S.-Japan Relations*. New York : W.W. Norton & Company, 1997.

Maga, Timothy P. *Hands across the Sea : U.S.-Japan Relations, 1961–1981*. Athens, OH : Ohio University Press, 1997.

Murphy, Robert. *Diplomat among Warriors*. New York : Doubleday & Company, 1964.

Nye, Joseph S. *Soft Power : The Means to Success in World Politics*. New York : PublicAffairs, 2004.

Oberdorfer, Don. *Senator Mansfield : The Extraordinary Life of a Great American Statesman and Diplomat*. Washington, D.C. : Smithsonian Books, 2003.

Osgood, Robert Endicott. *The Weary and the Wary : U.S. and Japanese Security Policies in Transition*. Baltimore : John Hopkins University Press, 1972.

Perry, Matthew Calbraith. *The Japan Expedition 1852-1854 : The Personal Journal of Commodore Matthew C. Perry*. Edited by Roger Pineau, with an Intoroduction by Samuel Eliot Morison. City of Washington, DC : Smithsonian Institution Press, 1968.

Radford, Arthur W. *From Pearl Harbor to Vietnam : The Memoirs of Admiral Arthur W. Radford*. Edited by Stephen Jurika, Jr. Stanford, CA : Hoover Institution Press, 1980.

Reischauer, Edwin O. *My Life Between Japan and America*. New York : Harper & Row, Publisher, 1986.

Sarantakes, Nicholas Evan. *Keystone : The American Occupation of Okinawa and U.S.-Japan Relations*. College Station, TX : Texas A & M University Press, 2000.

Schaller, Michael. *Altered States : The United States and Japan since the Occupation*. New York : Oxford University Press, 1997.

Simma, Bruno et al. ed. *The Charter of the United Nations : A Commentary*, 2nd ed., Vol. 2. New York : Oxford University Press, 2002.

Taylor, Maxwell D. *The Uncertain Trumpet*. New York : Harper & Row, Publishers, 1959.

Weinstein, Franklin B. *U.S.-Japan Relations and the Security of East Asia : The Next Decade*. Boulder, CO : Westview Press, 1978.

Yasutomo, Dennis T. *Japan and the Asian Development Bank*. New York : Studies of the East Asian Institute, Columbia University, 1983.

論　文

【和　文】

五百旗頭真「占領下日本の『外交』」五百旗頭真編著『戦後日本外交史』新版（有斐閣，2007 年）21-64 頁。

李炫雄「佐藤政権期における『非核三原則』の実相」『筑波法政』42 号（2007 年）33-55 頁。

石川卓「アメリカから見た日米同盟」竹内俊隆編著『日米同盟論——歴史・機能・周辺諸国の視点』（ミネルヴァ書房，2011 年）275-301 頁。

石原俊「そこに社会があった——硫黄島の地上戦と〈島民〉たち」『Mobile Society Review 未来心理』15 号（NTT ドコモ，2009 年）25-35 頁。

岩見隆夫「日米戦争と安保改定——岸信介の『執念』」藤原書店編集部編『「日米安保」とは何か』（藤原書店，2010 年）369-72 頁。

岡留康文「非核三原則と核密約論議——反核と核の傘のはざま」参議院『立法と調査』309 号（参議院，2010 年 10 月）101-10 頁。

尾曲巧（2007）「アメリカの小笠原統治——『明白な宿命』延長線上の小笠原」『国際人間学部紀要』13 号（鹿児島純心女子大学，2007 年）43-62 頁。

北岡伸一（2010）「おわりに」『いわゆる「密約」問題に関する有識者委員会報告書』（外務省，2010 年）105-6 頁。

北岡伸一「日米同盟における『密約』問題」北岡伸一／渡邊昭夫監修，公益財団法人世界

平和研究所編集『日米同盟とは何か』（中央公論新社，2011 年）257–79 頁。

北岡伸一「密約とは何か」『いわゆる「密約」問題に関する有識者委員会報告書』（外務省，2010 年）4–8 頁。

楠綾子「日米同盟の成立から沖縄返還まで」竹内俊隆編著『日米同盟論——歴史・機能・周辺諸国の視点』（ミネルヴァ書房，2011 年）71–99 頁。

河野康子「沖縄返還と有事の核の再持ち込み」『いわゆる「密約」問題に関する有識者委員会報告書』（外務省，2010 年）57–80 頁。

河野康子「佐藤内閣期の外務省と沖縄問題——全面返還論の選択をめぐって」『法學志林』110 巻 4 号（法政大学，2013 年）1–26 頁。

小林聡明「沖縄返還をめぐる韓国外交の展開と北朝鮮の反応」竹内俊隆編著『日米同盟論——歴史・機能・周辺諸国の視点』（ミネルヴァ書房，2011 年）329–58 頁。

坂元一哉「安保改定における相互性の模索——条約区域と事前協議をめぐって」『国際政治』115 号（日本国際政治学会，1997 年）11–26 頁。

坂元一哉「核搭載艦船の一時寄港」『いわゆる「密約」問題に関する有識者委員会報告書』（外務省，2010 年）19–46 頁。

信夫隆司「核持ち込みの事前協議をめぐる日米交渉」『政経研究』49 巻 4 号（日本大学，2013 年）71–118 頁。

スナイダー，グレン「拒否と懲罰による抑止力」桃井真訳，高坂正堯／桃井真共編『多極化時代の戦略——核理論の史的展開』上巻（日本国際問題研究所，1973 年）37–72 頁。

中西寛「日米同盟の本質を問う契機——『人と物の交換』を再考する時」藤原書店編集部編『「日米安保」とは何か』（藤原書店，2010 年）219–29 頁。

服部一成「ケネディ政権の柔軟反応戦略（1961 年）」『東海大学政治経済学部紀要』40 号（2008 年）69–77 頁。

原貴美恵「分割された東アジアと日本外交」藤原書店編集部編『「日米安保」とは何か』（藤原書店，2010 年）163–80 頁。

春名幹男「新資料・沖縄核密約　有事の核持ち込みは米国の『権利』——辺野古は核基地か」『世界』883 号（2016 年）55–62 頁。

等雄一郎「非核三原則の今日的論点——『核の傘』・核不拡散条約・核武装論」『リファレンス』679 巻（国立国会図書館調査及び立法考査局，2007 年）41–60 頁。

前田哲男「約束された言葉，行われた事実——『非核三原則』と『秘密議事録』の間」『東京国際大学論叢』6 号（2000 年）67–95 頁。

松山健二「日米安保条約の事前協議に関する『密約』」外務省防衛課『調査と情報』672 号（外務省，2010 年）1–10 頁。

マンスフィールド，マイケル「日本とアメリカの政策——マンスフィールド極東報告 1 部（全文）」立川恵治訳『中央公論』12 月号（中央公論新社，1960 年）44–51 頁。

山田康博「『核の傘』をめぐる日米関係」竹内俊隆編著『日米同盟論——歴史・機能・周辺諸国の視点』（ミネルヴァ書房，2011 年）248–271 頁。

【英　文】

Eldridge, Robert D. "Prelude to Okinawa : Nuclear Agreements and the Return of the Ogasawara Islands to Japan." 2007 SHAFR Conference.

Head, Timothy E., and Gavan Daws. "The Bonins : Isles of Contention." *American Heritage* 19, No. 2 (1968) : 69–74.

Kristensen, Hans. "Japan under the Nuclear Umbrella : U.S. Nuclear Weapons and Nuclear War Planning in Japan during the Cold War." The Nautilus Institute (July, 1999) : 1–73.

LaFeber, Walter. "Decline of Relations during the Vietnam War." In *The United States and Japan in the Postwar World*, edited by Iriye Akira and Warren I. Cohen. Lexington, KY : The University Press of Kentucky, 1989, 96–113.

Langdon, Frank. "Strains in Current Japanese-American Defense Cooperation." *Asian Survey* 9, No. 9 (September, 1969) : 703–21.

Malotti, William. "Japan 1968 : The Performance of Violence and the Theater of Protest." *The American Historical Review*, Vol. 114, No. 1 (February, 2009) : 97–135.

Norris, Robert S., William M. Arkin, and William Burr. "Where They Were." *The Bulletin of the Atomic Scientists* (November/ December, 1999) : 26–35.

Norris, Robert S., William M. Arkin, and William Burr. "Where They Were : How Much Did Japan Know?" *The Bulletin of the Atomic Scientists* (January/ February, 2000) : 11–13, 78–79.

Reischauer, Edwin O. "The Broken Dialogue with Japan." *Foreign Affairs*, Vol. 39, No. 1 (October, 1960) : 11–26.

Sarantakes, Nicholas Evan. "Continuity through Change : The Return of Okinawa and Iwo Jima, 1967–1972." *The Journal of American-East Asian Relations* Vol. 3, No. 1 (Spring 1994) : 35–53.

Shepardson, Mary. "The Pawns of Power : The Bonin Islanders." In *Anthropology of Power* (off-printed), 1977.

Standish, Robert. "Preface." In *Bonin : A Novel*. New York : The Macmillan Company, 1944, vii-ix.

Tucker, Nancy Bernkopf. "Threats, Opportunities, and Frustrations in East Asia." In *Lyndon Johnson Confronts the World : American Foreign Policy, 1963–1968*, edited by Warren I Cohen, and Nancy Bernkopf Tucker. New York : Cambridge University Press, 1994, 99–134.

ウェブサイト

【和　文】

小笠原村「硫黄島の基地」『概要——硫黄島』http://www.vill.ogasawara.tokyo.jp/ ioutou_devevlopment/ (2016 年 2 月 22 日確認)。

小笠原村「概要」『硫黄島』http://www.vill.ogasawara.tokyo.jp/ outline/ ioutou/ development.html (2012 年 6 月 9 日確認)。

小笠原村「碑文」『硫黄島』http: //www. vill. ogasawara. tokyo. jp/ outline/ ioutou/ index. html

(2012年6月20日確認)。

小笠原村観光協会「くらし・人口」『小笠原について』http://www.ogasawaramura.com/about/ life.html (2012年6月20日確認)。

海上保安庁「千葉ロランセンターの歴史」『千葉ロランセンター』http://www.kaiho.mlit.go.jp/ 03kanku/ chiba-loran/ chibalogaiyou/ ennkaku.htm (2012年6月20日確認)。

外務省「いわゆる『密約』問題に関する調査チームの立ち上げ」『プレスリリース』http://www.mofa.go.jp/ mofaj/ press/ release/ 21/ 9/ 1195955_1105.html (2012年7月12日確認)。

外務省「米国連邦議会上下両院合同会議における安倍総理大臣演説」『アメリカ合衆国』http://www.mofa.go.jp/ mofaj/ na/ na1/ us/ page4_001149.html (2015年6月6日確認)。

厚生労働省「近年の収容遺骨数（平成28年2月末現在）」『戦没者慰霊事業の実施』http://www. mhlw. go. jp/ file/ 06-Seisakujouhou-12100000-Shakaiengo kyoku-Engo/ 0000106603.pdf (2016年4月3日確認)。

厚生労働省「国内における遺骨収容実施状況（平成28年2月末現在）」『戦没者慰霊事業の実施』http://www.mhlw.go.jp/ seisakunitsuite/ bunya/ hokabunya/ senbotsusha/ seido01/ senbotsusha_shuuyou/ dl/ 05.pdf (2016年4月3日確認)。

厚生労働省「台湾，北朝鮮，韓国における遺骨収容実施状況（平成28年2月末現在）」『戦没者慰霊事業の実施』http://www.mhlw.go.jp/ seisakunitsuite/ bunya/ hokabunya/ senbotsusha/ seido01/ senbotsusha_shuuyou/ dl/ 05.pdf (2016年4月3日確認)。

厚生労働省「中国東北地方（ノモンハンを含む）における遺骨収容実施状況（平成28年2月末現在）」『戦没者慰霊事業の実施』http://www.mhlw.go.jp/ seisakunitsuite/ bunya/ hokabunya/ senbotsusha/ seido01/ senbotsusha_shuuyou/ dl/ 03.pdf (2016年4月3日確認)。

厚生労働省「中部太平洋における遺骨収容実施状況（平成28年2月末現在）『戦没者慰霊事業の実施』http://www.mhlw.go.jp/ seisakunitsuite/ bunya/ hokabunya/ senbotsusha/ seido01/ senbotsusha_shuuyou/ dl/ 11.pdf (2016年4月3日確認)。

厚生労働省「地域別戦没者遺骨収容概見図」『戦没者慰霊事業の実施』http://www.mhlw.go.jp/ stf/ seisakunitsuite/ bunya/ hokabunya/ senbotsusha/ seido01/ (2016年7月8日確認)。

厚生労働省「中国本土における遺骨収容実施状況（平成28年2月末現在）」『戦没者慰霊事業の実施』http:/ / www. mhlw. go. jp/ seisakunitsuite/ bunya/ hokabunya/ senbotsusha/ seido01/ senbotsusha_shuuyou/ dl/ 18.pdf (2016年4月3日確認)。

国土交通省「小笠原の概要」『国土交通省小笠原総合事務所』http://www.mlit.go.jp/ogasawara/ gaiyou/ gaiyou.htm (2012年6月20日確認)。

国土交通省「島面積」『平成26年全国都道府県市区町村別面積調』http://www.gsi.go.jp/ KOKUJYOHO/ MENCHO/ 201410/ shima.pdf (2016年7月17日確認)。

国土交通省「本州の島面積」『国土地理院』http://www.gsi.go.jp/ KOKUJYOHO/ MENCHO / 200810/ shima/ shima-hon.htm (2013年3月7日確認)。

在インドネシア日本大使館「日本のインドネシアに対する経済協力実績額」『日本のインドネシアに対する経済協力〜半世紀のパートナーシップ〜』http://www.id.emb-japan.go.jp/ oda/ jp/ datastat_01.htm (2012年7月6日確認)。

参議院「190回国会（常会）（平成28年3月30日現在）」『議案情報』http://www.sangiin.

go. jp/ japanese/ joho1/ kousei/ gian/ 190/ meisai/ m19005189040. htm（2016 年 8 月 9 日確認）。

税関「年別輸出入総額（確定値）」『財務省貿易統計』http: //www. customs. go. jp/ toukei/ suii/ html/ nenbet.htm（2012 年 6 月 19 日確認）。

内閣府「図 24　日米安全保障条約についての考え方（時系列）」『自衛隊・防衛問題に関する世論調査』http: //www8. cao. go. jp/ survey/ h23/ h23-bouei/ zh/ z24. html（2012 年 6 月 11 日確認）。

防衛省「硫黄島航空機地隊」『海上自衛隊　厚木航空基地　公式サイト』http: //www.mod. go.jp/ msdf/ atsugi/ butai/ iwojima.html（2012 年 6 月 20 日確認）。

防衛省「硫黄等における米空母艦載機着陸訓練」『北関東防衛局』http: //www. mod. go. jp/ rdb/ n-kanto/ event-katsudo/ FCLP.html（2016 年 2 月 22 日確認）。

【英　文】

Asian Development Bank. “Overview.” About ADB. http: //www. adb. org/ about/ overview（Accessed on July 5, 2012）.

Federation of American Scientist. “Regulus I.” Theater Nuclear Weapons. https: //fas. org/ nuke/ guide/ usa/ theater/ index.html（Accessed on March 4, 2017）.

Iwo Jima Association of America. http://www.iwojimaassociation.org/（Accessed on December 16, 2015）.

Military Historical Tours, “Iwo Jima Tours.” https://www.miltours.com/ index.php?route=product / category&path=57（Accessed on August 9）.

National Archives. “Statistical Information about Fatal Casualties of the Vietnam War.” http: // www.archives.gov/ research/ military/ vietnam-war/ casualty-statistics.html（Accessed on October 24, 2014）.

National Reconnaissance Office. “CORONA Fact Sheet.” http: //www. nro. gov/history/ csnr/ coro na/ factsheet.html（Accessed on October 17, 2014）.

The Nautilus Institute. “U.S. Plan For Nuclear Weapons Operations In And Around Japan During The Cold War.” Nuclear Strategy Project : Japan FOIA Documents. http: / / oldsite.nautilus. org/ archives/ library/ security/ foia/ japanindex.html（Accessed on November 13, 2014）.

SIPRI. “Research on Questions of Conflict and Cooperation of Importance for International Peace and Security.” Stockholm International Peace Research Institute. http: //armstrade. sipri. org/ armstrade/ html/ export_values.php（Accessed on April 4, 2011）.

U.S. Marine Corps. “USMC Statement on Iwo Jima Flag Raisers.” Marines : the Official Website of the United States Marine Corps. http: //www. marines. mil/ News/ News-Display/ Article/ 810457/ usmc-statement-on-iwo-jima-flagraisers/（Accessed on March 4, 2017）.

U.S. Navy. “Battle for Iwo Jima, 1945.” The Navy Department Library. http://www.history.navy. mil/ library/ online/ battleiwojima.htm（Accessed on February 2, 2013）.

注

序　章

（1）石原俊『〈群島〉の歴史社会学——小笠原諸島・硫黄島，日本・アメリカ，そして太平洋世界』（弘文堂，2013 年）44 頁。

（2）同上。

（3）同上。Lionel Berners Cholmondeley, *The History of the Bonin Islands : From the Year 1827 to the Year 1876 and of Nathaniel Savory, One of the Original Settlers to Which is Added a Short Supplement Dealing with the Islands after Their Occupation by the Japanese by Lionel Berners Cholomondeley, M.A., of St. Andrew*'s *Mission, Tokyo, and Honarary Chaplain to the British Embassy* (London : Constable & Co., 1915), 17–19.

（4）石原『〈群島〉の歴史社会学』47，53 頁。

（5）同上，64 頁。

（6）同上。

（7）同上，67 頁。Cholmondeley, *The History of the Bonin Islands*, 91.

（8）石原『〈群島〉の歴史社会学』68 頁。Matthew Calbraith Perry, *The Japan Expedition 1852–1854 : The Personal Journal of Commodore Matthew C. Perry*, ed. by Roger Pineau, with an intro. by Samuel Eliot Morison (City of Washington : Smithsonian Institution Press, 1968), 79 ; Cholmondeley, *The History of the Bonin Islands*, 94–96.

（9）石原『〈群島〉の歴史社会学』68 頁。Cholmondeley, *The History of the Bonin Islands*, 98–99.

（10）石原『〈群島〉の歴史社会学』74 頁。

（11）ロバート・D・エルドリッヂ『硫黄島と小笠原をめぐる日米関係』（南方新社，2008 年）49 頁。

（12）同上。

（13）同上。

（14）Robert S. Burrell, *The Ghosts of Iwo Jima* (College Station, TX : Texas A & M University Press, 2006), 83–84 ; U. S. Navy, “Battle for Iwo Jima, 1945,” The Navy Department Library, http://www.history.navy.mil/ library/ online/ battleiwojima.htm (Accessed February 2, 2013).

（15）秋草鶴次『17 歳の硫黄島』（文藝春秋，2006 年）67，214 頁。

（16）硫黄島の戦没者数，遺骨収集の経緯および近況については，厚生省社会援護局援護50 年史編集委員会『援護 50 年史』（ぎょうせい，1997 年）および厚生労働省「地域別戦没者遺骨収容概見図」『戦没者慰霊事業の実施』http://www.mhlw.go.jp/ stf/ seisakunitsuite/ bunya/ hokabunya/ senbotsusha/ seido01/（2016 年 7 月 8 日確認）を参照せよ。旧硫黄島民も，多くが現地徴用され，戦争に巻き込まれて死亡した。詳しくは，

石原俊「そこに社会があった――硫黄島の地上戦と〈島民〉たち」『Mobile Society Review 未来心理』15 号（NTT ドコモ，2009 年）25–35 頁を参照せよ。また，「硫黄島の戦い」の前後にも多くの日本兵が死亡している。詳しくは，数少ない生存者の一人である秋草の『17 歳の硫黄島』を参照せよ。

(17)「日本国との平和条約」鹿島平和研究所編『日本外交主要文書・年表』第 1 巻（原書房，1983 年）419–40 頁。

(18) エルドリッヂ『硫黄島と小笠原をめぐる日米関係』149–50，207 頁。

(19) David Chapman, *The Bonin Islanders, 1830 to the Present : Narrating Japanese Nationality* (Lanham : Lexington Books, 2016), 148.

(20) U・アレクシス・ジョンソン『ジョンソン米大使の日本回想――2・26 事件から沖縄返還・ニクソンショックまで』増田弘訳（草思社，1989 年）164 頁。エルドリッヂ『硫黄島と小笠原をめぐる日米関係』208 頁。Chapman, *The Bonin Islanders*, 150. 石原『〈群島〉の歴史社会学』275 頁。帰島を許された島民の人数を，ジョンソンとチャップマンは 129 名であったとし，エルドリッヂと石原は 126 名とする。ジョンソンの証言には情報源が明記されておらず，またチャップマンは二次資料を参考としているようである。他方で，エルドリッヂと石原は海軍の一次史料に基づいている。そのため，後者の挙げる人数の信憑性の方が高いと思われる。

(21) Michael Schaller, *Altered States : The United States and Japan since the Occupation* (New York : Oxford University Press, 1997) ; Walter LaFeber, *The Clash : A History of U.S.-Japan Relations* (New York : W.W. Norton & Company, 1997).

(22) Schaller, *Altered States*, 190, 204.

(23) Ibid., 203.

(24) LaFeber, *The Clash*, 346.

(25) Walter LaFeber, “Decline of Relations during the Vietnam War,” in *The United States and Japan in the Postwar World*, ed. by Iriye Akira and Warren I. Cohen (Lexington, KY : The University Press of Kentucky, 1989), 103.

(26) Timothy P. Maga, *Hands Across the Sea : U.S.-Japan Relations, 1961–1981* (Athens, OH : Ohio University Press, 1997), 73.

(27) Roger Buckley, *US-Japan Alliance Diplomacy, 1945–1990* (New York : Cambridge University Press, 1992), 114.

(28) Nicholas Evan Sarantakes, *Keystone : The American Occupation of Okinawa and U.S.-Japan Relations* (College Station, TX : Texas A & M University Press, 2000), 155.

(29) Ibid., 161.

(30) Nicholas Evan Sarantakes, “Continuity through Change : The Return of Okinawa and Iwo Jima, 1967–1972,” *The Journal of American-East Asian Relations* Vol. 3, No. 1 (Spring, 1994), 53.

(31) Ibid.

(32) 河野康子「沖縄返還と有事の核の再持ち込み」『いわゆる「密約」問題に関する有識者委員会報告書』（外務省，2010 年）57–80 頁。なお，「いわゆる『密約』問題に関

する調査」は沖縄とは限定せず日米間で交わされた「密約」について全般的に調査するはずが，小笠原を調査対象とはしていない。

(33) 河野康子『沖縄返還をめぐる政治と外交――日米関係史の文脈』（東京大学出版会，1994年）。

(34) 河野康子「佐藤内閣期の外務省と沖縄問題――全面返還論の選択をめぐって」『法學志林』110巻4号（法政大学，2013年）17-21頁。

(35) 我部政明『沖縄返還とは何だったのか――日米戦後交渉史の中で』（日本放送出版協会，2000年）62-63頁。

(36) 中島琢磨『沖縄返還と日米安保体制』（有斐閣，2012年）。

(37) 同上，352-53頁。

(38) 東郷文彦『日米外交三十年――安保・沖縄とその後』（中央公論社，1989年）129-30頁。

(39) 同上，130頁。筆者はワシントンDCと硫黄島摺鉢山山頂の記念碑を訪れたことがあるが，それらは規模においても形状においても全く異なるものであった。

(40) 若泉敬『他策ナカリシヲ信ゼムト欲ス――核密約の真実』（文藝春秋，2009年）61頁。

(41) ジョンソン『ジョンソン米大使の日本回想』127頁。

(42) Robert S. Norris, William M. Arkin, and William Burr, “Where They Were : How Much Did Japan Know?” *The Bulletin of the Atomic Scientists* (January/ February, 2000), 11-13, 78-79.

(43) 宮里政玄『日米関係と沖縄――1945-1972』（岩波書店，2000年）329頁。

(44) ロバート・D・エルドリッヂ『沖縄問題の起源――戦後日米関係における沖縄 1945-1952』（名古屋大学出版会，2003年）iv頁。

(45) エルドリッヂ『硫黄島と小笠原をめぐる日米関係』3頁。

(46) 春名幹男「新資料・沖縄核密約　有事の核持ち込みは米国の『権利』――辺野古は核基地か」『世界』883号（2016年）55頁。

(47) 太田昌克『盟約の闇――「核の傘」と日米同盟』（日本評論社，2004年）第2章第2節。

(48) 太田昌克『日米「核密約」の全貌』（筑摩書房，2011年）303頁。その他の代表的な核「密約」研究としては，豊田祐基子『「共犯」の同盟史――日米密約と自民党政権』（岩波書店，2009年）や島川雅史『アメリカの戦争と日米安保体制――在日米軍と日本の役割』第3版（社会評論社，2011年）がある。

(49) エルドリッヂ『硫黄島と小笠原をめぐる日米関係』463頁。

(50) 外務省「米国連邦議会上下両院合同会議における安倍総理大臣演説」『アメリカ合衆国』http://www.mofa.go.jp/ mofaj/ na/ na1/ us/ page4_001149.html（2015年6月6日確認）。

(51) エルドリッヂ『硫黄島と小笠原をめぐる日米関係』3頁。

(52) 同上，466-67頁。

(53) 同上。

第 1 章

（1）五百旗頭真『日米戦争と戦後日本』（講談社，2005 年）47 頁。

（2）同上。

（3）「ポツダム宣言」鹿島平和研究所編『日本外交主要文書・年表』第 1 巻（原書房，1983 年）74 頁。

（4）同上。

（5）「カイロ宣言」鹿島平和研究所編『日本外交主要文書・年表』第 1 巻，55–56 頁。

（6）五百旗頭『日米戦争と戦後日本』56–66 頁。

（7）"Memorandum by the Acting Chief of the Division of Japanese Affairs (Borton) to the Director of the Office of Far Eastern Affairs, [Washington,] September 30, 1946," in U.S. Department of State, *Foreign Relations of the United States, 1946*, Vol. 8, No. 2 (Washington, DC : GPO, 1971), 323. 以下，*FRUS* とする。

（8）U.S. Congress. House of Representative. Doc., no. 171. 80th Cong., 1st sess. March 12, 1947 : 1–5.

（9）Ibid., 5.

（10）Ibid., 4.

（11）"Memorandum by Mr. John P. Davis, Jr., of the Policy Planning Staff to the Director of the Staff (Kennan), August 12, 1947," in *FRUS 1947*, Vol. 6, 486.

（12）"Memorandum of Conversation, by the Acting Political Adviser in Japan (Sebald), October 26, 1947," in *FRUS 1947*, Vol. 6, 547.

（13）"A Report to the President by the National Security Council on Recommendations with Respect to U.S. Policy toward Japan, October 7, 1948, Washington," Document of the National Security Council 1947–1977, REEL 1.

（14）"Memorandum by General of the Army Douglas MacArthur, 21 March 1947," in *FRUS 1947*, Vol. 6, 455–56.

（15）Michael Schaller, *Altered States : The United States and Japan since the Occupation* (New York : Oxford University Press, 1997), 10, 13–14.

（16）John Lewis Gaddis, *The Long Peace : Inquiries into the History of the Cold War* (New York : Oxford University Press, 1987), 94.

（17）Ibid., 94–96.

（18）Ibid., 96.

（19）"A Report to the President by the National Security Council on the Position of the United States with Respect to Asia, December 30, 1949, Washington," Document of the National Security Council 1947–1977, REEL 2.

（20）Ibid.

（21）United States Senate, *Congressional Record : Proceedings and Debates of the 80th Cong., 2nd Sess., Vol. 94, Part 6, June 3, 1948, to June 14, 1948* (*Page 6991 to 8228*) (Washington, DC : GPO, 1948), 7791.

（22）Ibid.

(23) Department of State, "Crisis in Asia : An Examination of U.S. Policy," *The Department of State Bulletin*, Vol. 22, No. 551 (1950), 115-16.
(24) Ibid., 111-18.
(25) 原貴美恵「分割された東アジアと日本外交」藤原書店編集部編『「日米安保」とは何か』(藤原書店, 2010年) 168頁。
(26) Gaddis, *The Long Peace*, 72.
(27) Ibid., 73.
(28) 五百旗頭『日米戦争と戦後日本』252-53頁。
(29) Schaller, *Altered States*, 45.
(30) Ibid.
(31) 五百旗頭『日米戦争と戦後日本』253頁。
(32) Schaller, *Altered States*, 45-46.
(33) 和田春樹『朝鮮戦争全史』(岩波書店, 2002年) 110-14頁。
(34) Schaller, *Altered States*, 31-32.
(35) Gaddis, *The Long Peace*, 72-73.
(36) マイケル・クレア「アメリカの島嶼戦略と太平洋圏体制」『アメリカの軍事戦略——世界戦略転換の全体像』アジア太平洋資料センター訳（サイマル出版会, 1975年）7頁。
(37) 山田浩『核抑止戦略の歴史と理論』(法律文化社, 1979年) 35頁。
(38) 同上, 47-48頁。
(39) "Porkchop : Iwo is Important Link in FEALF Life Line," *Pacific Stars and Stripes*, September 3, 1952.
(40) Ibid.
(41) Arthur W. Radford, *From Pearl Harbor to Vietnam : The Memoirs of Admiral Arthur W. Radford*, ed. by Stephen Jurika, Jr. (Stanford, CA : Hoover Institution Press, 1980), 260-61.
(42) Ibid.
(43) 楠綾子『現代日本政治史1　占領から独立へ 1945-1952』(吉川弘文館, 2013年) 297-98頁。
(44) 宮沢喜一『東京-ワシントンの密談』(実業之日本社, 1956年) 55-56頁。楠綾子『吉田茂と安全保障政策の形成——日米の構想とその相互作用, 1943〜1952年』(ミネルヴァ書房, 2009年) 116-17頁。
(45)「日本国とアメリカ合衆国との間の安全保障条約」鹿島平和研究所編『日本外交主要文書・年表』第1巻, 444-45頁。
(46) 同上, 444-46頁。
(47) 同上, 445頁。
(48) 川上高司『米国の対日政策——覇権システムと日米関係』(同文舘, 1996年) 40頁。
(49) 中西寛「日米同盟の本質を問う契機——『人と物の交換』を再考する時」藤原書店編集部編『「日米安保」とは何か』(藤原書店, 2010年) 224頁。
(50) 同上, 223頁。

(51)「ポツダム宣言」74 頁。
(52)「カイロ宣言」55 頁。
(53) 同上，56 頁。
(54) "Petition of the Okinawans' Association in Taiwan, September 20, 1950," 794C. 021/ 9-2050, Decimal File : 1950-1954, Box 4261, RG 59. この史料は，ロバート・D・エルドリッヂ氏よりご提供いただいた。この場を借りて厚くお礼申し上げる。
(55) JCS 1380/ 129, "Note by the Secretaries to the Joint Chiefs of Staff on Study on United States Long-term Objectives with Respect to the Ryukyus Islands, December 5, 1951," CCS 383.21 Japan (3-13-45), Sec. 28, RG 218, 911-12. この史料は，ロバート・D・エルドリッヂ氏よりご提供いただいた。この場を借りて厚くお礼申し上げる。
(56)「日本国との平和条約」鹿島平和研究所編『日本外交主要文書・年表』第 1 巻，421 頁。
(57) "The Acting Secretary of State to Senator Austin, Washington, November 6, 1946-1 p.m.," in *FRUS*, *1946*, Vol. 1, 674.
(58) John Foster Dulles, *War or Peace* (New York : The Macmillan Company, 1950), 79.
(59) Ibid.
(60)「国際連合憲章」鹿島平和研究所編『日本外交主要文書・年表』第 1 巻，68 頁。
(61) 同上，69 頁。
(62) 戦略地区について，詳しくは Dulles, *War or Peace*, 79-83 を参照せよ。戦略地区の法的解釈については，Bruno Simma et al. ed., *The Charter of the United Nations : A Commentary*, 2nd ed., Vol. 2 (New York : Oxford University Press, 2002), 1123-25 を参照せよ。
(63) Dulles, *War or Peace*, 82.
(64) Ibid., 80.
(65) 直接関係国の明確な定義はないようである。詳しくは，Simma et al. ed., *The Charter of the United Nations*, 1118-20 を参照せよ。
(66) Dulles, *War or Peace*, 82-83.
(67) Ibid., 83.
(68)「国際連合憲章」68 頁。
(69) 同上，58 頁。
(70) 同上，68 頁。
(71) "Note by the Secretaries to the Joint Chiefs of Staff on Study on United States Long-term Objectives with Respect to the Ryukyus Islands, December 5, 1951," 912.
(72) Ibid.
(73) Schaller, *Altered States*, 37.
(74)「日本国との平和条約」421 頁。

第 2 章

(1) ジェイムズ・ブラッドリー／ロン・パワーズ『硫黄島の星条旗』島田三蔵訳（文藝

春秋，2002年）11，23-26頁。この写真は，最初に掲揚された国旗を回収し，代わりの国旗を立てる際に撮影されたものである。しかしながら，最初の国旗掲揚写真として報道され，多くの誤解を生んだ。詳しくは，同書366-370頁を参照せよ。なお，かつては写真に写り込んでいる人物の一人が同書の著者の父親であるジョン・ブラッドリーであると信じられてきた。しかし，2016年6月に，ブラッドリーであるとされた人物がハロルド・シュルツであると海兵隊が公式に認めた。詳しくは，U.S. Marine Corps. "USMC Statement on Iwo Jima Flag Raisers." Marines : the Official Website of the United States Marine Corps. http://www. marines. mil/ News/ News-Display/ Article/ 810457/ usmc-statement-on-iwo-jima-flagraisers/（Accessed on March 4, 2017）ならびに Copp, Tara. "USMC : Wrong man got credit in Iwo Jima flag-raising photo." *Stars and Stripes*, June 23, 2016. http: //www. stripes. com/ usmc-wrong-man-got-credit-in-iwo-jima-flag-raising-photo-1. 415896#. WLo0Vn82U91（Accessed on March 4, 2017）を参照せよ。

（2）ロバート・D・エルドリッヂ『硫黄島と小笠原をめぐる日米関係』（南方新社，2006年）70頁。梯久美子『散るぞ悲しき――硫黄島総指揮官・栗林忠道』（新潮社，2005年）47頁。ブラッドリー他『硫黄島の星条旗』227-28頁。

（3）厚生省社会援護局援護50年史編集委員会『援護50年史』（ぎょうせい，1997年）132頁。

（4）梯『散るぞ悲しき』43頁。

（5）同上。

（6）同上，64-65頁。

（7）石原俊『〈群島〉の歴史社会学――小笠原諸島・硫黄島，日本・アメリカ，そして太平洋世界』（弘文堂，2013年）139-40頁。David Chapman, *The Bonin Islanders 1830 to the Present : Narrating Japanese Nationality* (Lanham : Lexington Books, 2016), 148.

（8）石原俊『近代日本と小笠原諸島――移動民と島々の帝国』（平凡社，2007年）368-69頁。

（9）同上，399頁。エルドリッヂ『硫黄島と小笠原をめぐる日米関係』205-07頁。

（10）エルドリッヂ『硫黄島と小笠原をめぐる日米関係』177頁。Chapman, *The Bonin Islanders*, 149.

（11）U・アレクシス・ジョンソン『ジョンソン米大使の日本回想――2・26事件から沖縄返還・ニクソンショックまで』増田弘訳（草思社，1989年）164頁。

（12）エルドリッヂ『硫黄島と小笠原をめぐる日米関係』208頁。石原『〈群島〉の歴史社会学』151頁。

（13）石原『近代日本と小笠原諸島』401-05頁。エルドリッヂ『硫黄島と小笠原をめぐる日米関係』210-12, 219-20頁。

（14）Chapman, *The Bonin Islanders*, 162-63.

（15）石原『近代日本と小笠原諸島』406頁。

（16）同上，392-95頁。

（17）Robert Murphy, *Diplomat among Warriors* (New York : Doubleday & Company, 1964),

345.

(18) Arthur W. Radford, *From Pearl Harbor to Vietnam : The Memoirs of Admiral Arthur W. Radford*, ed. by Stephen Jurika, Jr. (Stanford, CA : Hoover Institution Press, 1980), 261.

(19) "The Ambassador in Japan (Murphy) to the Department of State, Tokyo, July 2, 1952-8 p.m.," in *FRUS, 1952-1954, Vol. 29, Part 2, China and Japan*, 1279.

(20) Ibid.

(21) Ibid.

(22) "Memorandum for Files, July 16, 1952," attached to "Letter from Ambassador Murphy to Assistant Secretary Allison, July 29, 1952," 794C.0221/ 7-2952, Box, 4261, Decimal File, 1950-54, RG 59. この史料は，ロバート・D・エルドリッヂ氏よりご提供いただいた。この場を借りて厚くお礼申し上げる。

(23) Radford, *From Pearl Harbor to Vietnam*, 261.

(24) Ibid.

(25) Ibid. ; Murphy, *Diplomat among Warriors*, 345.

(26) Ibid. ; エルドリッヂ『硫黄島と小笠原をめぐる日米関係』264-65 頁。

(27) Murphy, *Diplomat among Warriors*, 345.

(28) Radford, *From Pearl Harbor to Vietnam*, 261.

(29) エルドリッヂ『硫黄島と小笠原をめぐる日米関係』282 頁。

(30) 敗戦直後の日本人の苦難に満ちた生活の詳細については，John W. Dower, *Embracing Defeat : Japan in the Wake of World War II* (New York : W. W. Norton & Company, 1999) の第1部および第2部を参照せよ。

(31) 本土における生活を余儀なくされた小笠原諸島民の苦境については，石原『〈群島〉の歴史社会学』第4章を参照せよ。

(32) 旧島民による米国政府への帰島の訴えに関しては，League of Bonin Evacuees for Hastening Repatriation, *History of the Problem of the Bonin Islands* (Tokyo, 1958) を参照せよ。

(33) Ibid.

(34) Ibid.

(35) Radford, *From Pearl Harbor to Vietnam*, 260.

(36) "Telegram No. 644, from Secretary Acheson to Ambassador Murphy, September 3, 1952," 794C.0221/ 8-3052, Decimal File : 1950-1954, Box 4261, RG 59. この史料は，ロバート・D・エルドリッヂ氏よりご提供いただいた。この場を借りて厚くお礼申し上げる。

(37) Radford, *From Pearl Harbor to Vietnam*, 260.

(38) "Japanese Press Translations, March 6, 1958," Records of the Military Government/ Civil Affairs Branch of the Office of the Chief of Naval Operations, 1899-1976, Series VIII, Records Regarding the Bonin-Volcano Islands, Box 101. この史料は，ロバート・D・エルドリッヂ氏よりご提供いただいた。この場を借りて厚くお礼申し上げる。

(39) "Japanese Press Translation Summary, February 21, 1957," Records of the Military

Government/ Civil Affairs Branch of the Office of the Chief of Naval Operations, 1899–1976, Series VIII, Records Regarding the Bonin-Volcano Islands, Box 101. この史料は，ロバート・D・エルドリッヂ氏よりご提供いただいた。この場を借りて厚くお礼申し上げる。

（40）The National Security Archive, U. S. Nuclear Weapons on Chichi Jima and Iwo Jima, "Briefing Paper for Visit of Prime Minister Ikeda to Washington, 20–23 June 1961, 'United States Administration of the Bonin Islands,' 14 June 1961, RG 59, Executive Secretariat Conference Files, 1949–63, Box 256, File 'CF 1915,'" George Washington University, http://nsarchive.gwu.edu/ NSAEBB/ NSAEBB22/（Accessed on November 3, 2010).

（41）Ibid.

（42）Edwin O. Reischauer, *My Life Between Japan and America* (New York : Harper & Row, Publisher, 1986), 201.

（43）Ibid.

（44）Ibid. なお，当事者の一人であるエドウィン・ライシャワー元駐日米国大使は，在任中こまめに日記を書き残していた。そして，なぜか小坂善太郎外務大臣に 800 万ドルの小切手を手渡したと述懐している。記憶違いであろうか。Reischauer, *My Life Between Japan and America*, 201 参照。

（45）"United States Administration of the Bonin Islands, June 14, 1961."

（46）"Japan-United States Joint Communique," *Basic Documents on Japanese Foreign Relations*, Vol. 2, ed. by Kajima Institute of International Peace (Tokyo : Hara Shobo, 1984), 344. 以下，*Basic Documents* とする。

（47）石原『〈群島〉の歴史社会学』165–67 頁。

（48）エルドリッヂ『硫黄島と小笠原をめぐる日米関係』355 頁。

（49）松田武『戦後日本におけるアメリカのソフト・パワー——半永久的依存の起源』（岩波書店，2008 年）117 頁。

（50）エルドリッヂ『硫黄島と小笠原をめぐる日米関係』359 頁。

（51）同上。

（52）同上。

（53）同上，362 頁。

（54）同上。"Visit of Mr. Fukuda, Director General, Japan Defense Agency, with the Secretary of Defense, Washington, June 30, 1964, 9:45–10:15 a.m.," in *FRUS, 1964–1968*, Vol. 29 Part 2 (Washington, DC : GPO, 2006), 22.

（55）Samuel Jameson, "Navy's 'Mystery Base' in Bonins Irks Japanese," *Chicago Daily Tribune*, November 1, 1964.

（56）佐藤榮作『佐藤榮作日記』第 2 巻（朝日新聞社，1998 年）222–23 頁。

（57）"Visit of Prime Minister Sato, January 11–14, 1965, Memorandum for the President, Your Meeting with Prime Minister Sato," *A Documentary History of U.S.-Japanese Relations, 1945–1997*, ed. by Chihiro Hosoya et al. (Tokyo : University of Tokyo Press, 1999), 622. 以下，*A Documentary History* とする。

（58）“White House Meeting with Prime Minister Sato, 11:30 a.m. January 12, 1965,” Sato Visit Memos and Cables [1 of 4], LBJ Library.
（59）“Text of Joint Communique between President Lyndon B. Johnson and His Excellency Eisaku Sato, Prime Minister of Japan Following Talks in Washington, January 12 and 13, 1965,” *Basic Documents*, 545.
（60）Ibid.
（61）厚生省社会援護局『援護 50 年史』118 頁。
（62）厚生労働省「地域別戦没者遺骨収容概見図」『戦没者慰霊事業の実施』http://www.mhlw.go.jp/stf/seisakunitsuite/bunya/hokabunya/senbotsusha/seido01/（2016 年 7 月 8 日確認）。
（63）エルドリッヂ『硫黄島と小笠原をめぐる日米関係』109–12 頁。ブラッドリー他『硫黄島の星条旗』406 頁。
（64）エルドリッヂ『硫黄島と小笠原をめぐる日米関係』112 頁。
（65）同上。ブラッドリー他『硫黄島の星条旗』517–21 頁。
（66）“Letter from Findley to Wachi, December 18, 1956,” Folder 7, Japanese War Dead, Box 100, Operational Archives, Naval Historical Center. この史料は，ロバート・D・エルドリッヂ氏よりご提供いただいた。この場を借りて厚くお礼申し上げる。
（67）エルドリッヂ『硫黄島と小笠原をめぐる日米関係』368，370 頁。
（68）厚生省社会援護局『援護 50 年史』119 頁。
（69）同上。
（70）同上。
（71）同上。
（72）「米国管理地域における戦没者の遺骨の送還，慰霊等に関する件（昭和 27 年 10 月 23 日閣議了解事項）」厚生省社会援護局『援護 50 年史』512 頁。
（73）同上。
（74）厚生労働省「地域別戦没者遺骨収容概見図」。
（75）厚生省社会援護局『援護 50 年史』134 頁。
（76）同上，135 頁。
（77）同上。
（78）同上，135–36 頁。
（79）エルドリッヂ『硫黄島と小笠原をめぐる日米関係』370–74 頁。
（80）The National Security Archive, U.S. Nuclear Weapons on Chichi Jima and Iwo Jima, “Chairman’s Staff Group to Admiral Radford, ‘Dispersal of Atomic Weapons in the Bonin and Volcano Islands,’ 4 June 1957, National Archives, Records of the Joint Chiefs of Staff, Record Group 218, Chairman’s Files, Admiral Radford, Box 44, File ‘476.1,’” George Washington University, http://nsarchive.gwu.edu/NSAEBB/NSAEBB22/（Accessed on November 3, 2010）. この史料はまだ一般向けに機密解除されていない。しかし，National Security Archive のウェブサイトで確認することができる。
（81）外務省「いわゆる『密約』問題に関する調査チームの立ち上げ」『プレスリリース』

http://www.mofa.go.jp/mofaj/press/release/21/9/1195955_1105.html（2012年7月12日確認）。

(82) エルドリッヂ『硫黄島と小笠原をめぐる日米関係』232頁。

(83) 山口遼子『小笠原クロニクル――国境の揺れた島』（中央公論新社，2005年）170-72頁。

(84) エルドリッヂ『硫黄島と小笠原をめぐる日米関係』221頁。

(85) 同上。

(86) 山口『小笠原クロニクル』170-72頁。

(87) 同上。

(88) "Appendix B," in Office of the Assistant to the Secretary of Defense (Atomic Energy), *History of the Custody and Deployment of Nuclear Weapons : July 1945 through September 1977*, February 1978.

(89) Robert S. Norris et al., "Where They Were," *The Bulletin of the Atomic Scientists*, November/December, 1999, 26-35.

(90) Hans Kristensen, "Japan under the Nuclear Umbrella : U.S. Nuclear Weapons and Nuclear War Planning in Japan during the Cold War." The Nautilus Institute (July, 1999), 12.

(91) Robert S. Norris et al., "Where They Were : How Much Did Japan Know?" *The Bulletin of the Atomic Scientists*, January/February, 2000, 11.

(92) Robert Burns, "U.S. Denies It Put Nukes in Iceland," *The Washington Post*, October 26, 1999.

(93) Norris, "How Much Did Japan Know?" 11.

(94) Ibid.

(95) "Dispersal of Atomic Weapons."

(96) Ibid.

(97) 山田浩『核抑止戦略の歴史と理論』（法律文化社，1978年）75，83-84頁。

(98) "Dispersal of Atomic Weapons."

(99) Maxwell D. Taylor, *The Uncertain Trumpet* (New York : Harper & Row, Publishers, 1959), 38-39.

(100) "Dispersal of Atomic Weapons."

(101) Ibid.

(102) "Appendix B," in *History of the Custody and Deployment.*

(103) Federation of American Scientist. "Regulus I." Theater Nuclear Weapons. https://fas.org/nuke/guide/usa/theater/index.html (Accessed on March 4, 2017).

(104) "Appendix B," in *History of the Custody and Deployment.*

(105) Norris, "How Much Did Japan Know?" 78.

(106) 国土交通省「島面積」『平成26年全国都道府県市区町村別面積調』http://www.gsi.go.jp/KOKUJYOHO/MENCHO/201410/shima.pdf (2016年7月17日確認)。

(107) U. S. Far East Command, "Standing Operating Procedure No. 1," November 1, 1956, Headquarters, Far East Command. 本史料はノーチラス研究所のウェブサイトで公開さ

れている。http: //oldsite. nautilus. org/ archives/ library/ security/ foia/ Japan/ FEC56. PDF (Accessed on July 15, 2014) 参照。

(108) Ibid.

(109) The Nautilus Institute, "U.S. Plan For Nuclear Weapons Operations In And Around Japan During The Cold War," Nuclear Strategy Project : Japan FOIA Documents, http://oldsite. Nautilus. org/ Archives/ library/ security/ foia/ japanindex. html (Accessed on November 13, 2014).

(110) Norris, "How Much Did Japan Know?" 78.

(111) Ibid.

(112) "A Report to the National Security Council by the Executive Secretary on Basic National Security Policy, October 30, 1953, Washington," Document of the National Security Council 1947-1977, Reel 3.

(113) Ibid.

(114) 村田晃嗣『アメリカ外交――苦悩と希望』（講談社，2005年）108-09頁。

(115) Henry A. Kissinger, *Nuclear Weapons and Foreign Policy* (New York : Council on Foreign Relations, 1957), 90, 125-26.

(116) Ibid., 133-35.

(117) Ibid., 131.

(118) 服部一成「ケネディ政権の柔軟反応戦略（1961年）」『東海大学政治経済学部紀要』40号（2008年）69，74頁。

(119) "NSC 5501," in *FRUS, 1954-57*, Vol. 19 (Washington, DC : GPO, 1990), 32.

(120) Ibid.

(121) Ibid.

(122) Taylor, *The Uncertain Trumpet*, 29.

(123) 太田『日米「核密約」の全貌』54頁。

(124) Norris, "How Much Did Japan Know?" 78.

(125) Ibid.

(126) Ibid., 12.

(127) 山田康博「『核の傘』をめぐる日米関係」竹内俊隆編『日米同盟論――歴史・機能・周辺諸国の視点』（ミネルヴァ書房，2011年）257頁。

(128) Kissinger, *Nuclear Weapons and Foreign Policy*, 30-31.

(129) "3rd Marines Stage Iwo Assault in Decade's 2nd Invasion of Island," *Pacific Stars and Stripes*, March 21, 1954.

(130) "Once Hid Japanese Troops : Iwo Caves to be AF A-Shelters," *Pacific Stars and Stripes*, May 29, 1955.

(131) Ibid.

(132) "Yanks, Ships Massing for 'Assault' on Iwo," *Pacific Stars and Stripes*, February 10, 1956 ; "1st Wave of Marines Stream toward Iwo," *Pacific Stars and Stripes*, February 11, 1956.

(133) "Navy 'A-Bombs' Isle on Way to Iwo," *Pacific Stars and Stripes*, February 15, 1956.

(134) エルドリッヂ『硫黄島と小笠原をめぐる日米関係』234頁。
(135) "The Ambassador in Japan (Murphy) to the Department of State, Tokyo, October 13, 1952–7 p.m.", in *FRUS, 1952–54*, Vol. 12, Part 2 (Washington, DC : GPO, 1985), 1341.
(136)『読売新聞』朝刊14版（1968年1月9日）「メースBも72年撤去——大浜氏談」『讀賣新聞縮刷版 No. 113・1月号・1968』（読売新聞社，1968年）203頁。
(137) "Appendix B," in *History of the Custody and Deployment.*
(138) 核配備の機密は徹底的に守られていた。そのため，欧米系島民であっても1946年に帰島しなかった者は安全保障上の理由で上陸を許されなかった。Records of the Military Government/ Civil Affairs Branch of the Office of the Chief of Naval Operations, 1899–1976, Series VIII, Records Regarding the Bonin-Volcano Islands, Folder : Bonin-Volcanos-Return of Japanese to Bonins-A, Ackerman Case, 1956, Box 101, Operational Archives, Navy Historical Center 参照。この史料は，ロバート・D・エルドリッヂ氏よりご提供いただいた。この場を借りて厚くお礼申し上げる。米軍占領下の島民の生活に関しては，石原『近代日本と小笠原諸島』を参照せよ。

第3章

(1) ノーマン・ポルマー『原子力潜水艦』堀元美訳（朝日ソノラマ，1985年）103頁。
(2) 同上，252–53頁。
(3) 同上，266，271頁。
(4) Henry A. Kissinger, *Nuclear Weapons and Foreign Policy* (New York : Council Foreign Relations, 1957), 164–65.
(5) ポルマー『原子力潜水艦』274頁。
(6) John Lewis Gaddis, *The Long Peace : Inquiries into the History of the Cold War* (New York : Oxford University Press, 1987), 198.
(7) National Reconnaissance Office, "CORONA Fact Sheet," http: //www. nro. gov/ history/ csnr/ corona/ factsheet.html (Accessed on October 17, 2014).
(8) Gaddis, *The Long Peace*, 204.
(9)「日米共同コミュニケ」鹿島平和研究所編『日本外交主要文書・年表』第1巻（原書房，1983年）809頁。
(10) The National Security Archive, U.S. Nuclear Weapons on Chichi Jima and Iwo Jima, "State Department cable 371 to U.S. Embassy Tokyo, 6 August 1964, RG 59, Subject-Numeric Files, 1964–66, file "POL 19 Bonin Is," George Washington University, http://nsarchive.gwu.edu/ NSAEBB/ NSAEBB22/ (Accessed on November 3, 2010).
(11) "Japan-United States Joint Communique," *Basic Documents*, Vol. 2, ed. by Kajima Institute of International Peace (Tokyo : Hara Shobo, 1984), 344.
(12) "Appendix B," in Office of the Assistant to the Secretary of Defense (Atomic Energy), *History of the Custody and Deployment of Nuclear Weapons : July 1945 through September 1977*, February 1978.
(13) "Telegram 6698 from Embassy Tokyo to State Department, March21, 1968," Country File

Japan, Box 252, National Security Files, LBJ Library.

（14）「9月5日のダレス米代表の演説（英文）」外務省編『日本外交文書――平和条約の締結に関する調書』第4冊（じんのう，2002年）272頁。

（15）原貴美恵『サンフランシスコ平和条約の盲点――アジア太平洋地域の冷戦と「戦後未解決の諸問題」』（渓水社，2005年）270頁。

（16）「日本国とアメリカ合衆国との間の相互協力及び安全保障条約」鹿島平和研究所編『日本外交主要文書・年表』第1巻，962-63頁。

（17）“Visit of Mr. Fukuda, Director General, Japan Defense Agency, with the Secretary of Defense, Washington, June 30, 1964, 9:45-10:15 a.m.,” in *FRUS, 1964-1918*, Vol. 29, Part 2 (Washington, DC : GPO, 2006), 20-21.

（18）Ibid.

（19）Ibid.

（20）Jameson, “Navy's ‘Mystery Base,’ in Bonins Irks Japanese,” *Chicago Daily Tribute*, November 1, 1964.

（21）“Airgram From the Embassy in Japan to the Department of State,” in *FRUS, 1964-1968, Vol. 29, Part 2, Japan* (Washington, DC : GPO, 2006), 48-49.

（22）Ibid., 49.

（23）Edwin O. Reischauer, “The Broken Dialogue with Japan,” *Foreign Affairs*, Vol. 39, No. 1 (October, 1960), 14-17.

（24）エドウィン・ライシャワー『アジアの中の日本の役割』西山千／伊藤拓一訳（徳間書店，1969年）304頁。

（25）同上，61頁。

（26）League of Bonin Evacuees, *History of the Problem of the Bonin Islands* ; “Memorandum of Conversation,” in *FRUS, 1964-1968, Vol. 29, Part 2, Japan*, 147.

（27）“Okinawa and Bonin Islands, Kyoto, July 7, 1966,” in *FRUS, 1964-1968, Vol. 29, Part 2, Japan*, 147.

（28）Ibid.

（29）Ibid., 147-48.

（30）大熊良一『歴史の語る小笠原島』（南方同胞援護会，1966年）4頁。

（31）“Military Utility of the Bonins (U), Washington, June 29, 1967,” in *FRUS, 1964-1968, Vol. 29, Part 2, Japan*, 174-75.

（32）Ibid.

（33）League of Bonin Evacuees, *History of the Problem of the Bonin Islands*, 5 ; “The Ryukyu-Bonin Islands and the Sato Visit, Washington, October 27, 1967, 6:45 p.m.,” in *FRUS, 1964-1968, Vol. 29, Part 2, Japan*, 216.

（34）“Military Utility of the Bonins (U), Washington, June 29, 1967,” 174.

（35）Ibid., 173.

（36）Ibid.

（37）Ibid., 173-74.

(38) “Appendix B,” in *History of the Custody and Deployment*.
(39) U・アレクシス・ジョンソン『ジョンソン米大使の日本回想――2・26事件から沖縄返還・ニクソンショックまで』増田弘訳（草思社，1989年）164頁。
(40) マイケル・マンスフィールド「日本とアメリカの政策――マンスフィールド極東報告第1部（全文）」立川恵治訳『中央公論』12月号（中央公論新社，1960年）46, 50頁。
(41) ジョンソン『ジョンソン米大使の日本回想』266頁。
(42) 同上，165頁。
(43) 同上，154-55頁。
(44) 同上，155頁。
(45) 同上。
(46) 外務省北米局長「北米局長ザヘレン参事官懇談の件」1967年6月29日（「沖縄関係13」2012-0764, H24-001，外務省外交史料館所蔵）。
(47) 同上。
(48) 同上。
(49) 同上。
(50) 同上。
(51) 同上。
(52) 同上。
(53) 同上。
(54) Michael Schaller, *Altered States : The United States and Japan since the Occupation* (New York : Oxford University Press, 1997), 204.
(55) Terry H. Anderson, *The Sixties*, 3rd ed. (New York : Pearson Longman, 2007), 64.
(56) Ibid., 79.
(57)「日本国とアメリカ合衆国との間の相互協力及び安全保障条約」959-63頁。
(58) ジョンソン『ジョンソン米大使の日本回想』175-76頁。
(59) “Ryukyus and Bonins, Washington, November 15, 1967,” in *FRUS, 1964-1968, Vol. 29, Part 2, Japan*, 233.
(60) The National Security Archive, Revelations in Newly Released Documents about U. S. Nuclear Weapons and Okinawa Fuel NHK Documentary. “Memorandum of Conversation, William Bundy / Japanese Ambassador Shimoda, 7/ 10/ 67. Subject : Okinawa and the Bonin Islands (Secret/ Exdis/ Need to Know),” George Washington University, http://www.gwu.edu/ ~nsarchiv/ japan/ okinawa/ okinawa,htm (accessed on July 18, 2002). なお，外務省北米局が作成したこの会談の報告書は，在米国下田大使発三木外務大臣宛電報第1820号「本使バンディー会談（おきなわ，おがさわら問題）」1967年7月10日（「沖縄関係4」001, 0600-2008-00029, H22-021，外務省外交史料館所蔵）である。
(61) 同上。
(62) 同上。
(63) 美濃部亮吉『都知事12年』(朝日新聞社，1979年）194頁。

(64) "Memorandum of Conversation, William Bundy/ Japanese Ambassador Shimoda, 7/ 10/ 67," 電報第1820号「本使バンディー会談（おきなわ，おがさわら問題)」。

(65) 小笠原諸島の返還が決まった1967年11月14〜15日の日米首脳会談の直前である11月6日にも，美濃部は小笠原返還について佐藤に直訴している。詳しくは，佐藤榮作『佐藤榮作日記』第3巻（朝日新聞社，1998年）176頁を参照せよ。

(66) "Memorandum of Conversation, William Bundy/ Japanese Ambassador Shimoda, 7/ 10/ 67," 電報第1820号「本使バンディー会談（おきなわ，おがさわら問題)」。

(67) 同上。

(68) 同上。

(69) 同上。

(70) 同上。

(71) 同上。

(72) 同上。

(73) "Memorandum of Conversation, Washington, November 15, 1967," 233.

(74) 三木外務大臣発在米国下田大使宛電報第1189号「沖縄・小笠原問題」1967年7月14日（「沖縄関係21」0600-2011-00001, H22-021，外務省外交史料館所蔵)。

(75) ロバート・D・エルドリッヂ『硫黄島と小笠原をめぐる日米関係』（南方新社，2008年）389頁。

(76) 外務省北米局「外務大臣・ジョンソン大使会談録」1967年7月19日（「沖縄関係4」002, 0600-2008-00029, H22-021，外務省外交史料館所蔵)。

(77) 外務省北米局「7月15日沖縄・小笠原問題に関する外務大臣，米大使会談に際し先方に手交せる覚書」1967年7月15日（「沖縄関係4」002, 0600-2008-00029, H22-021，外務省外交史料館所蔵)。

(78) 同上。

(79) 外務省北米局「外務大臣・ジョンソン大使会談録」1967年7月19日。

(80) 同上。明らかな誤植は訂正した。

(81) 同上。

(82) 外務省北米局長「沖縄に関し在京米大使と懇談の件」1967年7月19日（「沖縄関係4」002, 0600-2008-00029, H22-021，外務省外交史料館所蔵)。

(83) 同上。

(84) "Telegram from the Embassy in Japan to the Department of State, Tokyo, August 1, 1967, 1010Z," in *FRUS, 1964-1968, Vol. 29, Part 2, Japan*, 187.

(85) Ibid., 188.

(86) U.S. Bureau of the Census, "No. 1258. Exports and General Imports of Merchandise, by Country of Destination and Origin : 1950 to 1965," in *Statistical Abstract of the United States : 1966*, 87th ed. (Washington, DC : GPO, 1966), 790.

(87) U.S. Bureau of the Census, "No. 1232. Exports and General Imports of Merchandise, by Continent, Area, and Country : 1955 to 1969," in *Statistical Abstract of the United States : 1970*, 91st ed. (Washington, DC : GPO, 1970), 790.

(88) "Memorandum NSC Meeting August 30, 1967, subject : Reversion to Japan of the Ryukyus, Bonins and Other Western Pacific Islands, August 30, 1967," in *FRUS, 1964–1968, Vol. 29, Part 2, Japan*, 199.
(89) Ibid., 200.
(90) Ibid., 199.
(91) Ibid., 200.
(92) Ibid., 200–201.
(93) Ibid.
(94) Ibid.
(95) Ibid.

第 4 章

(1)「日本国との平和条約」鹿島平和研究所編『日本外交主要文書・年表』第 1 巻（原書房，1983 年）419–40 頁。
(2)「日本国とアメリカ合衆国との間の安全保障条約」鹿島平和研究所編『日本外交主要文書・年表』第 1 巻，444–46 頁。
(3) Michael Schaller, *Altered States : The United States and Japan since the Occupation* (New York : Oxford University Press, 1997), 138.
(4) "Letter from the Ambassador to Japan (MacArthur) to Secretary of State Dulles, Tokyo, April 18, 1958," in *FRUS 1958–1960*, Vol. 18 (Washington, DC : GPO, 1994), 27.
(5) Schaller, *Altered States*, 141.
(6) 岩見隆夫「日米戦争と安保改定――岸信介の『執念』」藤原書店編集部編『「日米安保」とは何か』（藤原書店，2010 年）370 頁。
(7) 同上，369–70 頁。
(8)「日本国とアメリカ合衆国との間の相互協力及び安全保障条約」鹿島平和研究所編『日本外交主要文書・年表』第 1 巻，961 頁。
(9) 同上，959–63 頁。
(10) 同上，961–62 頁。
(11) 波多野澄雄『歴史としての日米安保条約――機密外交記録が明かす「密約」の虚実』（岩波書店，2010 年）88–89 頁。
(12) 前述の波多野の主張は，2015 年の自民党による安全保障関連法案の可決以前になされたものである。米国に基地を提供することと引き換えに日本を防衛してもらうという仕組みに，今後変化がもたらされると思われる。
(13)「条約第 6 条の実施に関する交換公文」鹿島平和研究所編『日本外交主要文書・年表』第 1 巻，963–65 頁。
(14) 同上，963–64 頁。
(15) 東郷文彦『日米外交三十年――安保・沖縄とその後』（中央公論社，1989 年）60 頁。
(16) 同上，60–61 頁。
(17) 同上。

(18) 同上，82-83頁。
(19) 寺沢一『安保条約の問題性』増補改訂版（有信堂，1969年）53頁
(20) 同上，83頁。
(21) 東郷『日米外交三十年』83頁。
(22) 同上，82頁。
(23) 岡留康文「非核三原則と核密約論議――反核と核の傘のはざま」参議院『立法と調査』309号（参議院，2010年10月）102-03頁。松山健二「日米安保条約の事前協議に関する『密約』」外務省防衛課『調査と情報』672号（外務省，2010年）3頁。信夫隆司「核持ち込みの事前協議をめぐる日米交渉」『政経研究』49巻4号（日本大学，2013年）99頁。前田哲男「約束された言葉，行われた事実――『非核三原則』と『秘密議事録』の間」『東京国際大学論叢』6号（2000年9月）76-77頁。
(24) 岡留「非核三原則と核密約論議」102-03頁。松山「日米安保条約の事前協議に関する『密約』」3頁。
(25) 信夫「核持ち込みの事前協議をめぐる日米交渉」89，91頁。
(26) 同上，91-94頁。
(27) 「報告対象文書1-3」外務省調査チーム編『いわゆる「密約」に関する調査報告対象文書（1. 1960年1月の安保条約改定時の核持ち込みに関する「密約」問題関連)』。The National Security Archive, Nuclear Noh Drama : Tokyo, Washington and the Case of the Missing Nuclear Agreements, "Department of State Cable, Tokyo 2335, April 4, 1963, reporting on meeting between Ambassador Reischauer and Foreign Minister Masayoshi Ohira to discuss presence of nuclear weapons on U.S. ships (From The United States and Japan, 1960-1972)," George Washington University, http://nsarchive.gwu.edu/ nukevault/ ebb291/ (Accessed on January 5, 2015).
(28) 同上。ただし，その日米了解が書面で合意されたものか，あるいは口頭で合意されたものかは，まだ判明していない。
(29) 波多野『歴史としての日米安保条約』172頁。
(30) The National Security Archive, Nuclear Noh Drama : Tokyo, Washington and the Case of the Missing Nuclear Agreements, "Description of Consultation Arrangements Under the Treaty of Mutual Cooperation and Security with Japan; and Summary of Unpublished Agreements Reached in Connection with the Treaty of Mutual Cooperation and Security with Japan [part of briefing book prepared for Secretary of State Herter] ca. June 1960 (From The United States and Japan, 1960-1972, National Security Archive)," George Washington University, http://nsarchive.gwu.edu/ nukevault/ ebb291/ (Accessed on January 5, 2015) ; "NSSM-5 : Japan Policy," Records of National Security Council, RG 273, National Archives. 沖縄における核問題に該当する部分は2010年1月1日に再機密指定され，2014年9月時点で公開されていない。しかし，National Security Archivesのウェブサイトで閲覧することが可能である。The National Security Archive, Nuclear Noh Drama : Tokyo, Washington and the Case of the Missing Nuclear Agreements, "Memorandum, Davis to The Vice President, et al., Subject : NSSM 5 - Japan Policy, April 28, 1969 (From The United

States and Japan, 1960–1972）,” George Washington University, http://nsarchive.gwu.edu/ nukevault/ ebb291/（Accessed on January 5, 2015）参照。日本が「密約」の調査に乗り出したのと同じタイミングでNSSM-5 が再機密指定されたことに因果関係があるのであろうか。

（31）波多野『歴史としての日米安保条約』173 頁。

（32）核の所在についていかなる明言も避けるという米国の政策である。Hans Kristensen, “Japan under the Nuclear Umbrella： U.S. Nuclear Weapons and Nuclear War Planning in Japan during the Cold War,” The Nautilus Institute（July, 1999）, 12 参照。

（33）坂元一哉「核搭載艦船の一時寄港」『いわゆる「密約」問題に関する有識者委員会報告書』（外務省，2010 年）38 頁。

（34）前田哲男「約束された言葉，行われた事実――『非核三原則』と『秘密議事録』の間」『東京国際大学論叢』6 号（2000 年 9 月）71 頁。

（35）楠綾子「日米同盟の成立から沖縄返還まで」竹内俊隆編著『日米同盟論――歴史・機能・周辺諸国の視点』（ミネルヴァ書房，2011 年）85 頁。

（36）北岡伸一「日米同盟における『密約』問題」北岡伸一／渡邊昭夫監修，公益財団法人世界平和研究所編集『日米同盟とは何か』（中央公論新社，2011 年）263 頁。

（37）「1960 年 1 月 19 日に発表された岸日本国総理大臣とアイゼンハウアー合衆国大統領との共同コミュニケ」鹿島平和研究所編『日本外交主要文書・年表』第 1 巻，991 頁。

（38）Kristensen, “Japan under the Nuclear Umbrella,” 12, 31.

（39）坂元「核搭載艦船の一時寄港」33 頁。

（40）Kristensen, “Japan under the Nuclear Umbrella,” 46, 49.

（41）楠「日米同盟の成立から沖縄返還まで」85 頁。

（42）坂元一哉「安保改定における相互性の模索――条約区域と事前協議をめぐって」『国際政治』115 号（日本国際政治学会，1997 年）23–24 頁。

（43）U・アレクシス・ジョンソン『ジョンソン米大使の日本回想――2・26 事件から沖縄返還・ニクソンショックまで』増田弘訳（草思社，1989 年）163，165 頁。

（44）記念碑をめぐる交渉については，ジョンソン『ジョンソン米大使の日本回想』およびロバート・D・エルドリッジ『硫黄島と小笠原をめぐる日米関係』（南方新社，2008 年）などが参考になる。

（45）“Tab A, Draft Action Memorandum for President Johnson,” in “Action Memorandum from the Assistant Secretary of State for East Asian and Pacific Affairs（Bundy）to Secretary of State Rusk, Washington, August 7, 1967,” in *FRUS, 1964–1968, Vol. 29, Part 2, Japan*（Washington, DC： GPO, 2006）, 191–94.

（46）The National Security Archive, Revelations in Newly Released Documents about U. S. Nuclear Weapons and Okinawa Fuel NHK Documentary, “Memorandum of Conversation, William Bundy/ Japanese Ambassador Shimoda, 7/ 10/ 67. Subject： Okinawa and the Bonin Islands（Secret/ Exdis/ Need to Know）,” George Washington University, http://www.gwu.edu/ ~nsarchiv/ japan/ okinawa/ okinawa.htm（Accessed on July 18, 2012）.

(47) "Action Memorandum from the Assistant Secretary of State for East Asian and Pacific Affairs (Bundy) to Secretary of State Rusk, Washington, August 7, 1967," in *FRUS, 1964–1968, Vol. 29, Part 2, Japan*, 190.
(48) Don Oberdorfer, *Senator Mansfield : The Extraordinary Life of a Great American Statesman and Diplomat* (Washington, DC : Smithsonian Books, 2003), 460.
(49) Ibid.
(50) Ibid.
(51) "Tells How U.S. Can Return Isles to Japan," *Chicago Daily Tribune*, September 16, 1967.
(52) Oberdorfer, *Senator Mansfield*, 460.
(53) 外務省「三木大臣，ラスク長官会談録（I）」1967年9月14日（「沖縄関係4」003, 0600-2008-00029, H22-021，外務省外交史料館所蔵）。
(54) 同上。
(55) 外務省「三木大臣，マクナマラ国防長官会談録」1967年9月15日（「沖縄関係4」004, 0600-2008-00029, H22-021，外務省外交史料館所蔵）。
(56) 同上。
(57) 同上。
(58) 在米国下田大使発三木外務大臣宛電報第2595号「三木・ラスク会談」1967年7月16日（「沖縄関係4」004，0600-2008-00029，H22-021，外務省外交史料館所蔵）。
(59) The National Security Archive, U. S. Nuclear Weapons on Chichi Jima and Iwo Jima, "Memorandum of Conversation between Japanese Foreign Minister Takeo Miki and Secretary of State Dean Rusk, 'Ryukyu Islands,' 16 September 1967, RG 59, Subject-Numeric Files, 1967–69, File 'POL 19 Ryu,'" George Washington University, http://nsarchive.gwu.edu/NSAEBB/NSAEBB22/ (Accessed on November 3, 2010). 日本側の会談記録は，外務省「三木大臣，ラスク長官会談録（II）」1967年9月16日（「沖縄関係4」004, 0600-2008-00029, H22-021，外務省外交史料館所蔵）。
(60) 同上。
(61) 在米国下田大使発三木外務大臣宛電報第2715号「バンディー次官補との会談（オキナワ・オガサワラ問題）」1967年9月28日（「沖縄関係4」001, 0600-2008-00029, H22-021，外務省外交史料館所蔵）。
(62) 同上。
(63) 同上。
(64) 外務省北米局「三木大臣・ジョンソン大使会談録」1967年10月11日（「沖縄関係4」004, 0600-2008-00029, H22-021，外務省外交史料館所蔵）。
(65) 同上。
(66) 同上。
(67) 同上。
(68) 同上。
(69) 同上。
(70) 同上。

(71) 外務省北米局「三木大臣・ジョンソン大使会談録送付」1967年10月12日（「沖縄関係4」004, 0600-2008-00029, H22-021, 外務省外交史料館所蔵）。
(72) 在米国下田大使発三木外務大臣宛電報第2908号「オキナワ，オガサワラ問題」1967年10月17日（「沖縄関係4」001, 0600-2008-00029, H22-021, 外務省外交史料館所蔵）。
(73) 同上。
(74) 同上。
(75) "Memorandum from the President's Special Assistant (Rostow) to President Johnson, Washington, October 27, 1967, 6:45 p.m.," in *FRUS, 1964-1968, Vol. 29, Part 2, Japan*, 214-15.
(76) Ibid., 215.
(77) Ibid., 215-16.
(78) Ibid.
(79) Ibid.
(80) Ibid.
(81) Ibid., 214.
(82) 三木外務大臣発在米国下田大使宛電報第1910号「大臣・ジョンソン大使会談記録」1967年10月28日（「沖縄関係4」004, 0600-2008-00029, H22-021, 外務省外交史料館所蔵）。
(83) 同上。
(84) ジョンソン大統領は，この段階で小笠原を返還するという方針には同意していたようである。詳しくは，外務省外務審議官「オキナワ，小笠原問題に関するバーガーン国務次官補代理の内話」1967年12月6日（「沖縄関係4」001, 0600-2008-00029, H22-021, 外務省外交史料館所蔵）を参照せよ。
(85) "Memorandum from the President's Special Assistant (Rostow) to President Johnson, Washington, November 3, 1967," 217-18.
(86) Ibid., 218.
(87) Ibid., 219.
(88) "Memorandum to the President on Luncheon Meeting with Secretaries Rusk and McNamara, Walt Rostow, CIA Director Richard Helms, George Christian and Jim Jones, Saturday, November 4, 1967," Folder: Meeting with Foreign Policy Advisers, November 4, 1967, 2:20 p.m., Meeting Notes File, Box 2, LBJ Papers, LBJ Library.
(89) Ibid.
(90) Ibid.
(91) "State Department Cable 65120 to U.S. Embassy Tokyo, November 5, 1967," Folder: POL 19 BONIN ISLANDS, Box 1898, CENTRAL FOREIGN POLICY FILE 1967-1969, RG 59.
(92) Ibid.
(93) Ibid.
(94) The National Security Archive, U.S. Nuclear Weapons on Chichi Jima and Iwo Jima,

"Memorandum from Assistant Secretary of State for East Asian and Pacific Affairs, William P. Bundy to the Secretary, 'Congressional Consultation on the Ryukyus and the Bonins – Briefing Memorandum,' 6 November 1967, RG 59, Subject-Numeric Files, File 'POL 19 Ryu Isl.' " George Washington University, http://nsarchive.gwu.edu/NSAEBB/NSAEBB22/（Accessed on November 3, 2010).

(95) "Telegram 3060, from Embassy Tokyo to Secretaty of State, Novemner 6, 1967," Folder: POLITICAL AFF. & REL. JAPAN-US 1-1-67, CENTRAL FOREIGN POLICY FILES 1967-1969, Box 2249, RG59.

(96) Ibid.

(97) 佐藤榮作『佐藤榮作日記』第3巻（朝日新聞社，1998年）169頁。

(98) ジョンソン『ジョンソン米大使の日本回想』161頁。

(99) 同上，164-65頁。

(100) 同上，173頁。

(101) 同上，174頁。

(102) 同上。

(103) 同上。

(104) "Ryukyus and Bonins, Washington, November 15, 1967," in *FRUS, 1964-1968, Vol. 29, Part 2, Japan*, 233.

(105) Ibid.

(106) Ibid.

(107) Ibid.

(108) Ibid., 234.

(109) 佐藤『佐藤榮作日記』第3巻，172-73頁。

(110) "Ryukyus and Bonins, Washington, November 15, 1967," 234.

(111)「1967年11月14日および15日のワシントンにおける会談後の佐藤栄作総理大臣とリンドン・B・ジョンソン大統領との間の共同コミュニケ」鹿島平和研究所編『日本外交主要文書・年表』第2巻（原書房，1984年）735頁。

(112) "Ryukyus and Bonins, Washington, November 15, 1967," 234.

(113) "Memorandum of Conversation between Prime Minister Sato and Secretary of State Rusk, November 15, 1967."

(114) 若泉敬『他策ナカリシヲ信ゼムト欲ス——核密約の真実』（文藝春秋，2009年）70-71頁。

(115) 同上，73頁。

(116) 同上，71，73頁。

(117) ジョンソン『ジョンソン米大使の日本回想』177頁。

(118) 外務省「佐藤総理ジョンソン大統領会談録（第1回会談）」1967年11月14日（「沖縄関係5」003, 0600-2008-00031, H22-021，外務省外交史料館所蔵）。

(119)「佐藤総理・ラスク国務長官会談録，外務省記録」楠田實／和田純編・校訂，五百旗頭真編・解題『楠田實日記——佐藤栄作総理主席秘書官の2000日』（中央公論新

社，2001 年）763 頁。

(120) “U.S.-Japanese Relations and Security Problems, November 15, 1967,” Folder : POLITICAL AFF. & REL. JAPAN-US 1-1-67, Box 2249, CENTRAL FOREIGN POLICY FILES, 1967-1969, RG 59.

(121) 若泉『他策ナカリシヲ信ゼムト欲ス』74-75 頁。

(122)「ナショナル・プレス・クラブにおける演説（1967 年）」内閣総理大臣官房『佐藤内閣総理大臣演説集』（大蔵省印刷局，1970 年）170-76 頁。

(123) Hedrick Smith, “Sato Wins Pledge on Return of Isles,” *The New York Times*, November 16, 1967.

(124) 若泉『他策ナカリシヲ信ゼムト欲ス』113 頁。

(125) 同上。

(126) 太田昌克『日米「核密約」の全貌』（筑摩書房，2011 年）139 頁。

(127) 新原昭治編訳『米政府安保外交秘密文書――資料・解説』（新日本出版社，1990 年）69，72-73 頁。

(128) 同上，81 頁。

(129) 太田『日米「核密約」の全貌』134 頁。

(130) A Report to the President by the Committee on Nuclear Proliferation, Secret, January 21, 1965, Papers of Roswell L. Gilpatrick, Box10, JFK Library，太田『日米「核密約」の全貌』135-36 頁より再引用。

(131)「第 1 回ジョンソン大統領，佐藤首相会談要旨」，太田『日米「核密約」の全貌』138 頁から再引用。

(132) “White House Meeting with Prime Minister Sato, 11:30 a.m. January 12, 1965,” Sato Visit Memos and Cables〔1 of 4〕, LBJ Library.

(133) 新原『米政府安保外交秘密文書』182 頁。

(134) 同上，183 頁。

(135) 同上，183，185 頁。

(136) 黒崎輝『核兵器と日米関係――アメリカの核不拡散外交と日本の選択，1960-1976』（有志舎，2006 年）50-51 頁。

(137) 同上。

(138) 同上，54 頁。

(139) 新原『米政府安保外交秘密文書』191-93 頁。

(140) “U.S.-Japanese Relations and Security Problems, November 15, 1967.”

(141) Ibid.

(142) 山田康博「『核の傘』をめぐる日米関係」竹内俊隆編著『日米同盟――歴史・機能・周辺諸国の視点』（ミネルヴァ書房，2011 年）263 頁。

(143) 石川卓「アメリカから見た日米同盟」竹内俊隆編著『日米同盟論――歴史・機能・周辺諸国の視点』（ミネルヴァ書房，2011 年）283 頁。

(144) Smith, “Sato Wins Pledge, on Return of Isles.”

(145) Asian Development Bank, “Overview,” About ADB, http://www.adb.org/about/overview

(Accessed on July 5, 2012).
(146) “U.S.-Japanese Relations and Security Problems, November 15, 1967.”
(147) Ibid.
(148) National Archives, “Statistical Information about Fatal Casualties of the Vietnam War,” http://www. archives. gov/ research/ military/ vietnam-war/ casualty-statistics. html (Accessed on October 24, 2014).
(149) Ibid.
(150) “U.S.-Japanese Relations and Security Problems, November 15, 1967.”
(151) Ibid.
(152) Ibid.
(153) Ibid.
(154) Ibid.
(155) Ibid.
(156) Ibid.
(157) Ibid.
(158) ジョンソン『ジョンソン米大使の日本回想』179 頁。
(159) “U.S.-Japanese Relations and Security Problems, November 15, 1967.”
(160) Ibid.
(161) Ibid.
(162) Ibid.
(163) Ibid.
(164) ジョンソン『ジョンソン米大使の日本回想』171 頁。
(165) 税関「年別輸出入総額（確定値）」『財務省貿易統計』http://www.customs.go.jp/ toukei/ suii/ html/ nenbet.htm（2012 年 6 月 19 日確認）。
(166) “U.S.-Japanese Relations and Security Problems, November 15, 1967.”
(167) ジョンソン『ジョンソン米大使の日本回想』178–79 頁。
(168) 米側会談記録は “U.S.-Japanese Relations and Security Problems, November 15, 1967.” 日本側会談記録については外務省「佐藤総理・ジョンソン大統領第 2 回会談記録」1967 年 11 月 15 日（「沖縄関係 5」003, 0600–2008–00031, H22–021，外務省外交史料館所蔵）を参照せよ。
(169) “U.S.-Japanese Relations and Security Problems, November 15, 1967.”
(170) 在インドネシア日本大使館「日本のインドネシアに対する経済協力実績額」『日本のインドネシアに対する経済協力——半世紀のパートナーシップ』http://www.id.emb-japan.go.jp/ oda/ jp/ datastat_01.htm (2012 年 7 月 6 日確認)。
(171) ジョンソン『ジョンソン米大使の日本回想』178 頁。
(172) 佐藤『佐藤榮作日記』第 3 巻，176 頁。
(173) 楠田實／和田純校訂，五百旗頭真編・解題『楠田實日記——佐藤栄作総理主席秘書官の 2000 日』（中央公論新社，2001 年）123 頁。
(174) Schaller, “MITI Estimates of Japan’s Earnings from Vietnam War, 1965–72 (in U.S. dollars

on top of 1964 base of $340 million),” *Altered States*, 199.

(175) U.S. Bureau of the Census, “No. 1232. Exports and General Imports of Merchandise, by Continent, Area, and Country : 1955 to 1969,” *in Statistical Abstract of the United States : 1966*, 87th ed. (Washington, DC : GPO, 1966), 790.

(176) ジョンソン『ジョンソン米大使の日本回想』191 頁。Nancy Bernkopf Tucker, “Threats, Opportunities, and Frustrations in East Asia,” in *Lyndon Johnson Confronts the World : American Foreign Policy, 1963–1968*, ed. by Warren I. Cohen, and Nancy Bernkopf Tucker (New York : Cambridge University Press, 1994), 123.

(177) Stockholm International Peace Research Institute, “Research on Questions of Conflict and Cooperation of Importance for International Peace and Security,” http://armstrade.sipri.org/armstrade/ html/ export_values.php (Accessed on April 4, 2011).

(178) ジョンソン『ジョンソン米大使の日本回想』168 頁。

(179) 1968 年度の ADB の報告書については ADB Annual Report 1968, http://www.adb.org/sites/ default/ files/ adb-ar-1968.pdf（Accessed on February 13, 2017）を参照せよ。

(180) Dennis T. Yasutomo, *Japan and the Asian Development Bank* (New York : Studies of the East Asian Institute, Columbia University, 1983), 106–08.

(181) Ibid.

(182) Ibid., 108.

(183) 若泉『他策ナカリシヲ信ゼムト欲ス』74 頁。

(184) ジョンソン『ジョンソン米大使の日本回想』182 頁。

(185) 同上。

(186) 同上。

(187) “U.S.-Japanese Relations and Security Problems, November 15, 1967.”

(188)「1967 年 11 月 14 日および 15 日のワシントンにおける会談後の佐藤栄作総理大臣とリンドン・B・ジョンソン大統領との間の共同コミュニケ」鹿島平和研究所編『日本外交主要文書』第 2 巻，735–36 頁。

(189) エルドリッヂ『硫黄島と小笠原をめぐる日米関係』463 頁。

(190) 同上。

(191) Edwin O. Reischauer, *My Life Between Japan and America* (New York : Harper & Row, Publisher, 1986), 318.

(192) Michael McGuire, “Marine Hero Hits Retreat from Iwo Jima,” *Chicago Daily Tribune*, June 30, 1968.

(193) ジョンソン『ジョンソン米大使の日本回想』211 頁。

(194) “Memorandum to the President on Luncheon Meeting with Secretaries Rusk and McNamara, Walt Rostow, CIA Director Richard Helms, George Christian and Jim Jones, Saturday, November 4, 1967.”

(195) “U.S.-Japanese Relations and Security Problems, November 15, 1967.”

(196) National Archives and Records Administration, “Dean Rusk Interview III,” Lyndon Baines Johnson Library and Museum, http://www.lbjlib.utexas.edu/ johnson/ archives.hom/ oralhis

tory.hom/ rusk/ rusk.asp（Accessed October 15, 2010）, 17.

(197) Nicholas Evan Sarantakes, "Continuity through Change : The Return of Okinawa and Iwo Jima 1967–1972," *The Journal of American-East Asian Relations* Vol. 3, No. 1（Spring, 1994）, 53.

第 5 章

（1）"Appendix B," in Office of the Assistant to the Secretary of Defense（Atomic Energy）, *History of the Custody and Deployment of Nuclear Weapons : July 1945 through September 1977*, February 1978.

（2）"The Ryukyu-Bonin Islands and the Sato Visit, Washington, October 27, 1967, 6:45 p.m.," in *FRUS, 1964–1968, Vol. 29, Part 2, Japan*（Washington, DC : GPO, 2006）, 215–16 ; The National Security Archive, U. S. Nuclear Weapons on Chichi Jima and Iwo Jima, "Memorandum of Conversation between Japanese Foreign Minister Takeo Miki and Secretary of State Dean Rusk, 'Ryukyu Islands,' 16 September 1967, RG 59, Subject-Numeric Files, 1967–69, File 'POL 19 Ryu.'" George Washington University, http://nsarchive.gwu.edu/ NSAEBB/ NSAEBB22/（Accessed on November 3, 2010）.

（3）Samuel Jameson, "American Control on Okinawa Is Slipping," *Chicago Daily Tribune*, June 4, 1968.

（4）"Memorandum of Conversation between Japanese Foreign Minister Takeo Miki and Secretary of State Dean Rusk, September 16, 1967."

（5）Frank Langdon, "Strains in Current Japanese-American Defense Cooperation," *Asian Survey* Vol. 9, No. 9（September, 1969）, 715.

（6）「日米共同声明」鹿島平和研究所編『日本外交主要文書・年表』第 2 巻（原書房, 1984 年）881–82 頁。

（7）同上, 882 頁。

（8）同上, 883 頁。

（9）北岡伸一「日米同盟における『密約』問題」北岡伸一／渡邊昭夫監修, 公益財団法人世界平和研究所編集『日米同盟とは何か』（中央公論新社, 2011 年）271 頁。なお, この文言をめぐる日米交渉については, 波多野澄夫『歴史としての日米安保条約――機密外交記録が明かす「密約」の虚実』（岩波書店, 2010 年）232–35 頁を参照せよ。

(10)『第 61 回国会衆議院外務委員会議録第 5 号』（1969 年 3 月 14 日）16 頁。

(11) 東郷文彦『日米外交三十年――安保・沖縄とその後』（中央公論社, 1989 年）60–61 頁。

(12) 波多野『歴史としての日米安保条約』232–35 頁。

(13)「日米共同声明」880 頁。

(14) 同上。

(15) 同上, 880–81 頁。

(16) 同上, 882–83 頁。

(17)「佐藤首相ナショナルプレスクラブ演説」鹿島平和研究所編『日本外交主要文書・年表』第2巻，893頁。
(18) 外務省北米局長「総理との打合」1968年12月7日（ファイル名不明，「愛知大臣ブリーフ用ペーパー」，0600-2010-00070, H22-021，外務省外交史料館所蔵）。
(19)「佐藤首相ナショナルプレスクラブ演説」893頁。
(20) 同上。
(21) 同上，893-94頁。
(22) 中島琢磨『沖縄返還と日米安保体制』（有斐閣，2012年）158-59頁。
(23) 我部政明『沖縄返還とは何だったのか――日米戦後交渉史の中で』（日本放送出版協会，2000年）118-20頁。
(24) "Appendix B," in *History of the Custody and Deployment*.
(25) 若泉敬『他策ナカリシヲ信ゼムト欲ス――核密約の真実』（文藝春秋，2009年）444-51頁。
(26) 後藤乾一『「沖縄核密約」を背負って――若泉敬の生涯』（岩波書店，2010年）2頁。
(27) 同上，15-16頁。
(28) 同上。
(29) 同上，29頁。
(30)『毎日新聞』朝刊13版（1952年6月3日）「学園の"赤い暴力"に抗議する――東大生が本社に公開状」『毎日新聞縮刷版昭和27年6月号 No. 30』（毎日新聞社，1952年）15頁。
(31) 森田吉彦『評伝　若泉敬――愛国の密使』（文藝春秋，2011年）56頁。
(32) 同上，83頁。
(33) 同上，83-84頁。
(34) 後藤『「沖縄核密約」を背負って』87頁。
(35) 森田『評伝　若泉敬』97-98頁。
(36) 同上，121頁。
(37) 若泉『他策ナカリシヲ信ゼムト欲ス』34頁。
(38) 同上，35頁。
(39) 森田『評伝　若泉敬』135-38頁。
(40) 同上，138頁。
(41) 若泉『他策ナカリシヲ信ゼムト欲ス』275-76頁。
(42) 森田『評伝　若泉敬』175-78頁。
(43) 若泉『他策ナカリシヲ信ゼムト欲ス』281-82，289頁。
(44) 同上，303-4，320-21，336-37，364-66，382-84，397-98頁。
(45) 同上，303頁。
(46) 若泉「宣誓」『他策ナカリシヲ信ゼムト欲ス』3頁。
(47) 後藤『「沖縄核密約」を背負って』268頁。
(48) 若泉『他策ナカリシヲ信ゼムト欲ス』7頁。
(49) 手嶋龍一「新装版に寄せて」若泉『他策ナカリシヲ信ゼムト欲ス』631頁。後藤

『「沖縄核密約」を背負って』378 頁。

(50) 若泉『他策ナカリシヲ信ゼムト欲ス』444-46 頁。

(51) 河野康子「沖縄返還と有事の核の再持ち込み」『いわゆる「密約」問題に関する有識者委員会報告書』（外務省，2010 年）57-58 頁。

(52) The National Security Archive, Revelations in Newly Released Documents about U. S. Nuclear Weapons and Okinawa Fuel NHK Documentary, "Memorandum of Conversation, Nixon/ Sato, 11/ 19/ 69 (Top Secret/ Sensitive)," George Washington University, http:// www.gwu.edu/ ~nsarchiv/ japan/ okinawa/ okinawa.htm (Accessed on July 18, 2012).

(53) 河野「沖縄返還と有事の核の再持ち込み」58 頁。

(54) 佐藤榮作『佐藤榮作日記』第 3 巻（朝日新聞社，1998 年）536 頁。

(55) 同上。

(56) "Agreed Minute to Joint Communique of United States President Nixon and Japanese Prime Minister Sato Issued on November 21, 1969," 河野「沖縄返還と有事の核の再持ち込み」73 頁。なお，本書に掲載している邦訳は筆者によるものである。

(57) 同上。

(58) 若泉『他策ナカリシヲ信ゼムト欲ス』354-58 頁。

(59) 同上，448 頁。

(60) 等雄一郎「非核三原則の今日的論点——『核の傘』・核不拡散条約・核武装論」『リファレンス』679 巻（国立国会図書館調査及び立法考査局，2007 年）50 頁。岡留康文「非核三原則と核密約論議——反核と核の傘のはざま」参議院『立法と調査』309 号（参議院，2010 年）107 頁。河野「沖縄返還と有事の核の再持ち込み」74 頁。春名幹男「新資料・沖縄核密約　有事の核持ち込みは米国の『権利』——辺野古は核基地か」『世界』883 号（2016 年）57 頁。波多野『歴史としての日米安保条約』250 頁。

(61) re-entry の邦訳は，太田昌克らが採用している「再搬入」という邦訳が最も適切であろう。ただし，太田は『日米「核密約」の全貌』（筑摩書房，2011 年）において「再導入」とも訳したり（280 頁），あるいは「再持ち込み」とも訳しており（282 頁），あまり厳密に区別していないようである。詳しくは，太田『日米「核密約」の全貌』276 頁を参照せよ。

(62) 若泉『他策ナカリシヲ信ゼムト欲ス』281 頁。

(63) 同上，303 頁。

(64) 同上，419 頁。

(65) 同上。

(66) 同上，91，152 頁。

(67) U・アレクシス・ジョンソン『ジョンソン米大使の日本回想——2・26 事件から沖縄返還・ニクソンショックまで』増田弘訳（草思社，1989 年）219-20 頁。

(68) 我部『沖縄返還とは何だったのか』109 頁。

(69)「報告対象文書 1-5」外務省調査チーム編『いわゆる「密約」問題に関する調査報告対象文書（1. 1960 年 1 月の安保条約改定時の核持ち込みに関する「密約」問題関

連)』。

(70) 「原子力平和利用に関する世論調査」科学技術庁『原子力委員会月報』8月号（科学技術庁原子力局，1968年)。同史料は，内閣府原子力委員会ウェブページで閲覧可能である。http://www.aec.go.jp/jicst/NC/about/ugoki/geppou/V13/N08/196814V13N08.html (2014年4月27日確認).

(71) 若泉『他策ナカリシヲ信ゼムト欲ス』420頁。

(72) 「1967年11月14日および15日のワシントンにおける会談後の佐藤栄作総理大臣とリンドン・B・ジョンソン大統領との間の共同コミュニケ」鹿島平和研究所編『日本外交主要文書』第2巻，735-36頁。

(73) "Memorandum from the President's Special Assistant (Rostow) to President Johnson, Washington, November 3, 1967," in *FRUS*, *1964-1968*, *Vol. 29, Part 2*, *Japan*, 218.

(74) Ibid., 217-18.

(75) Ibid., 218.

(76) Ibid.

(77) The National Security Archive, U.S. Nuclear Weapons on Chichi Jima and Iwo Jima, "State Department cable 65120 to U.S. embassy Tokyo, 5 November 1967, RG 59, Subject-Numeric Files, File 'POL 19 Bonin Islands,'" George Washington University, http://nsarchive.gwu.edu/NSAEBB/NSAEBB22/ (Accessed on November 3, 2010).

(78) Ibid.

(79) 『第57回国会衆議院予算委員会議録第2号』（1967年12月11日）8頁。

(80) 等「非核三原則の今日的論点」42-43頁。

(81) 同上，43頁。

(82) 同上，43-44頁。岡留「非核三原則と核密約論議」104頁。

(83) 李炫雄「佐藤政権期における『非核三原則』の実相」『筑波法政』42号（2007年）34-35頁。

(84) "Telegram 93485, Nuclear Weapons and Bonin Negotiations, January 4, 1967," Folder: POL 19 BONIN IS 1-1-68, Box 1898, CENTRAL FOREIGN POLICY FILES 1967-1969, RG 59.

(85) "Telegram 6698 from Embassy Tokyo to State Department, March 21,1968," Country File Japan, Box 252, National Security Files, LBJ Library.

(86) Ibid.

(87) Ibid.

(88) 太田『日米「核密約」の全貌』257-62頁。

(89) 「条約第6条の実施に関する交換公文」鹿島平和研究所編『日本外交主要文書・年表』第1巻（原書房，1984年）963-65頁。

(90) "Action Memorandum from the Assistant Secretary of State for East Asian and Pacific Affairs (Bundy) to Secretary of State Rusk, Washington, December 22, 1967," in *FRUS, 1964-1968, Vol. 29, Part 2, Japan* (Washington, DC: GPO, 2006), 248.

(91) Ibid.

（92）Ibid.
（93）Ibid., 249.
（94）Ibid., 248.
（95）Ibid.
（96）Ibid.
（97）“Telegram 89684 from Department of State to Embassy Tokyo, December 27, 1967,” Folder : POL 19 BONIN IS, Box 1898, CENTRAL FOREIGN POLICY FILES 1967–1969, RG 59.
（98）“Telegram from the Embassy in Japan to the Department of State, Tokyo, December 29, 1967, 0850Z,” in *FRUS, 1964–1968, Vol. 29, Part 2, Japan*, 250.
（99）Ibid.
（100）William Malotti, “Japan 1968 : The Performance of Violence and the Theater of Protest,” *The American Historical Review*, Vol. 114, No. 1 (February, 2009), 116–19.
（101）前田哲男「約束された言葉，行われた事実——『非核三原則』と『秘密議事録』の間」『東京国際大学論叢』6 号（2000 年 9 月）73 頁。
（102）『第 58 回国会衆議院会議録第 2 号（2）』（1968 年 1 月 27 日）14 頁。
（103）太田昌克『盟約の闇——「核の傘」と日米同盟』（日本評論社，2004 年）136–39 頁。
（104）“Japan Defense Agency Plans for the Bonins, March 14, 1968,” Folder : POL 19 BONIN IS, Box 1898, RG 59 ; ロバート・D・エルドリッヂ『硫黄島と小笠原をめぐる日米関係』（南方新社，2008 年）433 頁。
（105）“Japan Defense Agency Plans for the Bonins, March 14, 1968.”
（106）「1967 年 11 月 14 日および 15 日のワシントンにおける会談後の佐藤栄作総理大臣とリンドン・B・ジョンソン大統領との間の共同コミュニケ」736–37 頁。
（107）“Japan Defense Agency Plans for the Bonins, March 14, 1968.”
（108）ジョンソン『ジョンソン米大使の日本回想』180–81 頁。
（109）小笠原村「碑文」『硫黄島』http://www.vill.ogasawara.tokyo.jp/outline/ioutou/index.html（2012 年 6 月 20 日アクセス）。
（110）潮見俊隆・山田昭・林茂夫編『安保黒書』（労働旬報者，1969 年）281–82 頁。
（111）“Bonins Land Retention, April 24, 1968,” Records of the Military Government/ Civil affairs Branch of the Office of the Chief of Naval Operations, 1899–1976, Series VIII, Records Regarding the Bonin-Volcano Islands, Box 101, Operational Archives, Navy Historical Center. この史料は，ロバート・D・エルドリッヂ氏よりご提供いただいた。この場を借りて厚くお礼申し上げる。
（112）Ibid.
（113）Ibid.
（114）“Appendix B,” in *History of the Custody and Deployment*.
（115）海上保安庁「千葉ロランセンターの歴史」『千葉ロランセンター』http://www.kaiho.mlit.go.jp/03kanku/chiba-loran/chibalogaiyou/ennkaku.htm（2012 年 6 月 20 日アクセス）参照。

(116) ロッキード社のボーイング727旅客機を指していると思われる。

(117) "Telegram 83547 from State Department to Embassy Tokyo, December 13, 1967," Folder : POL 19 BONIN IS, Box 1898, CENTRAL FOREIGN POLICY FILES 1967-1969, RG 59.

(118) "Telegram 2913 from Embassy Tokyo to State Department, October 28, 1967," Folder : POL 19 BONIN IS, Box 1898, CENTRAL FOREIGN POLICY FILES 1967-1969, RG 59.

(119) 太田『盟約の闇』9-14頁。

(120) 山田康博「『核の傘』をめぐる日米関係」竹内俊隆編者『日米同盟論——歴史・機能・周辺諸国の視点』（ミネルヴァ書房，2011年）257頁。ロバート・C・オルドリッジ『先制第一撃——アメリカ核戦略の全貌』山下史訳，陸井三郎解説（TBSブリタニカ，1979年）22頁。

(121) マイケル・クレア『アメリカの軍事戦略——世界戦略転換の全体像』アジア太平洋資料センター訳（サイマル出版会，1975年）5-7頁。

(122) 山田浩『核抑止戦略の歴史と理論』（法律文化社，1979年）176-77頁。

(123)『第57回国会衆議院予算委員会議録第2号』18-19頁。

(124) "Information Memorandum from the Assistant Secretary of State for East Asian and Pacific Affairs (Bundy) to Secretary of State Rusk, Washington, March 23, 1968," in *FRUS, 1964-1968, Vol. 29, Part 2, Japan*, 268-69.

(125) "Telegram 141066 from Department of State to Embassy Tokyo, April 3, 1968," Folder : POL 19 BONIN IS 4-1-68, Box 1898, CENTRAL FOREIGN POLICY FILES 1967-1969, RG 59.

(126) Footnote 5 of "Information Memorandum from the Assistant Secretary of State for East Asian and Pacific Affairs (Bundy) to Secretary of State Rusk, Washington, March 23, 1968," 269.

(127) "Telegram 141066."

(128) Ibid.

(129) Ibid.

(130)「南方諸島及びその他の諸島に関する日本国とアメリカ合衆国との間の協定」鹿島平和研究所編『日本外交主要文書・年表』第2巻（原書房，1984年）779-81頁。

(131) "Telegram 141066." なお，バンディ電信は，下田や牛場信彦外務事務次官なども小笠原核「密約」について知っていた可能性を示唆する。後に東郷文彦も小笠原核「密約」についてブリーフィングを受けていたことに鑑みると，小笠原核「密約」は外務省内で引き継がれてきた可能性がある。

(132) "Airgram 2370 from Embassy Tokyo to Department of State, December 30, 1968," Folder : POL 19 BONIN IS 4-1-68, Box 1898, CENTRAL FOREIGN POLICY FILES 1967-1969, RG 59.

(133) "A-1331 from Embassy Tokyo to Department of State, April 10, 1968," Folder : POL 19 BONIN IS 4-1-68, Box 1898, CENTRAL FOREIGN POLICY FILES 1967-1969, RG 59. 2013年6月時点で同史料は非公開であった.

(134) "Nuclear Weapons on Okinawa, August 26, 1968," Folder : Intelligence Memo #1. Box 1, RG 319.

(135) Ibid.

(136) "Telegram 6698."

(137) State Department to AmEmbassy Tokyo, September 8, 1969. RG 59, CFPF, 1967-1969, Box 2264 F3, POL 19 RYU IS（宮里政玄『日米関係と沖縄――1945-1972』岩波書店，2000年，323頁より再引用）.

(138) Footnote 5 of "Information Memorandum From the Assistant Secretary of State for East Asian and Pacific Affairs (Bundy) to Secretary of State Rusk, Washington, March 23, 1968," 269.

(139) "National Security Decision Memorandum 13," Folder : Intelligence Memo #1. Box 1, RG 319.

(140) Peter W. Colm, Rosemary Hayes, and Joseph A. Yager, "The Reversion of Okinawa : A Case Study in Interagency Coordination (Institute for Defense Analysis, Paper P-889, July 1972), 42-43.

(141) Ibid., 36-37.

(142)「NHKスペシャル」取材班『沖縄返還の代償――核と基地，密使・若泉敬の苦悩』（光文社，2012年）165頁。

(143) Colm et al., "The Reversion of Okinawa," 36-37.

(144) 在米国下田大使発三木外務大臣宛電報第1865号「オキナワ問題」1968年6月18日（003, 0600-2010-00070, H22-021，外務省外交史料館所蔵）。

(145) 同上。

(146) 同上。

(147) 在米国下田大使発三木外務大臣宛電報第1286号「オキナワ問題（アメリカ局長とスナイダー補さ官等との会談）」1969年4月28日（003, 0600-2010-00070, H22-021，外務省外交史料館所蔵）。発言者は特定されていないものの，「ハルペリンは……後記核問題につきコメントしたのみ」と記載されていることから，ハルペリンの発言であると推定できる。

(148) 同上。

(149)「NHKスペシャル」取材班『沖縄返還の代償』182頁。

(150) 同上。

(151) 同上，184頁。

(152) Colm et al., "The Reversion of Okinawa, 47.

(153) Ibid., 42-43, 48.

(154) Ibid., 49.

(155) "Nuclear Weapons on Okinawa, August 26, 1968" ; "Nuclear Weapons as an Obstacle to the Reversion of the Ryukyus," Folder : Intelligence Memo #1. Box 1, RG 319.

(156) "Nuclear Weapons on Okinawa, August 26, 1968."

(157) Ibid.

(158)「国際連合憲章」鹿島平和研究所編『日本外交主要文書・年表』第1巻，71頁。

(159) "NSSM- 5 : Japan Policy," Records of National Security Council, RG 273, National

Archives.

(160) 小林聡明「沖縄返還をめぐる韓国外交の展開と北朝鮮の反応」竹内俊隆編著『日米同盟論——歴史・機能・周辺諸国の視点』（ミネルヴァ書房，2011年）334-35頁。

(161)「密約」の詳細については，我部『沖縄返還とは何だったのか』および西山太吉『沖縄密約——「情報犯罪」と日米同盟』（岩波書店，2007年）を参照せよ。

(162) 我部『沖縄返還とは何だったのか』206頁。

(163) 同上。

(164) Tokyo 8733 (22 October 1969); Subject: OKNEG NO. 23; Folder of POL 19 Ryu Is; Box 2264, CENTRAL FOREIGH POLICY FILES, 1967-69, RG 59; National Archives（我部『沖縄返還とは何だったのか』182頁より再引用）。2014年9月5日の時点で，この史料は機密指定となっている。

(165)「佐藤栄作首相の沖縄訪問に際してのステートメント」鹿島平和研究所編『日本外交主要文書・年表』第2巻，613-14頁。

(166) 硫黄島の戦没者数，遺骨収集の経緯および近況については，厚生省社会援護局援護50年史編集委員会『援護50年史』（ぎょうせい，1997年）および厚生労働省「地域別戦没者遺骨収容概見図」『戦没者慰霊事業の実施』http://www.mhlw.go.jp/ stf/ seisakunitsuite/ bunya/ hokabunya/ senbotsusha/ seido01/（2016年7月8日確認）を参照せよ。旧硫黄島民も，多くが現地徴用され，戦争に巻き込まれて死亡した。詳しくは，石原俊「そこに社会があった——硫黄島の地上戦と〈島民〉たち」『Mobile Society Review 未来心理』15号（NTTドコモ，2009年）25-35頁を参照せよ。また，硫黄島の戦いの前後にも多くの日本兵が死亡している。詳しくは，数少ない生存者の一人である秋草の『17歳の硫黄島』を参照せよ。

(167) 厚生労働省「国内における遺骨収容実施状況（平成28年2月末現在）」『戦没者慰霊事業の実施』http://www.mhlw.go.jp/seisakunitsuite/bunya/hokabunya/ senbotsusha/seido01/senbotsusha_shuuyou/dl/05.pdf (2016年4月3日確認)。

(168) 厚生省社会援護局援護50年史編集委員会『援護50年史』239-40頁。

(169) 同上，374頁。

(170) 同上，529頁。

(171) 同上。

(172) 同上。

(173) 同上。

(174) 石原「そこに社会があった」30頁。

(175) 小笠原村「硫黄島の基地」『概要——硫黄島』http://www.vill.ogasawara.tokyo.jp/ ioutou_development/（2016年2月22日確認）。

(176) 同上。

(177) 防衛省「硫黄等における米空母艦載機着陸訓練」『北関東防衛局』http://www.mod.go.jp/ rdb/ n-kanto/ event-katsudo/ FCLP.html (2016年2月22日確認)。

(178) 同上。

(179)「法律第12号（平成28年3月30日）戦没者の遺骨収集の推進に関する法律」参議

院「第190回国会（常会）（平成28年3月30日現在）」『議案情報』http://www.sangiin.go.jp/ japanese/ joho1/ kousei/ gian/ 190/ pdf/ s051890401900.pdf（2016年8月9日確認）。

(180) 参議院「第189回国会（常会）（平成27年9月25日現在）」『議案情報』http://www.sangiin.go.jp/ japanese/ joho1/ kousei/ gian/ 189/ meisai/ m18905189040.htm（2016年2月19日確認）。

(181) 同上。

(182)「戦没者の遺骨収集の推進に関する法律」。

(183) 栗原俊雄「記者の目――戦没者遺骨収集推進法案」『毎日新聞』朝刊統12版（2015年10月15日）『毎日新聞縮刷版2015年10月・No. 790』（毎日新聞社，2015年）534頁。

(184) 厚生労働省「中部太平洋における遺骨収容実施状況（平成28年2月末現在）」『戦没者慰霊事業の実施』http://www.mhlw.go.jp/ seisakunitsuite/ bunya/ hokabunya/ senbotsusha/ seido01/ senbotsusha_shuuyou/ dl/ 11.pdf（2016年4月3日確認）。

(185) エルドリッヂ『硫黄島と小笠原をめぐる日米関係』466頁。

(186) 防衛省「硫黄等における米空母艦載機着陸訓練」。

(187) Iwo Jima Association of America, http: //www. iwojimaassociation. org/（Accessed on December 16, 2015）; Military Historical Tours, “Iwo Jima Tours,” https://www.miltours.com/ index. php? route=product/ product&path=57&product_id=112（Accessed on August 9 2016）.

(188)「戦没者の遺骨収集の推進に関する法律」。

(189) 同上。

(190) 米国では奄美群島が琉球諸島の一部であるという考えがあった。そのため，米国政府内には一括返還ではないと捉える者がいた可能性がある。詳しくは，ロバート・D・エルドリッヂ『奄美返還と日米関係――戦後アメリカの奄美・沖縄占領とアジア戦略』（南方新社，2003年）を参照せよ。

(191)「沖縄核密約『今も有効』米政府元高官ハルペリン氏本誌に証言」『しんぶん赤旗』（2014年9月22日）『しんぶん赤旗縮刷版2014年9月号縮刷版CD-ROM』（日本共産党中央委員会，2014年）1頁。

(192) 春名「新資料・沖縄核密約」56頁。

(193)「琉球諸島及び大東諸島に関する日本国とアメリカ合衆国との間の協定」鹿島平和研究所編『日本外交主要文書・年表』第3巻（原書房，1985年）487–88頁。

(194) Richard A. Hunt, *Melvin Laird and the Foundation of the Post-Vietnam Military : 1969–1973*, Secretaries of Defense Historical Series, Vol. VII, Historical Office, Office of the Secretary of Defense, 344.

(195) 春名「新資料・沖縄核密約」56頁。

(196) “Agreed Minute to Joint Communique of United States President Nixon and Japanese Prime Minister Sato Issued on November 21, 1969.”

終　章

（1）“Nuclear Weapons on Okinawa, August 26, 1968,” Folder : Intelligence Memo #1. Box 1, RG 319.

（2）ロバート・D・エルドリッヂ『硫黄島と小笠原をめぐる日米関係』（南方新社，2008年）21頁。

（3）佐藤榮作『佐藤榮作日記』第3巻（朝日新聞社，1998年）176頁。

（4）“NSSM- 5 : Japan Policy,” Records of National Security Council, RG 273, National Archives.